i Fari. 133

Dario Nardella
La città universale
Dai sindaci un futuro per l'Italia e l'Europa

La nave di Teseo

ISBN 978-88-346-1232-3
Prima edizione La nave di Teseo novembre 2022

Sommario

Dedico questo libro a tutti i giovani e le giovani impegnati nel governo delle città di tutta Europa.

Le città sono un insieme di tante cose: di memoria, di desideri, di segni d'un linguaggio; le città sono luoghi di scambio, come spiegano tutti i libri di storia dell'economia, ma questi scambi non sono soltanto scambi di merci, sono scambi di parole, di desideri, di ricordi.

Italo Calvino

Introduzione

La domanda che mi sono posto prima di cominciare a scrivere è stata: "Perché voglio scrivere questo libro?" "Lo scrivo per Firenze, per la mia città," ho pensato subito. Ho sentito il bisogno di restituire a Firenze ciò che essa ha dato a me, di raccontare la mia straordinaria esperienza di sindaco e di raccontare le altre città che, grazie a questo ruolo, ho imparato a conoscere. Ho deciso di scrivere questo libro perché Firenze mi ha insegnato la politica e l'amore per la politica e perché, grazie alle città e alla loro storia, ho capito che una politica diversa è possibile.

Come molti fiorentini che vivono e lavorano in questa città, non sono nato a Firenze. Ci sono arrivato nel 1989, dopo aver finito le scuole medie a Napoli, la mia città natale. Non avevo parenti, amici, conoscenti; soltanto la mia famiglia. Questa condizione mi ha spalancato le porte di una comunità che fin dall'inizio mi ha fatto sentire a casa.

Mi sono sentito accolto a Firenze, contrariamente all'immagine di città chiusa, distaccata, respingente che talvolta circola. Qui ho fatto i miei studi universitari, alla facoltà di giurisprudenza, e ho proseguito quelli musicali, coltivati fin da piccolo, diplomandomi in violino al Conservatorio "Luigi Cherubini". Qui ho intrapreso le prime esperienze di ricerca, di insegnamento e, poi, di lavoro. Qui ho costruito la mia vita personale e il mio nucleo familiare. Ho incontrato mia moglie Chiara, a Firenze sono nati i miei tre figli. Qui ho gettato le basi e si sono sviluppate le mie radici, anche culturali. Posso dire che Firenze mi ha plasmato, per quanto nel cuore mantenga il ricordo e l'amore per la mia città natale, Napoli.

Il sentimento principale che avverto nei confronti di questo luogo è un senso di gratitudine, un desiderio costante di restituire ciò che Firenze mi ha dato. Proprio questo desiderio di corrispondenza e di restituzione è alla base della mia esperienza di sindaco, che vivo come un servizio per la città e per i fiorentini.

Il primo e più incisivo ricordo della mia vita qui è il momento in cui piombai in piazza del Duomo e vidi di fronte a me quel tripudio di marmi quasi soverchiante. Ero un ragazzino e in quegli anni ero dentro alla vita culturale del centro storico; mi dividevo tra il Liceo scientifico di via degli Alfani, praticamente attaccato al complesso dell'Accademia e all'Opificio delle Pietre Dure, di fronte a quella bella struttura che è la Rotonda di Filippo Brunelleschi, e la piazzetta di San Felice, dove si trova la sede del conservatorio. È in quel quadrilatero, in quel vero e proprio quartiere delle arti e degli studi, che si sono consumati i miei anni da studente. Mi iscrissi a giurisprudenza quando l'università era ancora concentrata nel centro cittadino. La facoltà aveva la propria sede in via Laura; quello era un altro pezzo della storia della città che mi apparteneva, anche perché al termine degli studi feci una breve ma indimenticabile esperienza nello studio di Paolo Barile, uno dei più grandi costituzionalisti della storia repubblicana, dove mi aveva portato Stefano Grassi, con cui mi sono laureato. Lo studio di Paolo Barile si trovava a Palazzo Capponi, un altro scrigno, un altro stupendo esempio di palazzo gentilizio, con un giardino all'italiana di straordinaria bellezza, di fronte a Casa Zuccari, sede del Kunsthistorisches Institut.

Ecco che la mia vita giovanile si svolgeva tutta in queste strade del centro di Firenze. Potrei collegare a ciascun luogo ricordi, immagini, sensazioni. Poco distante, il Teatro della Pergola, che frequentavo spesso da studente. È interessante rivedere dopo più di vent'anni, con gli occhi di un uomo ormai adulto, quei luoghi che per me rappresentavano un po' quello che le stelle sono per i marinai: i punti di riferimento della mia costellazione personale.

In quegli anni si è lentamente formata dentro di me la consapevolezza del privilegio di vivere a Firenze e di vivere Firenze, di appartenere a questa città. Un attaccamento che poi ha prodotto il bisogno di contribuire in modo civico alla sua comunità. Non a caso proprio negli anni del liceo ho mosso i primi passi nell'impegno politico, come rappresentante degli studenti, e in seguito all'università. Era il periodo di coda delle proteste studentesche. Era inoltre un momento di sviluppo importante, di crescita economica del paese, di cui anche Firenze beneficiava. Alla fine di quegli anni novanta ho conosciuto l'allora sindaco Mario Primicerio e ho cominciato la mia esperienza politica come responsabile cultura del PDS, il Partito democratico della sinistra. Erano anni di grande trasformazione politica, con il movimento dell'Ulivo, con i comitati. Anni in cui l'impegno universitario, il grande dinamismo, il fermento politico e culturale della città mi hanno forgiato, insomma. Ricordo la bellezza del Maggio Musicale Fiorentino, dove andavo a sentire opere e concerti appena potevo.

La magia di Firenze sta proprio nell'opportunità di viverne i luoghi più belli senza mai perdere lo stupore. Per me non esiste soluzione di continuità tra la quotidianità del vivere e l'eccezionalità dell'esperienza. Quotidianità ed eccezionalità si fondono. Privo del distacco contemplativo di un turista, vivi immerso nella bellezza: fa parte della tua quotidianità, ti entra dentro e diventa un elemento della tua vita, delle tue relazioni, delle tue amicizie. Credo sia questa la magia di Firenze, che la rende diversa da qualunque altra città d'arte. Ti circola nel sangue, ti accompagna nei gesti soliti, naturali, nella dimensione della quotidianità. Dalla mia giovinezza, l'idea di vivere il trascendente nell'ordinario non mi ha mai abbandonato e ancora oggi continuo a vivere questa condizione. Come posso, se non in questo modo, definire la mia esperienza di sindaco e la vita quotidiana che conduco nelle magnifiche sale di Palazzo Vecchio? In questo sentire c'è anche un po' della mia esperienza di musicista: un musicista è sempre in contatto con una dimensione trascendente, che però conquista quotidianamente, nella realtà di tutti i giorni, attraverso una rigida disciplina. È forse anche questa disciplina che si vive nelle forme, nelle linee della città, che poi si è fusa con il rigore che mi ha insegnato lo studio della musica e che mi ha sempre accompagnato nell'esperienza personale e nel modo di vivere il mio impegno di sindaco. Metodo, competenza, ricerca di un equilibrio.

Mi piace descrivere Firenze come una città aperta a tutti: sei fiorentino se ami e conosci Firenze. Sono fiorentini gli angeli del fango che nel 1966 sono venuti a salvarla, sono fiorentini i partigiani e gli alleati che l'hanno liberata nel 1944 dai nazifascisti, sono fiorentini i filosofi, gli architetti, gli scrittori che nel Novecento si sono recati qui per frequentare i caffè storici, sono fiorentine le migliaia di immigrati che dal sud e da altri paesi del mondo la scelgono come meta di studi e di vita familiare, sono fiorentini i tanti studenti stranieri che vengono qui a specializzarsi. Vi è una dimensione universale di appartenenza a Firenze che è straordinaria. Firenze non è solo internazionale; è una città universale, esposta a un livello ancora più alto. Anche l'essere fiorentino dipende dalla capacità di entrare in sintonia con questa dimensione universale. Si potrebbe dire che proprio questo è il concetto moderno, universale, contemporaneo di "sciacquare i panni in Arno". Qui si trova la dimensione contemporanea di Firenze. La dimensione rinascimentale c'è ancora: la trovi nelle università, nei centri di ricerca, nei centri di innovazione tecnologica. Perché oggi Firenze è una delle capitali del talento, della formazione, della politica, della conoscenza: dalla moda alla musica, dal design alla ricerca medico-scientifica e agli studi storico-artistici, dai laboratori delle industrie farmaceutiche ai centri di restauro.

Questo libro è un ringraziamento a Firenze, perché attraverso di essa ho conosciuto il mondo e ho misurato le altre città. Ogni città ha una sua identità e un suo posto nel mondo. Ogni città è conflitto ed equilibrio, conservazione e trasformazione, misura del tempo che passa, tempo privato e tempo pubblico. Il ruolo di sindaco mi ha portato ad assumere funzioni e responsabilità a livello sovranazionale, facendomi conoscere più da vicino le città europee e i loro leader. Da Londra a Istanbul, da Parigi ad Atene, ho compiuto un viaggio lungo otto anni che ha toccato le città più belle e importanti del nostro continente. Ho assistito alla loro evoluzione, ne ho studiato la storia e i modelli di vita. Ho condiviso i loro progetti di sviluppo futuro parlando con i rispettivi sindaci.

Vi è un confronto costante tra le città, che passa sia dalla collaborazione, sia da una sana competizione. Le città si guardano, si copiano, si sfidano, e tutto questo le rende uniche. Spesso sono depositarie di culture millenarie che continuano a vivere nelle strade, nei monumenti, nelle abitazioni. Non si fermano mai perché scandiscono il ritmo dell'umanità, guardano sempre avanti come l'uomo guarda avanti.

Per questo ho voluto narrare delle città europee e dei loro protagonisti, perché credo che in futuro la nostra Europa sarà sempre più un'Europa delle città, perché vedo intorno a me un bisogno disperato di ridare senso alle relazioni umane, di riscoprire le proprie radici senza per questo chiudersi al futuro.

La comunità locale è per me il primo contesto sociale nel quale una persona si forma intellettualmente, dove costruisce la rete di relazioni che la accompagneranno nella crescita, ma anche il luogo in cui le culture e le etnie si incontrano e si fondono. Da questo deriva la forza delle città: laboratori sociali, economici, culturali in costante trasformazione che scandiscono il ritmo del cambiamento negli stili di vita e nei modelli di sviluppo a livello globale.

Nelle città nasce anche il concetto di politica, storicamente. Perciò ritengo che ancora oggi fare politica nel governo di una città rappresenti l'esperienza più formativa e di qualità che si possa avere. Governare la complessità di una città ti consente di acquisire sensibilità verso l'essenza della politica che risiede nelle relazioni umane e nella sfida quotidiana di affrontare il cambiamento e il conflitto. Questa sensibilità, che accomuna migliaia di sindaci in tutto il continente, può dare nuova linfa a una politica spenta, rinchiusa in uno sterile esercizio del potere, incapace di accendere le passioni e gli interessi delle grandi masse.

Proverò quindi a svolgere il difficilissimo compito di unire la storia e l'identità delle città a un possibile progetto politico che parta dalla mia esperienza di sindaco, dalla vita straordinaria delle città europee e dalla loro capacità di dare vita a un nuovo Umanesimo di cui i sindaci potranno farsi interpreti. Per offrire un futuro alle nuove generazioni dobbiamo percorrere strade nuove, lasciando quelle vecchie senza dimenticare da dove abbiamo iniziato il nostro lungo viaggio. Lo dobbiamo anzitutto a noi stessi, alle città in cui siamo nati e a quelle che ci hanno accolto.

1. I regni passano, le città restano

Quella delle città è una storia millenaria. Una storia fatta di progettazioni e trasformazioni, guerre e rinascite, catastrofi ambientali e ricostruzioni, di quel patrimonio comune di valori, memorie ed emozioni che si agita dentro di noi. Le città sono la più grande invenzione dell'uomo, luogo di elaborazione di idee e processi innovativi. Riflettono in tutto e per tutto le debolezze e le abilità del genere umano. Sono laboratori sociali e culturali, teatro di mille contraddizioni, dove convivono povertà e ricchezza, storia e progresso, religioni e culture, guerra e pace. Nel corso dei millenni sono state attraversate da popoli di ogni provenienza e hanno visto sedimentare tradizioni ed etnie. Nelle città, come nella Firenze di Dante e nella Londra di Shakespeare, sono nate le lingue, che si sono poi plasmate seguendo l'evoluzione dei costumi e delle culture. Le città sono portatrici di una visione globale e umanistica in continua trasformazione; per questo, sono nate prima delle nazioni e continueranno a esistere anche dopo di loro. Le nazioni sono nate con l'ambizione di unire popolazioni differenti sotto una comune identità, posta a base di un interesse collettivo. Ma il passaggio dall'Europa dei principi all'Europa delle nazioni ha messo a nudo tutte le contraddizioni di identità plurali costrette entro confini nazionali e ha schiacciato l'ideale di un'unica "nazione paneuropea" a favore della dialettica conservatrice degli interessi dei singoli stati. Le città, al contrario, hanno continuato a crescere e a innovarsi, hanno sviluppato modelli sociali ed economici, sono state scenari dell'innovazione tecnologica e politica, avamposti di progetti politici. E i loro sindaci si sono affermati sempre più come attori politici nel contesto internazionale.

"Le città sono consapevoli di essere il patrimonio del mondo, perché in esse si incorporano la storia e le civiltà dei popoli: i 'regni' passano, le città restano: un patrimonio che le generazioni passate hanno costruito e trasmesso a quelle presenti – di secolo in secolo, di generazione in generazione – affinché fosse accresciuto e ritrasmesso alle generazioni future. Gli stati non hanno il diritto, con la guerra nucleare, di annientare questo patrimonio che costituisce la continuità del genere umano e che appartiene al futuro." Così scriveva nel 1978 Giorgio La Pira, sindaco di Firenze negli anni della guerra fredda. Una riflessione quanto mai attuale, che già cinquant'anni fa riconosceva il nuovo protagonismo politico delle città e di chi le guida, in Europa e nel mondo.

Il sopravvento prepotente degli stati sovrani ha offuscato la forza delle città e, con la nascita dell'Europa, ha portato alla formazione di un "club" di governi nazionali, dove i territori faticano a emergere politicamente, pur essendo i veri motori del cambiamento sociale e civile nel Vecchio continente.

Le città infatti non muoiono mai, aggiungeva La Pira. Esiste un'inevitabilità della città. Se l'uomo è un animale sociale, la città è una dimensione necessaria del vivere umano. È data dalla necessità delle persone di stare insieme. Non vi sono alternative. Un principio espresso molto bene dal filosofo Emanuele Coccia: "Parigi, Londra, New York, Berlino, Roma sono state delle enormi storte alchemiche attraverso cui abbiamo provato a cucinare un elisir di lunga vita che ci ha permesso di tradire i destini a cui natura e cultura ogni volta ci avevano condannato. Per questo, anche se sottomesse spesso a un ordine politico superiore (quello degli stati e delle nazioni), la loro luce è rimasta indipendente, proprio perché la loro temporalità oltrepassava i limiti di ciò che è programmabile e governabile."

La vera transizione europea non può che passare dalle città: qualunque sfida globale su cui l'Europa si gioca il futuro passa dalla capacità e dalla volontà dei sindaci di trasformare i *global goals* in realtà. Il XXI secolo è, infatti, il secolo delle aree urbane. Oggi gli agglomerati urbani occupano meno del tre per cento della superficie terrestre, ma ospitano il cinquanta per cento della popolazione mondiale. Nel 1800 solo il cinque per cento degli abitanti viveva in città. Nei centri urbani, in tutti i continenti, si svolge inoltre il sessantacinque per cento dell'attività economica e, soprattutto, si consuma l'ottanta per cento delle risorse a nostra disposizione.

Non è azzardato affermare che la storia del futuro sarà la storia delle città. Basti vedere come Fernand Braudel, fondatore degli studi storici contemporanei, racconta l'Europa, "una e molteplice", passando proprio attraverso infinite città.

Dove, se non nelle città, si può combattere il cambiamento climatico? Dove, se non nelle aree urbane, si possono costruire modelli di inclusione sociale e di lotta alle povertà? Dove se non qui le comunità accolgono i migranti e si costruiscono modelli di convivenza civile? E infine dove, se non nelle città, trovano applicazione utile i progressi della ricerca scientifica e tecnologica?

Polis *e* civitas*: essere cittadini*

Parlare di città significa parlare di politica: "politica" e "città" sono una tautologia. Chi è il politico, se non colui che governa la complessità? La politica è l'arte che attiene alla città-stato, alla *polis*, appunto. Per questo è naturale che il sindaco sia considerato un politico e non un semplice amministratore come talvolta si tende a ripetere. La politica è la tecnica e l'arte di governare la città. Questo assunto è così vero che quando le persone cominciano a vivere insieme si danno delle regole: sono le regole della *societas*. Sempre più spesso sentiamo parlare di "crisi della politica" e della mancanza di una classe dirigente, ma la politica ha senso solo se torna alla dimensione delle città. I partiti di oggi sono in crisi, infatti, perché non si misurano più con la missione e l'arte di governare, ma spesso si esauriscono in una sterile azione comunicativa.

Tuttavia l'idea di *polis* non basta a trovare le risposte alla politica di oggi. Ancora una volta la storia ci viene in aiuto nel ricordarci che, se da un lato i greci hanno inventato la *polis*, sono stati i romani, dopo di loro, a inventare la *civitas*. Anche qui la radice etimologica del termine "città" è chiara, ma la *civitas* non è la *polis* greca, è qualcosa di più. Gli italiani hanno il *trademark* della *civitas*, che nasce appunto dal diritto romano. Cosa aggiunge, dunque, il concetto di *civitas* rispetto a quello di *polis*? L'appartenenza. Secondo il grande linguista Émile Benveniste il termine *civis* (dalla radice indoeuropea **kei-*) mette in luce il legame stretto delle nozioni sociali e dei valori sentimentali, il senso autentico di *civis* non è "cittadino" ma "concittadino". Per gli antichi romani vi è una corrispondenza fra la città e la comunità che abita lo spazio urbano. La città va intesa innanzitutto come una comunità vivente, una *civitas* appunto, diversamente dall'*urbs* che indica il semplice luogo fisico, delimitato dalle mura. E ancora oggi, per qualificare l'appartenenza a una comunità nazionale, si parla di "cittadinanza", che nella radice ha "città".

Dunque il tema della *polis* è "chi governa", "chi comanda", mentre quello della *civitas* è "a chi appartiene". Nella *polis* la comunità attiva è limitatissima, esclusiva, e si ritrova nell'agorà. Nella *civitas* romana il popolo è rappresentato dal senato. Roma è la prima megalopoli dell'antichità che si pone il problema della partecipazione al governo della città. San Paolo di Tarso, dopo essere stato arrestato a Gerusalemme, esclama infatti: "Sono cittadino romano!" Come ci ricorda lo storico del diritto romano Aldo Schiavone, l'innovazione che Roma porta alla cultura greca è il diritto e, attraverso questo, il concetto di appartenenza, di qualificazione della persona. Dare la cittadinanza, infatti, non significa soltanto definire uno status giuridico, ma anche un'appartenenza.

Tornando alla politica, possiamo dunque affermare che non c'è politica se non c'è città e che non c'è *polis* senza *civitas*: la città ha bisogno di una comunità di cittadini che senta di appartenere a essa. Il rischio di oggi è proprio quello di avere politiche senza *civitas*.

Oggi un sindaco non è solo un amministratore, e infatti si pone il problema di costruire una comunità. Il 6 novembre del 1954, in un celebre discorso pronunciato in occasione dell'inaugurazione delle nuove case popolari del quartiere fiorentino dell'Isolotto, il sindaco Giorgio La Pira affermò:

> Amatela questa città, come parte integrante, per così dire, della vostra personalità. Voi siete piantati in essa: in essa saranno piantate le generazioni future che avranno da voi radice: è un patrimonio prezioso che voi siete tenuti a tramandare intatto, anzi migliorato e accresciuto, alle generazioni che verranno. [...] Amatela, quindi, come si ama la casa comune destinata a noi e ai nostri figli. Custoditene le piazze, i giardini, le strade, le scuole; [...] sentitevi, attraverso di essa, membri della stessa famiglia. Non vi siano fra voi divisioni essenziali che turbino la pace e l'amicizia [...] la vera vita è quella di coloro che sanno sognare i più alti ideali e che sanno poi tradurre nella realtà del tempo le cose intraviste nello splendore dell'idea! Auguri, quindi, a tutti voi, fiorentini di questa nuova città: che possiate in essa vivere e prosperare come una grande famiglia di fratelli. E infine, signori, un augurio e una speranza: che a questa prima città satellite ne seguano presto delle altre. [...]. Non case, ripeto, ma città.

Costruire una comunità significa quindi, per un sindaco, costruire una città che non sia intesa come un insieme di case, ma come un'unica casa o "una grande casa per una grande famiglia", per dirla con le parole dell'architetto di origine fiorentina Leon Battista Alberti. La Pira intendeva affermare esattamente ciò che secoli prima aveva sostenuto Leon Battista Alberti: Firenze non è una somma di abitazioni, un conglomerato di case e palazzi; è essa stessa una casa, una città, e in questo "essere città" è capace di offrire una visione unitaria, architettonica e umana al tempo stesso. Non c'è soluzione di continuità tra il contenuto e il contenitore, tra l'involucro e la comunità. È incredibile come un altro grande uomo, Eduardo De Filippo, che a Firenze, al Teatro della Pergola, tenne la prima rappresentazione di *Sik-Sik l'artefice magico*, abbia espresso un concetto molto simile: "Firenze non è una città come la potremmo immaginare, come la si immagina, è un'unica casa." E nonostante nei secoli sia stata dilaniata, combattuta, non ha mai perso questa dimensione di unicità, di una comunità plasticamente racchiusa fra le sue mura, che sembrano le pareti di una casa, più che le mura di una città.

La "famiglia" dell'Alberti è la comunità, appunto, quella che incontri nelle piazze, nei mercati, al teatro, allo stadio, nelle scuole come nelle fabbriche. Una delle mie attività preferite è girare per i quartieri della città, incontrare e parlare con i cittadini, senza filtri, senza pregiudizi. In ogni mio percorso riconosco quel senso di appartenenza del cittadino al proprio quartiere, al proprio rione, prima ancora che alla propria città o al proprio paese. È un'appartenenza cementata dalle relazioni familiari, ma non solo.

Attraverso i miei incontri e il mio rapporto con i cittadini ho capito davvero in cosa consista questo concetto di appartenenza. Non si tratta solo di un fatto formale o giuridico, è qualcosa di più sottile e profondo. È la risposta al desiderio di ogni individuo di avere un posto al quale appartenere. Un posto nel quale riconoscersi. Quante volte mi è capitato di incrociare donne e uomini che si sono presentati esclamando con inconfondibile accento fiorentino: "Sindaho! So' di Brozzi. Sindaho! So' del Galluzzo. Sindaho! So' dell'Oltrarno," prima ancora di pronunciare il proprio nome o quello della propria famiglia. È quell'identità autentica che non trovi riportata nella carta di identità.

Nelle piccole città il senso di comunità è reso ancora più forte da un'effettiva conoscenza reciproca, dalla condivisione di destini personali. In Italia, il paese dei mille campanili, questo aspetto è semmai più evidente che in altre nazioni, dal punto di vista culturale e giuridico. La presenza di quasi ottomila comuni testimonia una storia fatta di municipalità, ben prima dell'unificazione, alimentata dai tratti geografici e culturali di un territorio molto ricco e variegato. Nell'epoca attuale questo municipalismo così marcato ha finito per assumere talvolta i tratti negativi del localismo, tanto che negli ultimi anni sono aumentati i tentativi – non sempre riusciti, per lo stesso motivo – di fusioni tra comuni. Sullo sfondo rimane sempre il tratto di un'appartenenza alla propria comunità e al proprio territorio che viene prima di ogni altra cosa, un dato positivo che resiste alla crisi della democrazia e della società.

Nelle grandi città, per quanto l'identità sia stemperata dai grandi numeri e dalle grandi distanze, come dalla mescolanza di gruppi ed etnie, il senso di appartenenza, più che nella consuetudine delle relazioni interpersonali, si ritrova nella condivisione di valori e storie collettive. Te ne accorgi soprattutto nei quartieri popolari e storici, dove permangono le tradizioni. Basti pensare alle contrade di Siena: un legame secolare e quasi viscerale tra le famiglie e il proprio quartiere, che identifica nel "contradaiolo" appunto il livello di appartenenza alla comunità. L'Italia è ricca di queste tradizioni talvolta secolari, che si rifanno alla cultura laica come a quella religiosa, quali la Festa del Redentore a Venezia, il Palio Marinaro di Livorno, la Giostra del Saracino ad Arezzo o le feste dei patroni, soprattutto al sud, come quella di san Nicola a Bari, san Gennaro a Napoli o sant'Agata a Catania.

Anche Firenze ha le sue tradizioni che coincidono con le storie dei quartieri. Penso fra tutte al torneo di calcio in costume, considerato generalmente il progenitore del calcio moderno. Nel mio ufficio, la Sala di Clemente VII, seduto alla scrivania che fu di Giorgio La Pira, Piero Bargellini e Mario Fabiani, i grandi sindaci del dopoguerra, ho alle mie spalle uno spettacolare affresco di Giovanni Stradano, allievo di Giorgio Vasari, che raffigura la Firenze repubblicana durante il famoso assedio del 1529-1530 da parte dell'esercito di Carlo V e del papa Medici a cui è dedicata la sala. Le cronache narrano che il 17 febbraio del 1530, in pieno assedio, i fiorentini avessero organizzato un torneo di calcio in costume, il gioco allora più popolare della città, per tirare su il morale delle proprie truppe e scoraggiare gli assedianti. Dopo varie interruzioni, questa antica tradizione è ripresa nel secolo scorso e oggi è tornata a vivere quella dimensione popolare che mette in risalto le appartenenze dei calcianti e delle famiglie ai quattro quartieri, dai quali provengono le rispettive squadre: i verdi di san Giovanni, gli azzurri di santa Croce, i rossi di santa Maria Novella, i bianchi di santo Spirito. Un senso di identità che si rinsalda, nei giorni che precedono il torneo, grazie alle cene dei calcianti con le famiglie e i sostenitori nelle quattro bellissime piazze storiche della città.

"Molti muoiono a Firenze non avendo potuto nascerci" diceva Ennio Flaiano, spiegando in sintesi che non è necessario nascere in una città per appartenervi, per sentirsi, insomma, parte della sua comunità. Io ripeto spesso ai miei cittadini che "è fiorentino chi ama Firenze". Lo stesso concetto l'ho trovato espresso nelle parole di Leoluca Orlando, il più longevo sindaco di Palermo, in un'intervista televisiva sul futuro delle città alla quale ho partecipato insieme al sindaco di Venezia Luigi Brugnaro: "Quando mi parlano del problema degli stranieri, rifugiati o immigrati che arrivano a Palermo, io rispondo che è palermitano chi vive a Palermo." Non appartiene alla città, infatti, l'idea di nazionalità. Nella città moderna il concetto originario e formale dell'appartenenza del diritto romano ha assunto un significato ancora più ampio, secondo cui appartenere a una comunità oggi significa anzitutto aderire ai valori di quella comunità, essere attori partecipi di quella comunità, crescere con essa. La città è l'ecosistema nel quale si plasma e cresce il cittadino.

Le città moderne sono luoghi di libertà e pluralità, dove coesistono differenze culturali, etniche, religiose e dove il senso di comunità si conquista talvolta con difficili battaglie per l'affermazione di valori autentici come libertà e uguaglianza. Qualche estate fa, mentre leggevo il libro di Barack Obama *I sogni di mio padre*, mi sono imbattuto in una bella riflessione proprio sul senso di comunità. "Che cos'è la nostra comunità e come può questa comunità conciliarsi con la nostra libertà? Fin dove arrivano i nostri doveri? Come si può trasformare il mero potere in giustizia, il mero sentimento in amore?" si domanda l'ex presidente degli Stati Uniti, finendo con l'affermare: "Sono convinto che finché continueremo a porci queste domande, quello che ci unisce, in un modo o nell'altro, finirà per prevalere." Dopo essere diventato un "coordinatore di comunità" nel suo quartiere, a Chicago, Obama capì quale fosse davvero il suo compito quando comprese il senso di essere una comunità. "Le comunità dovevano essere create, per le comunità bisognava combattere, bisognava curarle come si fa con un giardino. Si espandono o si contraggono con i sogni degli uomini, e nel movimento per i diritti civili i sogni erano stati grandi."

Città, incubatori di democrazia e innovazione

Le città sono veri incubatori di democrazia. Sono i posti dove si tutela e si promuove nel modo migliore la capacità delle persone di convivere pacificamente e organizzarsi socialmente, dove si salvaguarda il principio di legalità, dove si accrescono i diritti umani e civili. Le città, infatti, sono come spugne che assorbono i bisogni, i talenti, le aspettative dei loro abitanti. Possono dare forma in modo agile e flessibile a programmi, politiche, infrastrutture pensati appositamente per gli individui che le popolano. Le città, con i propri cittadini, sono in grado di sperimentare forme sempre nuove di partecipazione democratica e creare continue opportunità e innovazioni per migliorare la qualità della vita delle persone.

Non è un caso che in molti paesi europei le città costituiscano modelli avanzati di qualità della democrazia anche rispetto alla media del paese in cui si trovano. In certi casi le città addirittura tutelano i diritti civili e umani con più incisività di quanto non facciano gli stessi governi nazionali e ciò è evidente, ad esempio, nei campi della discriminazione di genere, dell'educazione e delle pari opportunità. Questo tratto delle città si riflette anche sulla loro trasformazione e configurazione urbana. Esiste una relazione diretta tra qualità della democrazia e concezione dello spazio urbano, che si esprime proprio attraverso la capacità di creare e innovare all'interno di un organismo complesso e in continua evoluzione.

Nei frequenti incontri nazionali e internazionali, noi amministratori locali ci troviamo a confrontare i rispettivi progetti, condividiamo strategie e problematiche, stabiliamo priorità da seguire e valori comuni ai quali ispirarci. È questo continuo scambio che fa delle città veri e propri laboratori di socialità e innovazione. La creazione di sistemi di mobilità moderni, le politiche per l'ambiente, la sperimentazione di nuove tecnologie digitali, la realizzazione di progetti di inclusione sociale e di educazione: sono solo alcuni esempi di quanto la materia trattata sia vasta e trasversale.

Corrado Beguinot, professore di urbanistica presso l'Università Federico II di Napoli, circa quarant'anni fa aveva formulato un'idea di città che anticipava i tempi, oggi ancora attualissima. Secondo questa teoria, la città è un sistema dinamico in cui coesistono tre distinte funzioni e dimensioni. La prima, la cosiddetta città di pietra, è la città materica, di case e di cose, in cui lo spazio fisico viene strutturato in base ai bisogni della comunità. Il secondo sottosistema, la città delle relazioni, comprende le funzioni e le attività che in questo spazio si svolgono, dando vita a una fitta trama di scambi e interazioni. La città dell'uomo, infine, coincide con la dimensione esistenziale, del vissuto, con la percezione che i cittadini hanno del proprio habitat.

Questa sembra essere la metafora più appropriata per descrivere il contesto nel quale ci muoviamo oggi, con gli sconvolgimenti globali nei quali siamo immersi. All'origine della crisi delle città e del malcontento dei loro abitanti vi è, in gran parte, proprio uno sviluppo disarmonico delle tre dimensioni che le compongono.

La necessità di uno sviluppo equilibrato e coordinato delle tre città, caratterizzato non soltanto dalla casualità allocativa, dalla logica tradizionale delle relazioni, dalla fruizione diffusa della cultura, da un uso intelligente della tecnologia e dalla creazione di un sistema di nuove regole, chiama in causa un concetto fondamentale nel governo della città: l'interdisciplinarità. Un amministratore locale non può non avere uno sguardo orizzontale e insieme interdisciplinare sulla propria città.

Al fianco di politici, urbanisti e architetti, dobbiamo dunque chiamare a raccolta esperti dei più diversi rami del sapere, dal diritto all'economia, dalla filosofia alla psicologia, dalla climatologia all'epidemiologia. L'esperienza della pandemia da Covid-19 ha rappresentato un'ulteriore conferma in questo senso. Governare una città significa dunque svolgere un costante lavoro di coordinamento delle diverse competenze, promuovere relazioni e coinvolgere attivamente i cittadini attraverso forme di partecipazione democratica effettiva.

Soltanto se affronteremo le difficoltà con un approccio trasversale, capace di mettere in comunicazione le diverse discipline, potremo trarre il meglio dalle molteplici competenze e professionalità coinvolte.

Per questi motivi mi piace associare l'idea di città a quella di un'orchestra: l'esecuzione ritmica delle differenti parti che gli strumenti interpretano produce un'armonia che corrisponde a una fusione perfetta di sonorità e colori. Se tutti gli strumenti suonassero la stessa nota avremmo come risultato l'unisono, mentre note diverse producono un'armonia. Allo stesso modo, sono le differenze che convivono in una città a dare vita a una pluralità armonica, a un modello sociale di convivenza e di crescita sostenibile. Il leader di una città deve dunque agire come un direttore d'orchestra, chiamato ad amalgamare le diverse sonorità per generare, con la propria capacità interpretativa, un unico fraseggio, e per valorizzare l'individualità di ogni strumento, dando il ritmo all'esecuzione complessiva. Ogni pietra di una città, ogni relazione che si sviluppa, è come la nota di una sinfonia, legata a tutte le altre. Ogni città ha la sua musica e il suo ritmo. Ogni città possiede un proprio suono inconfondibile. Questo è il loro fascino.

Il ruolo di un sindaco

Il 9 giugno 2022 ho aperto, da presidente in carica, l'assemblea generale di Eurocities, la più importante rete delle città europee medio-grandi. Ci siamo ritrovati a Espoo, una città finlandese praticamente unita alla capitale Helsinki, per la prima volta dopo due anni senza alcuna limitazione legata alla pandemia. Davanti a una platea di trecento sindaci, nel mio discorso ho pronunciato una frase piuttosto secca sulla differenza tra politica nazionale e cittadina: "I governi nazionali parlano, i sindaci agiscono." Non avrei immaginato che quell'espressione, accolta da uno scroscio di applausi, sarebbe diventata il *refrain* delle due giornate di lavori, incentrate sulle grandi sfide globali che noi sindaci europei eravamo chiamati ad affrontare: dalla lotta al cambiamento climatico alla guerra in Ucraina, con la conseguente emergenza umanitaria, fino alla crisi energetica e sociale legata all'inflazione crescente. Sentivamo su di noi la responsabilità storica di trasformare in fatti i tanti obiettivi assunti e rilanciati dalle istituzioni europee e dai governi nazionali.

Il sindaco è allo stesso tempo un amministratore locale e un politico. Proprio la somma di questi due ruoli fa del primo cittadino l'ultima figura politica ancora riconosciuta dalla gente, dai cittadini. Se ripartiamo dai due concetti di *polis* e *civitas*, capiamo che la politica e l'amministrazione trovano nella dimensione della città un luogo ottimale di incontro. L'idealità e il pragmatismo sono solo apparentemente in contraddizione. Il sindaco è il primo sognatore della sua comunità, ed è anche il primo a doversi far carico dei problemi concreti che la affliggono. Ma è grazie al sindaco che la politica mantiene una dimensione di fascino e di credibilità agli occhi del cittadino. Proprio l'unione tra visione politica e amministrazione della realtà rende la politica ancora attrattiva.

Credo infatti che il leader di una città abbia tre obiettivi principali davanti a sé: costruire il senso di appartenenza rispetto al passato; governare il presente attraverso la cura della città, la sua manutenzione, la qualità dei servizi e delle esperienze di vita, affrontando le problematiche emergenti; infine dare una prospettiva, una visione, indicare degli orizzonti di grandi trasformazioni per la propria città, utili per l'abitare di domani. La politica nazionale non ha questa tridimensionalità temporale che esiste invece nelle città. La politica nazionale, ad esempio, non riesce più a incarnare la funzione del governo pragmatico del presente, ha smarrito la dimensione del "paese reale". La dimensione locale, al contrario, è intrisa di realtà, di problemi e speranze legati al lavoro come all'economia, alla scuola come alla famiglia. Non passa giorno che un sindaco non viva una sfida concreta: realizzare un asilo nido, modificare il progetto di una passerella o il senso di marcia di una strada dopo aver discusso con un comitato di cittadini, incontrare i lavoratori di una fabbrica che rischia la chiusura perché la proprietà ha deciso di spostare la produzione in un altro paese, affrontare il problema delle liste di attesa per le case popolari, inaugurare una palestra dopo aver riqualificato un edificio abbandonato, parlare con gli anziani in una casa di cura della loro paura della solitudine, visitare una scuola superiore per ascoltare i sogni e i timori degli studenti, incontrare ministri e sottosegretari per trovare finanziamenti.

Questa è la dimensione della politica. Una dimensione concreta, fatta di ascolto, strette di mano, progetti da realizzare e condividere, assemblee con i comitati di cittadini, abbracci, lacrime e arrabbiature con i collaboratori, ricerca di fondi, risposte agli abitanti o a chi visita la città per la prima volta, sopralluoghi nei cantieri. Passione, tenacia, perseveranza, umanità. Al sindaco si richiedono competenze professionali e qualità umane, ma soprattutto capacità di trasformare le idee in fatti. Nella politica nazionale, al contrario, si è persa la fattualità e questo ha allontanato i cittadini dai loro rappresentanti.

Il sindaco non può mai permettersi di dire a un cittadino che gli pone un problema o gli rivolge una richiesta "questo non è di mia competenza". Che si tratti di un problema di sicurezza, della ricerca di un posto di lavoro, della perdita di un parente in un incidente stradale, dell'ansia di un genitore per il futuro del proprio figlio, il sindaco deve essere sempre pronto ad ascoltare e comprendere con empatia e semplicità. Talvolta mi capita di pensare che noi sindaci siamo un po' come un padre di famiglia per la comunità. Abbiamo il compito di trasmettere fiducia e combattere la paura e l'egoismo, facendoci carico dei problemi della collettività, in un'epoca in cui incertezza e pessimismo sembrano prendere il sopravvento. Ricordo di aver letto un'indagine demoscopica svolta poco tempo dopo gli attacchi terroristici di Parigi alla sede di *Charlie Hebdo* e al Bataclan, che avevano fatto piombare l'Europa intera in un incubo. Nel sondaggio si rilevava che solo due italiani su dieci erano disposti a fidarsi degli altri, a contare sugli altri. Ebbene, da sindaco, ho sempre pensato di avere un obiettivo a ispirare il mio lavoro: far crescere una comunità in cui le persone potessero fidarsi le une delle altre.

In un dibattito politico di qualche anno fa mi colpì l'espressione usata dall'ex sindaco di Roma, Walter Veltroni, che parlava della necessità del tutto peculiare del primo cittadino di saper lavorare con "ago e filo". Parlava, Veltroni, di una perizia e un'attenzione verso il particolare e verso la persona che non si ritrova in nessun'altra carica politica, che presuppone un'opera costante di cura e riparazione e che fa dei sindaci i detentori del vaccino contro l'antipolitica. I sindaci sono infatti più pragmatici, tendenzialmente meno ideologici e settari, perché per forza di cose governano comunità plurali e complesse e sono chiamati a misurarsi costantemente con il risultato della loro azione. I sindaci agiscono, appunto. Lo storico dell'arte tedesco Konrad Fiedler, che ha vissuto una parte della sua vita a Firenze e la cui opera è stata fatta conoscere in Italia da intellettuali quali Benedetto Croce e Carlo Ludovico Ragghianti, diceva a proposito dell'agire: "Il mondo è di chi agisce: questo è vero non solo nell'accezione pratica comune, ma nel suo significato profondo della relatività del mondo: solo la ricchezza e la vitalità dello spirito ne sviluppano l'essere. Indebolendosi lo spirito, anche l'essenza del mondo sbiadisce e scompare." Le città sono luoghi vivi, hanno un'anima, perché agiscono.

2. Firenze, la "città ideale" per un nuovo Umanesimo

Tra tutte le città del mondo, Firenze può essere assunta come modello storico di "città-stato" e di "città ideale", patria dell'Umanesimo e culla del Rinascimento. Serve, però, chiarire sin da subito un punto per non rischiare di intendere le due parole "patria" e "culla" in modo statico e anacronistico. Nel caso contrario, saremmo ancora vittime di una prospettiva conservativa e rigida nel descrivere e avvicinare le città europee, soprattutto quelle con una grande storia alle spalle. Finiremmo per preferire al cambiamento, alle sfide, alle esigenze del reale, la rendita di posizione e l'immobilismo. Non a caso Firenze è stata grande quando è stata "contemporanea", quando è riuscita cioè a inventare nuovi linguaggi e processi creativi attorno ai quali si sono costruiti modelli figurativi e urbani a tratti rivoluzionari. Infatti, come ci ha insegnato l'urbanista statunitense Lewis Mumford, la funzione della città ideale è quella "di trasformare il potere in forma, l'energia in cultura, la materia morta in simboli viventi d'arte, la riproduzione biologica in creatività sociale."

La mia esperienza di studio della musica mi ha consentito di apprezzare meglio alcuni tratti di questa città così elegante e disciplinata. È creazione e ordine. Utopia ed equilibrio. Ogni città ha una sua musica. Direi che nella cupola di Brunelleschi si fondono questi elementi. Eccoli: ardimento ed equilibrio. Non c'è niente di più straordinario e allo stesso tempo familiare, bilanciato. È ardimento che non diventa caos, bensì riesce a costruire un ordine, un aspetto caratteristico della musica: è grazie all'ordine, a questo senso di equilibrio e di disciplina che puoi creare opere impensabili. Quest'audacia, questa creatività sconvolgente dei grandi architetti e degli artisti fiorentini poggia su basi solide. Basi solide per slanci immaginativi.

Un senso di equilibrio che ritrovo nella facciata di Santa Maria Novella, che è ordine e fantasia, che unisce il piano terreno con quello luminoso, cosmico, grazie all'astrazione e alla materialità dei marmi istoriati, con la pietra che si fa nota musicale, che diventa florilegio. Questa dimensione esiste ancora a Firenze.

Firenze non ha una bellezza neutra, non invita unicamente alla contemplazione; è una città vibrante che ti invita all'azione, alla vita. Ti ci immergi. Questa dimensione è ancora presente, se passeggi per le sue vie. Ti stimola a essere un uomo di azione. Ho pensato di scrivere questo libro proprio per cercare di trasmettere quest'esperienza, il sentimento di una città che ti sprona a vivere e ad agire. E che, se vuoi conoscere, devi vivere. Non case, ma città. Non città, ma casa. Non c'è solo gratitudine, ma l'idea di restituire, corrispondere alla città quello che essa ti dà in una continua osmosi. E di farlo cercando di essere all'altezza di questa città, della qualità della sua offerta; ecco la responsabilità. In questo senso Firenze è una sfida perenne, costante. Perché ti devi posizionare a un livello altissimo, dal punto di vista umano, filosofico, artistico e architettonico. È una città che sta lì, che hai davanti ogni giorno e che ogni giorno ti mette davanti questo parametro umano che è quello dell'Umanesimo. Quello che si è espresso nelle architetture, nei quadri, nei dipinti, negli affreschi, nella poesia, nella scrittura e nella letteratura.

L'età comunale: nasce la città ideale

A Firenze, dal Trecento in poi, le forze intellettuali ed economiche, grazie a una politica virtuosa, sono state protagoniste di un rinnovamento, di una forma di rinascimento davvero straordinaria – paragonabile forse solo all'Atene di Pericle del V secolo a.C. – in grado di richiamare la nozione più moderna di avanguardia. Si è concentrata in città una costellazione di artisti geniali, di artigiani, imprenditori e politici, intenta a costruire assieme ai cittadini un pezzo straordinario di modernità e una visione valida ancora oggi.

La città è diventata un laboratorio di innovazione e di sperimentazione, a partire però da una reinterpretazione critica e ambiziosa dei modelli classici, sulla quale si è fondato *in primis* il nuovo pensiero umanistico, filologico e storiografico. La classe dirigente si è proposta di superare le ideologie più conservatrici e dogmatiche dell'epoca precedente e, fin dai primi decenni del Trecento, in una congiuntura economica e politica favorevole, gli umanisti hanno avviato un'interpretazione più aperta della cultura classica, superando il modello aristotelico e tolemaico. Con Dante, Petrarca e gli intellettuali dell'epoca comunale, il primato viene assegnato all'uomo, di cui si vogliono conoscere l'anima e le produzioni artistiche, letterarie e filosofiche nel loro contesto storico, nobilitando ed esaltando la capacità di investigazione e innovazione non più sottoposta alle immutabili leggi dell'Eterno, a quelle della logica aristotelica, all'impianto teleologico di Tommaso d'Aquino.

Se penso a un'opera che esemplifica tutto questo, questa base solida, questa capacità di concepire l'equilibrio e l'ordine, mi viene in mente la Madonna della Misericordia nella Loggia del Bigallo, in piazza del Duomo, un bellissimo affresco con una donna che, ai suoi piedi, ha Firenze. Questa Madonna non domina Firenze, non la sovrasta, ma poggia i piedi su questa città piena di torri, su questo ordine solido, compatto, stupefacente, sconvolgente per la sua magnificenza già nel Medioevo.

Il Trecento è appunto contraddistinto dalla cosiddetta "età comunale", il periodo che registra l'espansione, in tutta l'Europa occidentale, del modello del governo locale: i comuni chiedono sempre maggiore autonomia professionale, amministrativa ed economica. In Italia come in Francia, in Germania come in Inghilterra, tra il Medioevo e il Rinascimento le città prendono forma e vengono gettate le basi di modelli urbani e sociali destinati a durare per secoli.

Possiamo affermare allora che da questa espansione economica, sociale e urbanistica sia nato il modello di città europea a cui ancora oggi ci ispiriamo? Perché, in fondo, quando parliamo di Europa parliamo di città. E ancora, se partiamo da oggi e ci volgiamo indietro verso questi sette secoli di storia urbana, cosa distingue davvero le città europee dalle altre città del mondo? Cosa hanno in comune Belgrado e Oslo? Palermo e Vienna? Roma e Arles? A questo interrogativo affascinante hanno cercato di rispondere, nel 2001, sessanta architetti e urbanisti di quindici diverse nazionalità, impegnati in un progetto artistico e di analisi sulla città contemporanea e le sue mutazioni promosso dall'architetto olandese Rem Koolhaas, nell'ambito della mostra "Mutations" ospitata negli evocativi spazi dell'Arc en Rêve di Bordeaux.

Il risultato di quel lavoro è stato il tentativo di recuperare un modello di "città ideale europea" utile per la progettazione delle trasformazioni di città sempre più prive di una propria identità e qualità architettonica, vittime di un'urbanizzazione senza limiti (il paradigma della *bigness*), dilatabile all'infinito. Partendo da quella riflessione possiamo individuare tre linee identitarie della città europea. La prima ci dice che le città europee sono come dei palinsesti, diversamente dalle città asiatiche e americane. La città europea cresce su se stessa, non cancella il passato, non opera per *tabula rasa*, ma per sovrapposizioni, strato dopo strato. E da questo processo scaturiscono continuamente collisioni e accostamenti tra momenti della storia e momenti della geografia differenti.

Il secondo aspetto è che le città europee sono delle madrepore, delle spugne che nel corso dei secoli sono state capaci di assorbire culture, idee, tipologie architettoniche e urbanistiche, comportamenti, e di "riesportarli" altrove; sono cioè delle "città-mondo". Pensiamo alle città mediterranee, come quelle siciliane, intrise di segni della cultura araba e normanna.

La terza caratteristica, connessa direttamente alle precedenti, individua le città europee come centri aperti, plurali, corpi vivi dove si sviluppa una negoziazione continua. E questa negoziazione, oggi, si gioca soprattutto sui temi ambientali e sociali. È nel Medioevo che molte città europee vivono la prima grande espansione e cominciano a dare vita a queste tre linee distintive.

Resto sempre stupito quando attraverso piazza San Firenze, il risultato urbanistico e architettonico di questa idea di negoziazione e sedimentazione. Qui domina il complesso di San Firenze, un rarissimo esempio di architettura barocca in città. Sul sagrato di San Firenze, in una sera di luglio del 2021, mentre mi trovavo a provare con il mio violino insieme ad Andrea Bocelli per un concerto di beneficenza per i progetti della Andrea Bocelli Foundation che avremmo eseguito di lì a poco, mi sono rivolto al cantante lirico toscano con gli occhi pieni di ammirazione: "Andrea, questo luogo è come un libro di architettura: sulla piazza si affacciano cinque secoli di storia, dal Medioevo al Barocco, raffigurati dai diversi edifici, uno accanto all'altro: dalla Badia Fiorentina, al Bargello, a Palazzo Vecchio e Palazzo Gondi, fino al complesso di San Firenze." Suonare in quella piazza, quella sera, con uno dei più amati e apprezzati cantanti al mondo, è stata un'esperienza unica.

Arte e potere: la forza della città del Medioevo

Dopo una grande espansione economica, sociale e urbanistica, nel XIV secolo, durante la prima fase della rinascenza, le grandi e solide strutture governative europee entrano in declino, chiesa e impero vacillano.

Ma alla metà del secolo le cose mutano velocemente e nuove spinte economiche e culturali danno modo alle città libere di emanciparsi dal dominio della chiesa e dei governi nazionali, per organizzarsi, difendersi, svilupparsi come città-stato. Le città resesi indipendenti rappresentano il motore della crescita culturale ed economica, del miglioramento delle condizioni di vita. Si creano nuovi legami commerciali; se al nord è l'alleanza anseatica a produrre effetti positivi, al sud emergono nuovi soggetti politici e sociali. Artisti e intellettuali, letterati e scienziati assumono un ruolo decisivo nelle corti e si fanno promotori di innovazioni che generano sviluppo e benessere. La penisola non è ancora un organismo unitario, si identifica con la somma di stati moderni. Le trasformazioni istituzionali e politico-giuridiche poggiano sull'autonomia dei singoli centri. La classe media intellettuale e istruita, i professionisti educati all'amministrazione e gli avvocati giocano dappertutto un ruolo nella modifica dei nuovi sistemi statali. Nascono università e si intensificano gli scambi tra centri culturali e ambiti di ricerca, prolificano le contaminazioni soprattutto nelle opere letterarie e artistiche. Famiglie patrizie, di banchieri e mercanti, accumulano ricchezze notevoli, come a Firenze i Rucellai e gli Strozzi, insieme agli Antinori, ai Pitti, ai Medici. Si generano operazioni di autocelebrazione estetica e simbolica oltre a quelle di abbellimento di palazzi e chiese. Le città diventano il motore dello sviluppo, sono loro e non più le corti principesche a essere protagoniste di una rinascita delle arti, del sapere, con importanti ricadute sociali.

Alcune città, oltre a configurarsi come centri del potere politico, assumono il ruolo di importanti piazze economiche e finanziarie. È il caso di Firenze: basti pensare che la moneta qui coniata, il fiorino, diventa la valuta più utilizzata nelle transazioni internazionali. E questa concentrazione di poteri ha conseguenze dirette sull'assetto urbanistico.

In un primo momento i progetti rispondono a esigenze difensive e si concretizzano, per esempio, nella costruzione di nuove mura, come la seconda cinta realizzata nei primi decenni del Trecento a Firenze e tradizionalmente attribuita ad Arnolfo di Cambio. A essi si affiancano poi progetti di prestigio realizzati da architetti di indiscussa fama, che diventano sedi e simboli del potere e dell'autorità comunale: palazzi e edifici di rappresentanza, spesso commissionati dalle famiglie più facoltose e potenti, imponenti cattedrali. Nelle città-stato italiane, questo rappresenta un modo per consolidare il potere locale, affermare l'unità cittadina e rafforzare l'orgoglio degli abitanti. L'arte e la cultura diventano il veicolo principale della crescita civile e sociale delle città. E Firenze incrementa la sua forza e il suo prestigio divenendo il luogo di elezione di questo fenomeno, grazie alla nascita delle prime forme di mecenatismo promosse dalla forza innovativa della dinastia medicea e di altri grandi banchieri e commercianti. In questa situazione l'arte si emancipa dalla chiesa, venendo a rappresentare un privilegio e un motivo di esibizione da parte della ricca borghesia comunale o del potere governativo. A questa nuova geografia (economica, culturale, spirituale) dei rapporti di forza risponde anche l'artista acquisendo pari dignità rispetto agli altri intellettuali, agli scrittori, agli scienziati, e giocando un ruolo di assoluto protagonismo nella costruzione dell'identità cittadina, nello scambio culturale e nella competizione tra città e stati.

Nel panorama europeo, tra il XIV e il XV secolo, Firenze è una megalopoli "ante litteram", un centro politico, economico e intellettuale che affonda le proprie radici nel Medioevo e ritrova stimoli nell'epoca classica, che diventa terreno di indagine grazie ai fautori di una filologia rinnovata. Mi torna alla mente la tesi di Eugenio Garin: "L'Umanesimo si affermò nelle sue origini sul terreno delle arti del dire, della logica e della retorica, e, con esse congiunte, della morale e della politica." La grande città – così come la conosciamo oggi – fa la sua comparsa nel XIII-XIV secolo, intendendo per "grande" non una dimensione semplicemente geografica o demografica, ma politica, economica, culturale.

Quando ammiro i monumenti del cosiddetto "quadrilatero romano" di Firenze e ne osservo la magnificenza, rifletto sul fatto che in Italia l'Alto Medioevo è meno oscuro rispetto ad altre regioni dell'Occidente proprio grazie alle città, tra le più popolose del tempo, che mantengono un certo livello di vita urbana. In effetti la città costituisce il solo luogo idoneo alla conservazione, da parte dei laici, di una cultura scritta. Questo sapere, indispensabile al buon funzionamento di qualsiasi agglomerazione urbana, senza dubbio favorisce la rinascita precoce, nel Medioevo, di un mondo urbano, nel momento in cui il resto dell'Occidente tarda a "risvegliarsi".

L'identità di una città

Studiando la trasformazione della città nell'epoca dell'Umanesimo, mi sono imbattuto nella *Laudatio Florentinae Urbis* scritta da Leonardo Bruni all'inizio del XV secolo (sul modello dell'orazione dedicata alla città di Roma da Aristide). Questa opera rappresenta un documento di eccezionale valore storico nel campo della trattatistica architettonica e urbanistica. Vi troviamo esposto un radicale rinnovamento dell'idea di città, che pone Firenze quale esempio e centro propulsore di tale trasformazione nell'epoca moderna. "Al Dio immortale presento il mio volere, che è di rivolgermi con il mio dettato sia alla città di Firenze, della quale tratterò, sia, almeno, alla devota ammirazione che mi lega a essa. L'una e l'altra cosa sarebbero, infatti, a me sufficienti per mostrare la sua magnificenza e il lustro. In tutto il mondo non esiste città che sia, più di questa, splendida e ornata; né io mai, come facilmente riconosco, ebbi verso nessun'altra cosa desiderio più ardente. Se qualsivoglia delle due cose, potessi avere, allora di questa eccellente e affascinante città, potrei veramente parlare con appropriata dignità ed eleganza."

Quando cammino per i vicoli e le piazze del centro di Firenze mi capita spesso di alzare lo sguardo lasciandomi sorprendere, senza mai cedere all'assuefazione, dalla bellezza della città: Santa Maria del Fiore, che si erge con la sua cupola sopra lo *skyline* della città e dialoga a distanza con la Torre di Arnolfo di Palazzo Vecchio, Orsanmichele e il Battistero, San Miniato al Monte e il Forte di Belvedere che si guardano dalle due opposte colline. In questi momenti, penso dentro di me: "Ogni monumento rappresenta un simbolo, incarna un messaggio, segue uno schema logico di cui prendi consapevolezza quando guardi la città nel suo insieme." Ogni città ha un suo linguaggio e ogni linguaggio è figlio di un'epoca. L'esaltazione della città di Firenze e della sua forma repubblicana diventa infatti un nuovo linguaggio, l'occasione per promuovere un modello centripeto di organizzazione urbana, che dalle zone dell'immediata periferia arriva al centro, dove si erge il monumento più significativo della città, ossia Palazzo Vecchio, sede del governo cittadino, scalzando di fatto la cattedrale dal suo primato urbanistico. Un primato che sarà recuperato (dal punto di vista dello sviluppo architettonico) con l'edificazione della cupola del Brunelleschi, monumento simbolo della nuova stagione rinascimentale, centro di convergenza visiva, così "ampia da coprire tutti i popoli della Toscana", che ridisegna la visuale urbanistica secondo i nuovi argomenti prospettici quattrocenteschi.

Ma la cupola ha un significato politico ancora più chiaro: sarà la dimostrazione vincente della nuova intelligenza sperimentale degli artisti dell'epoca, basata su metodi scientifici e matematici, sulla fiducia nella tecnologia, su un deciso pragmatismo e soprattutto su una nuova posizione sociale dell'artista, ora intellettuale e *artifex* a tutto tondo, che rivendica la sua autonomia e il suo protagonismo all'interno delle organizzazioni produttive e culturali della città. L'architetto, unico depositario delle chiavi del progetto, diventa attore necessario e indispensabile nell'estetizzazione della città tramite l'edificazione di monumenti di eccezionale valore estetico e impatto visivo che tendono a magnificare ed esaltare, assieme ai poteri forti e alle classi dirigenti, ogni settore cittadino con le sue corporazioni e magistrature, i suoi artisti e i suoi letterati.

La storia di Firenze ci riporta alla domanda di fondo: perché le città europee sono così attraenti?

"Quando cammino per Firenze, il duomo non lo guardo neanche, ma me lo sento tutto addosso, e mi pesa ogni mattone… Io sono ogni mattone. In un certo senso è come se il duomo lo avessi fatto io. Un mattone, d'altra parte, non guarda gli altri mattoni: così non ho bisogno di guardarlo il duomo, per sentirlo. È come con Masaccio: io sono Masaccio. E se mi chiedi come è fatta piazza della Signoria, non te lo so dire, non me lo ricordo mica. Tra me e Firenze c'è un rapporto sfuggente, la attraverso di corsa, come un ladro, per paura di essere preso." Questa dichiarazione d'amore per Firenze – che io trovo struggente e paradossale insieme – è di Roberto Benigni.

Cosa rende dunque Firenze, Parigi, Praga, Berlino... così attraenti? Il fatto che trasmettono un senso di novità e di appartenenza: un'identità che passa dalla cultura, ma soprattutto dalla qualità architettonica. L'identità è fatta di molti elementi; tuttavia, in una società dominata dall'immagine, il senso di identità è dato soprattutto dall'immagine architettonica. Ecco perché la città europea è più attraente, mentre ci capita, girando per il mondo, di imbatterci in metropoli prive di identità, che crescono indefinitamente, luoghi vuoti alla disperata ricerca di un'identità, contenitori stupefacenti ma senz'anima, perché non hanno una cultura da raccontare, non costruiscono un senso di comunità.

Ogni periodo della storia d'Europa è segnato dall'influenza culturale di qualche grande città. Il Quattrocento e il Cinquecento da Firenze che, con il Rinascimento, prende la scena nell'arte, nella scienza, nell'architettura. Il Seicento da Roma con il Barocco. Nell'Ottocento è la volta di Parigi, la "Ville Lumière", che tra grandi boulevard e teatri magnifici incarna l'ideale universale di città. Negli anni novanta del secolo scorso si impone l'effervescenza di Barcellona, che con le Olimpiadi estive del 1992 inaugura una stagione di trasformazione delle periferie e cambia il proprio volto con il prolungamento dell'*Avinguda Diagonal*, che taglia l'intera città da un capo all'altro. Così Mosca e Berlino, dopo la caduta del Muro, si tramutano in moderne capitali dove architettura e cultura danno vita a nuovi quartieri e ridefiniscono i tratti somatici di intere zone e di vecchi edifici per aprirsi alle nuove generazioni provenienti da ogni parte del mondo.

Questa identità attrattiva delle città europee, che ha segnato intere epoche, poggia soprattutto sui simboli, perché le città e l'architettura vivono di simboli. Tornando a Firenze, la laicizzazione dei grandi simboli cittadini conosce un'accelerazione agli inizi del Cinquecento con la politica del gonfaloniere Pier Soderini, che "scippa" il David alla chiesa fiorentina e trasforma l'eroe biblico nel difensore della libertà cittadina, dirottando la scultura dal contesto architettonico religioso (gli sproni della cattedrale) a quello civile e laico della piazza della Signoria e del Palazzo Vecchio, e inaugurando così una nuova era e una nuova funzione dell'agorà moderna e dell'arte monumentale. Una storia che prosegue con i diversi posizionamenti di sculture monumentali nella stessa piazza della Signoria all'epoca di Cosimo I, per continuare con le sculture del Perseo del Cellini e del Ratto delle Sabine del Giambologna, in cui mi imbatto ogni volta che esco da Palazzo Vecchio. Al duca Cosimo si deve anche una trasformazione urbanistica che realizza, con il Corridoio Vasariano, il nuovo asse viario tra via Tornabuoni, ponte Santa Trinita e via Maggio, importanti cambiamenti all'altezza di una idea di città-stato di aspetto e proporzioni continentali.

Nei secoli successivi saranno altre importanti costruzioni a determinare un mutato rapporto tra potere e cittadini, tra interno ed esterno, come la Fortezza da Basso e il Forte Belvedere. Programmi di politica culturale e urbanistica che esprimono con enfasi la volontà di superare vecchie e desuete posizioni ideologiche, modelli culturali, tradizioni ormai superate, permettendo alla città rinascimentale di progredire nella sua evoluzione e trasformazione e di acquisire, appunto, una nuova identità. Processi, dunque, che hanno teso a conservare il patrimonio cittadino mutandone la fisionomia in relazione a cambiamenti e rivoluzioni sociali, tecnologiche, economiche e culturali, per uscire da una visione fossilizzata della propria identità e da concezioni inadeguate e timorose, oppure troppo basate su rendite di posizione e incapacità di sperimentare, di azzardare nuovi valori e modelli. Questa è tuttora la sfida che la città di oggi ha di fronte. Identificare e sostenere nuovi progetti urbanistici, architettonici e artistici generatori di una nuova idea di città, che sappia contemplare e conservare insieme la propria ricchezza rinascimentale e l'orizzonte contemporaneo. Questa è la sfida del nuovo Umanesimo, che Firenze esprime in modo così forte.

Lo studio, sebbene appena abbozzato, dell'evoluzione urbanistica di Firenze permette di leggere la storia sociale e culturale della città, la sua crescita economica e la sua espansione politica, le impennate e le crisi sociali, il mutare di riferimenti e prospettive di sviluppo. Di tutto questo ci ha offerto una splendida sintesi lo storico Franco Cardini, che ha racchiuso l'identità di Firenze in quella di una città costruita e formatasi attraverso un susseguirsi di rinascite e stasi, all'insegna di comuni idealità e valori umanistici, con un alternarsi di continuità e discontinuità, nostalgie e strappi, cesure e recuperi, tra culto della memoria e della conservazione, trasformazione e innovazione, tra la moltiplicazione degli stereotipi e la loro contaminazione. Così scrive Cardini: "Al pari delle persone, le città recano impresse – nel loro aspetto esteriore, nella loro struttura urbana, in quella somma di caratteristiche ora corpose, ora impalpabili che fanno la loro 'atmosfera' – le tracce del loro passato: le glorie e le contraddizioni, le sofferenze, gli errori."

A chi percorre Firenze per la prima volta, la città rivela anzitutto l'impronta romana e al tempo stesso la volontà "razionalizzatrice" di chi, tra il secolo scorso e i primi decenni di questo, l'ha voluta città "moderna", nella rete ortogonale delle strade del centro e nei nomi di certe vie (via del Campidoglio, via delle Terme, via di Capaccio, vale a dire di *caput aquae*) oltre che nella caratteristica struttura degli edifici fra piazza dei Peruzzi e piazza Santa Croce, curvilinei perché fondati sull'impianto dell'antico anfiteatro. Ma il visitatore si accorge subito – dalle dure case torri in pietra "forte", dai severi e ariosi palazzi rinascimentali, dalle chiese, le più belle delle quali si collocano (ancorché spesso e a più riprese rimaneggiate) tra l'età romanica e quella manierista – che il grande tempo della città, come si usa dire, è stato quello fra Duecento e Cinquecento. Un tempo così alto, glorioso, significativo che i fiorentini sembrano aver continuato a sognare a lungo dopo la sua conclusione, tanto che il turista più avveduto non avrà difficoltà a discernere, in un continuo riproporsi di forme e di moduli "medievali" e "rinascimentali", la quantità di imitazioni, di citazioni, di restauri magari pesanti e arbitrari. Il volto neogotico e neorinascimentale, insomma, imposto alla città fra Ottocento e Novecento, che si confonde senza mai fondersi con il vero Medioevo e con l'autentico Rinascimento, di cui Firenze è pur ricca. Significative e commoventi al pari delle presenze, risultano poi le assenze o le carenze.

A prima vista, Firenze pare "una città senza Barocco": un più attento esame rivelerà al contrario che il Barocco c'è, magari raffinato e prezioso – dalle leggere architetture di San Gaetano al fasto della Santissima Annunziata – ma che si tratta di un Barocco discreto, strettamente collegato alla tradizione manieristica, che da vicino ricorda, se si vuole, la prosa di Galileo Galilei, così asciutta, ariosa, volutamente lontana dai fronzoli di moda al suo tempo. Un Barocco – poi continuato dal Settecento illuministico e fisiocratico – tutto realismo e spirito scientifico, che ben si assapora soprattutto, si direbbe, nell'ottone degli strumenti scientifici custoditi alla Specola o al museo della Scienza, oppure tra i severi scaffali di buon legno antico e lavorato della Biblioteca Laurenziana e della Marucelliana. Un Barocco e un Settecento specchi del cupo e ancorché non drammatico tramonto di casa Medici e del sereno, prima spregiudicato e poi soporifero, governo asburgo-lorenese. Ma altre scoperte, non sempre piacevoli, fanno il turista più attento o il fiorentino meno distratto, se accettano di gettare uno sguardo sulla città senza trascurare gli indizi di quel che c'era e di quel che non c'è più. Qua e là, segni non equivoci di un fasto, di una magniloquenza, di un ordine recuperati e imposti dal di fuori. Non sappiamo con quanto rispetto per la storia, le tradizioni e le più vere esigenze cittadine, come nell'ottocentesco palazzo delle Assicurazioni Generali in piazza della Signoria, proprio di fronte a Palazzo Vecchio, con le fredde linee ispirate all'imitazione di un Quattrocento da accademia; o nella vasta piazza della Repubblica, che parla il linguaggio degli sventramenti ottocenteschi che hanno sì spazzato via alcune fatiscenti strutture, ma che hanno allo stesso tempo compromesso l'equilibrio storico-architettonico del centro cittadino; o nella cintura dei boulevard con le sue piazze cerniera, eco della Torino del Promis e della Parigi di Haussmann, con tutti i sottintesi politici e ideologici di quelle scelte rivissuti tuttavia in tono minore, con minor retorica e minor funzionalità.

Questa è, in sintesi, la configurazione stratificata della città-stato e della città ideale, che nei secoli ha creato modelli che in un secondo momento ha riprodotto, ha prima inventato e poi copiato da se stessa, a partire dai secoli d'oro fino al Novecento, secolo in cui la conservazione ha prevalso sulla sperimentazione, la rendita di posizione sulla scommessa dell'innovazione. Segno di questo rovesciamento di prospettiva in cui è stato risucchiato il migliore e più originale spirito rinascimentale è stata la rinuncia a costruire e a osare, ad avviare e concludere progetti architettonici e urbanistici che potessero rispondere alle esigenze e alle aspettative di vita dei cittadini in una dimensione di attualità, che facessero da ponte tra passato e futuro. Solo negli ultimi anni si sono realizzate scelte in tal senso, che hanno spinto nella direzione del rinnovamento contemporaneo con progetti architettonici e urbanistici di grande spessore e funzionalità, quali la tranvia e la riqualificazione di complessi abbandonati come le Murate o la Manifattura Tabacchi, il convento di Sant'Orsola e la chiesa di San Giorgio alla Costa, ma anche con la realizzazione di ulteriori luoghi della cultura come il nuovo Teatro del Maggio Fiorentino con il suo auditorium, esempio di tecnologia e maestria artigianale, inaugurato tra il 2011 e il 2021 per celebrare l'Unità d'Italia.

Poche città nel mondo sono riuscite, nei secoli, a preservare un'identità di fondo nonostante i cambiamenti e le contraddizioni, e Firenze è tra queste. A dispetto delle trasformazioni e delle "sventrature", Firenze mantiene una sua omogeneità, una sua riconoscibilità. Elementi diversi convivono e coabitano nella stessa città come note diverse, espressione di epoche, mentalità e stagioni differenti, riunite sotto la direzione unica di un maestro dell'armonia e del contrappunto. E sta forse in questa sua "omogeneità", che ora esalta e ora appiattisce in un sentimento corale le differenze di stili, quella qualità formale che attira masse di turisti da tutto il mondo e obbliga a decisioni sempre conservative, orientate al passato e alla riproduzione di quell'ideale, percependo le trasformazioni non come sana evoluzione ma come disturbante innovazione.

Dobbiamo sforzarci nella ricerca, dipanando le trame dell'omogeneità, per scoprire tra chiese, palazzi, giardini, ponti, conventi, i segni indelebili di eventi "traumatici" dal punto di vista urbanistico e architettonico. È il caso, ad esempio, della parte di città che è stata abbattuta quando tutta la corte sabauda, completa di amministratori e seguaci, si è trasferita dalla Mole Antonelliana di Torino in riva d'Arno. La culla del Rinascimento è stata presa d'assalto e ha subito trasformazioni piuttosto radicali proprio nel cuore dei suoi quartieri antichi, fatti di strette vie e alte case torri, per veder nascere quella Firenze neorinascimentale che poco piace e poco convince tra piazza della Repubblica e via Tornabuoni. Un'altra ferita è stata provocata dalla distruzione del quartiere che si estendeva tra piazza de' Pitti e piazza Frescobaldi, ponte Santa Trinita e la Loggia del Porcellino. Una porzione non piccola del centro storico è stata rasa al suolo dai nazisti in fuga, per bloccare l'avanzata degli alleati e impedire la liberazione della città. Dopo la Liberazione e un lungo dibattito, sono state ricostruite case torri più moderne, i lungarni sono stati risistemati e quell'area è risorta in uno stile che occhieggiava l'antico e poneva le basi per una vivibilità moderna. È stato perfino ricostruito il più bel ponte al mondo, quello di Santa Trinita, con la formula "così com'era e dove era", sancendo un principio di estetica conservativa che ancora detta legge e impedisce di allargare il campo di azione degli architetti. Così tanti palazzi e abitazioni del centro storico sono stati adattati a strutture ricettive, svuotando la zona di vita vissuta e di fiorentini per far posto a turisti provenienti ormai da tutto il mondo e a un luogo abitato più dai visitatori di passaggio che dai cittadini, negli storici quartieri di Santa Croce, San Lorenzo, Santo Spirito e in quello che oggi viene definito il distretto della moda e del commercio, tra piazza della Repubblica e via Tornabuoni.

La relazione tra continuità e discontinuità, conservazione e strappi, nella Firenze città ideale permette di riflettere su un altro fattore tipico delle città europee: il tempo. La vera differenza tra le città europee e le altre città del mondo risiede nel rapporto tra storia e geografia. La città europea non è solo un'estensione geografica, bensì incorpora anche il fattore tempo. La città europea unisce spazio e tempo, geografia e storia; è il risultato – come si è detto – della sedimentazione del tempo, cresce insomma sopra se stessa. Per questo nella città ideale troviamo le tre dimensioni del tempo, il passato, il presente e il futuro, che ci interrogano: che speranze, che modelli, che valori vogliamo lasciare alle generazioni future nelle città?

La dimensione temporale della città si sviluppa in modo non lineare, è un susseguirsi di pause e accelerazioni, sviluppi e interruzioni brusche. Ancora una volta, la città fa pensare a una sinfonia. I cambi di ritmo, le pause, la suddivisione in tempi, i finali, sono assimilabili alle diverse epoche della città ideale. Il tempo si colora come le battute di uno spartito sinfonico: allegro, largo, andante, presto. La città cresce e cambia con un fraseggio musicale e ritmico tutto suo, evolve in modo talvolta imprevedibile perché assorbe il cambiamento globale e lo adatta alla propria comunità e al proprio tessuto urbano, alle proprie condizioni topografico-ambientali, sulla base della storia dalla quale proviene.

La città tra conservazione e innovazione

Per chiunque vi entri in contatto, Firenze si presenta come un esercizio quotidiano di grandezza, di commisurazione con la grandezza. Non sempre questo viene capito dall'esterno, ed è il motivo per cui una delle prime cose che ho cercato di fare da sindaco di questa città è stata riportare i sindaci delle grandi città del mondo a Firenze a parlare dell'umanità. Perché Firenze, per definizione, è una città che ti interroga sui grandi temi dell'umanità. È ciò che ha fatto anche Giorgio La Pira nella seconda metà del Novecento con l'idea di invitare qui i grandi artisti dell'epoca a dialogare con il passato. Firenze ti costringe a evitare la banalità e a guardare all'utopia, a misurarti con i grandi processi dell'umanità. Ti costringe anche a sfidare la banalità con cui ti rapporti al passato. Ecco la sfida. Perché parlare oggi di queste due dimensioni, la Firenze del passato e quella di oggi? Perché c'è bisogno che Firenze continui a essere la città che è sempre stata, coraggiosa, contemporanea, rivoluzionaria, innovatrice. In verità tutte le città vivono questa condizione di timore, di autoreferenzialità. Firenze rischia di essere autoreferenziale, di ripiegarsi su se stessa, schiacciata dal suo stesso passato. Una città che si pone come massimo scopo quello di conservare al meglio il passato, non è più Firenze. Non può essere questo il suo unico obiettivo. Conservare bene il proprio passato e tramandarlo è la *con-*

ditio sine qua non per essere Firenze. Ma dopo di questo, per essere Firenze, la città deve continuare a essere contemporanea. E la domanda che spesso mi pongo è: "Oggi un Brunelleschi potrebbe fare ciò che fece nel Quattrocento? La Firenze di oggi consentirebbe a un Filippo Brunelleschi di fare ciò che fece?" Questa è una sfida. Ricreare le condizioni per il progredire delle arti, del pensiero. Una continua commisurazione con la grandezza del passato, ma con la necessità di progettare il futuro, altrimenti si rimane nello stallo, nella riproduzione dell'identico che genera la rendita di posizione a tutti i livelli, ossia il virus più pericoloso per una città.

L'idea di potersi limitare a conservare il passato e a sfruttarlo per trarre da questo quanto più profitto possibile, sia in termini economici sia culturali, è un'involuzione. E, ahimè, è un sentimento strisciante che va combattuto, che contagia tutti i settori della vita cittadina, dal commercio all'industria, dalla cultura all'istruzione, dalle relazioni personali ai modelli di convivenza sociale. La rendita di posizione ti porta per definizione a essere refrattario al cambiamento, all'innovazione. Firenze è stata esattamente il contrario. Ha odiato la rendita di posizione. Pensiamo all'innovazione artistica, dai primi del Quattrocento a tutto il Cinquecento: è stata una sfida continua con i precedenti artefici. Donatello sfida chi l'ha preceduto, Michelangelo sfida addirittura se stesso, non si accontenta mai, non è mai soddisfatto dei traguardi conquistati. Ovviamente la benzina di questa sfida era un'ambizione sfrenata. Firenze è sempre stata smodatamente ambiziosa. E l'ambizione è stata coltivata in particolare dalla casata dei Medici, una dinastia incredibilmente assetata di potere, successo, gloria e fama imperitura. Questa utopia, però, ha saputo trovare una dimensione lungimirante, illuminata; per riassumerla in un concetto, non il potere per il potere, bensì il potere per la gloria, per l'eternità, condiviso con i cittadini, al servizio dei cittadini. È la grande lezione di colui che potremmo di fatto considerare il capostipite della dinastia, Cosimo il Vecchio, figlio di Giovanni di Bicci, colui che forgiò la forza, la potenza, l'ambizione della dinastia medicea. È lui a decidere di intraprendere questa grande opera della cupola del Brunelleschi, è lui che sdogana la famiglia, originaria probabilmente delle campagne mugellane, e ne fa una grande casata dall'aura quasi nobiliare, reale.

È incredibile come questa idea si ritrovi nell'ultima rappresentante della dinastia medicea, l'Elettrice Palatina, la quale compie il gesto più generoso e lungimirante che il governante di una città possa compiere, e cioè quello di rinunciare al potere affinché questo rimanga tutto nelle mani della città, di cedere alla città i propri averi, il proprio patrimonio. Ma lo lascia con un'idea precisa: non disperderlo. Ecco ancora questo *pater patriae*, questo bene del comune, quest'idea di regnante illuminato, non despota. Questa visione non tirannica del potere, bensì illuminata, lungimirante, ambiziosa, si ritrova anche nel Patto di famiglia che l'Elettrice Palatina scrive come ultimo atto, con una visionarietà che è strabiliante. Nelle sue parole c'è già in nuce una visione moderna del turismo, della valorizzazione del patrimonio culturale. È rivoluzionario Cosimo I de' Medici che chiede a Giorgio Vasari di costruire una galleria nella quale tutti i propri beni, i propri tesori artistici non siano esclusivo appannaggio della vita domestica e personale della famiglia regnante, gettando le basi per il futuro museo degli Uffizi. C'è un filo conduttore, quest'idea di casa e famiglia: non c'è soluzione di continuità tra il potere della città e il potere del governante, i due fattori si alimentano a vicenda. C'è il senso del servizio. Responsabilità e servizio. La cultura umanistica era il fondamento dell'atteggiamento mentale di questi grandi uomini, capaci di interpretare la propria vita in linea con la loro missione politica.

La città ideale di oggi: capitale dell'educazione

Anche Firenze, negli ultimi anni, affronta la più importante trasformazione urbana dal dopoguerra, aprendosi all'arte e all'architettura contemporanea. Nel caso della capitale del Rinascimento la sfida si rivela più ardua: non si tratta infatti di dare una nuova identità a una città industriale priva di significative attrazioni culturali, bensì di reinterpretare e rigenerare un'identità già forte, anzi talmente forte da schiacciare la città verso una funzione di mera conservazione del passato, autocontemplativa e statica, incapace di generare nuova cultura. Ancora una volta la chiave della contemporaneità risulta vincente. La città ha avviato negli ultimi dieci anni una serie continua di progetti ed eventi legati all'arte moderna e contemporanea utilizzando i luoghi pubblici come scenari viventi di una sfida tra linguaggi artistici del passato e del presente. Dagli artisti americani Jeff Koons e Bill Viola alle avanguardie asiatiche e russe di Ai Weiwei e Natalia Goncharova, dagli europei Jan Fabre, Antony Gormley, Jenny Saville, Marina Abramović agli italiani Giuseppe Penone e Francesco Vezzoli, Firenze mostra un lato sorprendentemente moderno promuovendo mostre, performance e progetti grazie a una rete giovane e diffusa di istituzioni culturali, centri espositivi e gallerie di artisti.

Nel 2015 ho ricevuto da sindaco Han Zheng, allora segretario del Partito comunista cinese, uno dei politici più influenti del paese, poi divenuto vice primo ministro del governo. La delegazione cinese era venuta a Firenze per visitare il Sino-Italian Design Exchange Center, un centro realizzato pochi anni prima grazie alla collaborazione tra il comune di Firenze, il governo di Shanghai e la Tongji University, dove ogni anno vengono a studiare decine di studenti cinesi e dove si organizzano progetti di ricerca e scambio nel settore del design e della moda con aziende e studenti italiani. "Abbiamo analizzato molte città europee per insediare questo progetto, come Parigi, Londra, Berlino," mi ha spiegato Han Zheng, durante la nostra visita al centro, situato in un edificio di proprietà della città, Villa Strozzi, circondato da un parco utilizzato dai fiorentini e dalle associazioni del quartiere. "Alla fine abbiamo scelto Firenze, perché qui troviamo la storia, la tradizione e la creatività contemporanea della cultura, dell'arte e della moda. Qui vogliamo che vengano a formarsi i nostri giovani talentuosi."

È il concetto di educazione, intesa come formazione umana – la *paideia* greca – la chiave della svolta contemporanea di Firenze. Sede di quarantacinque università americane tra le più prestigiose, di un'università cinese, dell'Istituto universitario europeo, di uno dei più grandi atenei italiani, di una rete impressionante di centri di cultura stranieri e centri di ricerca scientifica, la Firenze di oggi spinge sempre di più verso un modello di città ideale della conoscenza e dell'educazione. Il rapporto tra numero di studenti, ricercatori e docenti, annuali e stagionali, universitari e post laurea (circa centomila, di cui trentasettemila stranieri) e numero di abitanti residenti (trecentottantamila) è tra i più alti del mondo. Una città nella città, una comunità nella comunità, che fa del capoluogo toscano la meta più ambita in Europa per i programmi di *study abroad* dopo Londra e Parigi (seconda solo a Londra nelle scelte degli studenti americani). Negli ultimi anni il fenomeno ha subito un'accelerazione grazie alla forza attrattiva di centri di formazione professionale che hanno aperto la nuova frontiera del sistema duale scuola-lavoro. Esplode così la filiera formativa della moda e dell'artigianato: il Polimoda, scuola internazionale di formazione nei mestieri della moda, con una media di mille studenti all'anno provenienti da più di venti nazioni diverse, diventa la prima scuola di moda italiana ed entra nelle *top five* del mondo con una percentuale di occupazione del novantacinque per cento subito dopo gli studi.

Si sviluppano le scuole e i laboratori di restauro, che fioriscono intorno all'eccellenza dell'Opificio delle Pietre Dure, primo al mondo per qualità e numero di specializzazioni. La moltiplicazione dei centri di formazione e educazione umanistica e professionale diventa la leva principale di rigenerazione di immobili storici di alto pregio artistico, lasciati abbandonati dopo aver perso le funzioni originali agli inizi degli anni duemila. Così, l'antico Casino mediceo di San Marco, un complesso di palazzi e giardini di incommensurabile bellezza nel centro di Firenze, voluto dai Medici all'epoca di Lorenzo il Magnifico e divenuto nel secolo scorso sede della vecchia Corte di appello, ha trovato una nuova vita grazie al progetto della School of Transnational Governance. Il nuovo centro di eccellenza globale, nato per volontà dei principali paesi europei in seno all'Istituto universitario europeo, ospita oggi centinaia di giovani provenienti da tutto il continente e dal mondo intero destinati a diventare la classe dirigente del futuro. Il suo direttore, l'ex primo ministro finlandese, Alexander Stubb, mi ha invitato un giorno a visitarlo, prima che cominciasse le sue attività. Alexander è un giovane politico con una carriera fulminante e mi ha mostrato tutta la sua passione per quel luogo e per l'attività che era stato chiamato a svolgere. Mentre camminavamo per le stanze della scuola, tra un cantiere e l'altro, mi spiegava come quell'incarico che gli era stato affidato, ovvero occuparsi di formazione, di giovani e di ricerca, per giunta in una città come Firenze, per lui che aveva ricoperto l'incarico di commissario europeo e primo ministro del suo paese, rappresentasse un coronamento. Il ricordo che avevo di quei luoghi tra San Marco e via Cavour, un tempo occupati dagli uffici e dalle aule giudiziarie, è stato immediatamente soppiantato dallo stupore che ho provato nell'ammirare gli affreschi del Cinquecento e del Seicento completamente restaurati che ornano le ampie sale divenute classi e laboratori. Dove prima c'erano avvocati e giudici, ora si trovano studenti di economia e di scienze politiche, giovani amministratori pubblici e ricercatori. La Commissione Europea aveva assegnato all'ex commissario europeo e presidente del consiglio, Mario Monti, il compito di dirigere il progetto scientifico e organizzativo per dare vita a quella scuola. Ricordo gli incontri con lui e con gli esperti dei diversi paesi, tra Firenze e Bruxelles, fra il 2014 e il 2017, dedicati all'individuazione delle risorse e alla creazione di quello che sarebbe stato un istituto unico nel suo genere. L'Italia ha dato un contributo fondamentale alla realizzazione di questo progetto di formazione: il governo Renzi prima, e quello Gentiloni poi, sono stati decisivi per individuare le risorse e coinvolgere i partner europei. La storia della nascita della School of Transnational Governance mi ricorda che una delle maggiori soddisfazioni per un sindaco è quella di poter vedere il completamento di un progetto, poter partecipare al lancio di un'idea ambiziosa e condividere con i cittadini la gioia di vederla realizzata.

Sono ormai molti i luoghi della città, specialmente nel centro storico, che hanno trovato una nuova vita grazie al fattore della formazione e dell'innovazione, spesso uscendo da un desolante stato di abbandono. È il caso del Palazzo di San Firenze, esempio raro di Barocco fiorentino del Seicento, situato al centro dell'omonima piazza: rimasto inutilizzato per quindici anni dopo aver ospitato il tribunale della città, è oggi sede della Fondazione Bocelli e della Fondazione Zeffirelli: un hub contemporaneo delle arti e dello spettacolo aperto a giovani e visitatori.

Nel quartiere dell'Oltrarno, un altro esempio è dato dalla trasformazione del Granaio dell'Abbondanza. Costruito dall'architetto Giovan Battista Foggini su commissione di Cosimo III de' Medici alla fine del Seicento, dopo aver ospitato nel secolo scorso una caserma militare, è diventato nel

2021 un centro internazionale per il coworking e la formazione nei mestieri digitali, incubatore di imprese dell'IT, in grado di accogliere circa mille giovani all'anno.

Il processo di rigenerazione della città si allarga anche ai quartieri più distanti dal centro storico: la vecchia Manifattura Tabacchi ne è il simbolo più evidente. Il complesso monumentale di architettura razionalista progettato dall'ingegnere Pier Luigi Nervi, che si estende su una superficie di centomila metri quadri, è stato uno dei principali centri di lavorazione del tabacco fino alla dismissione nel 2001. Dopo un lungo periodo di abbandono e il varo del piano di rigenerazione nel 2016, con un investimento di quasi trecento milioni di euro promosso da fondi italiani ed europei, pubblici e privati, la Manifattura è diventata un quartiere moderno dove l'architettura industriale originale fa da cornice a una molteplicità di funzioni, rivolte soprattutto ai giovani. Nel corso degli anni gli edifici interni, che sono stati recuperati, hanno cominciato a ospitare startup del settore delle tecnologie e della moda, assieme a laboratori di ricerca. La Manifattura, attualmente, è inoltre sede di una fondazione nazionale che promuove studi e ricerche sul futuro delle città e sulla forestazione urbana, diretta dal neurobiologo Stefano Mancuso, e ospita alcune importanti scuole di eccellenza, tra cui la seconda sede dell'Accademia di Belle Arti e lo stesso Polimoda.

Il segreto della trasformazione di Firenze in questi anni

non è altro che un ritorno alle sue origini, attraverso il recupero di un aspetto significativo della città ideale dell'Umanesimo: quello che guarda appunto alla *paideia*, all'educazione nel suo significato più ampio. Dalla prima metà del Trecento, alcuni luoghi all'interno delle mura cittadine si sono trasformati in vere e proprie accademie del nuovo sapere umanistico. Il convento di Santo Spirito, ad esempio, è diventato il cenacolo di menti illuminate e geniali, la sorgente culturale che trasfonde, almeno fino al primo trentennio del XV secolo, le alte idealità alla città intera a ogni livello delle gerarchie politiche e imprenditoriali. Nel convento, tra l'altro, viene data al giovane Michelangelo la possibilità di svolgere studi anatomici sui cadaveri e suo è il crocifisso ligneo per la basilica (edificata su progetto del Brunelleschi). Allo stesso modo importanti cenacoli saranno alla metà del Quattrocento Palazzo Medici e poi l'Accademia neoplatonica, un'istituzione culturale fondata intorno al 1462 da Marsilio Ficino, per incarico di Cosimo de' Medici, ospitata prima nella Villa le Fontanelle, e successivamente nella più nota Villa Medicea di Careggi. Oppure il mitico Giardino di San Marco dove Lorenzo il Magnifico recluta i migliori talenti per dare sviluppo alla scultura e allo studio delle collezioni di arte antica in suo possesso. Per non parlare inoltre delle tante accademie nate dal Cinquecento in poi, a partire dal governo di Cosimo I e fino ai Lorena, secondo un piano di organizzazione del sapere tecnico-scientifico all'interno della città, in stretta connessione con le altre arti e produzioni artigianali, che fa a poco a poco di Firenze una città europea a tutto tondo. Merita altresì citare alcune di queste congregazioni di artisti, intellettuali e scienziati, come l'Accademia delle Arti del Disegno e l'Accademia degli Umidi (poi Fiorentina), quella della Crusca e dei Georgofili. Una tradizione che si è sviluppata anche nell'Ottocento e nel Novecento, facendo di Firenze una tra le città con la più alta concentrazione di accademie e centri universitari internazionali al mondo.

Firenze ha scelto, dunque, di continuare su questa scia e investire sulla formazione interdisciplinare, sulla ricerca e lo sviluppo di nuovi modelli di sapere, nuovi progetti artistici, architettonici, nel campo del design e delle scienze applicate, delle nuove tecnologie e delle scienze umane. La città stessa diventa un modello educativo e una nuova consapevolezza emerge: piste ciclabili, trasporti, scuole, teatri... non sono solo strumenti, sono modelli educativi, ci insegnano a vivere. Come e dove progettiamo una scuola, come e dove realizziamo un mezzo di trasporto, in che spazi abitiamo, come rigeneriamo un antico edificio sono altrettanti insegnamenti, arricchiscono gli spazi urbani di esperienze, di funzioni, di qualità della vita. E non è un caso se in questi anni abbiamo scelto di far uscire l'arte, le sculture, le grandi installazioni artistiche dai musei e portarle nelle piazze, nei luoghi pubblici, nelle strade.

Un nuovo Umanesimo delle città

La mia esperienza pluriennale di sindaco mi ha permesso di conoscere i più importanti sindaci del mondo, da Parigi a New York, da Nanchino a Londra, da Atene a Buenos Aires. Con loro ho sempre parlato dei progetti più ambiziosi, delle difficoltà con cui misurarsi nel governo delle comunità, ma molto spesso ci siamo anche soffermati sul rapporto tra la storia delle nostre città e la loro proiezione nel futuro.

Dalla storia delle nostre città possiamo trarre ispirazione per una visione di futuro. Io credo nell'essere umano, in tutti gli esseri umani e nella capacità dell'uomo di migliorarsi. Ci sono rivoluzioni del pensiero nella storia dell'umanità che hanno cambiato per sempre la nostra cultura: l'Umanesimo, l'Illuminismo hanno plasmato la civiltà e introdotto nel nostro vissuto valori ai quali oggi non rinunceremmo per niente al mondo. Anche noi cristiani prima uccidevamo, torturavamo, massacravamo uomini e popolazioni in nome di Dio. La Toscana è la prima terra ad abolire la pena di morte. Firenze ha portato la civiltà nel mondo e ha migliorato l'uomo. Per questo oggi c'è bisogno di un nuovo Umanesimo e penso che l'excursus storico su Firenze e le città nel tempo ci porti al cuore della questione: la Firenze dell'Umanesimo e del Rinascimento può diventare il paradigma di una rinascita europea? Oggi come allora, all'inizio del terzo millennio, la fusione tra economia, politica e cultura rappresenta la carta vincente per le città, chiamate a fronteggiare sfide inedite e a progettare profonde trasformazioni urbane. I sindaci si trovano al centro dell'elaborazione di nuovi modelli di vita urbana che hanno nella cultura, ancora una volta, una leva decisiva per il successo.

Ma cosa è stato l'Umanesimo e come si è diffuso? Secondo Eugenio Garin (ancora oggi il maggiore studioso dell'Umanesimo e del Rinascimento) il risveglio culturale che caratterizza l'epoca tra XIV e XV secolo, "è innanzitutto una rinnovata affermazione dell'uomo, dei valori umani, nei vari campi: dalle arti alla vita civile." Con Giotto (ad esempio, nei cicli di pitture delle cappelle Bardi e Peruzzi in Santa Croce, o nel crocifisso di Santa Maria Novella) si avvia la rivoluzione figurativa che trascinerà la rappresentazione di tradizione bizantina verso un realismo narrativo già inquadrato all'interno di uno schema prospettico di ordine psicologico, che sarà la base per la rivoluzione messa in campo nella Firenze del primo Quattrocento, quando Masaccio (per la pittura) e Donatello (per la scultura) daranno corpo a un naturalismo costruito su basi matematiche, sullo studio della statuaria classica e dell'anatomia.

Ma la grande rivoluzione artistica che, a partire da Firenze, diventerà egemonica nel mondo di allora è la prospettiva geometrica, la cui paternità viene ascritta a Brunelleschi, vero cardine del nuovo linguaggio rinascimentale, dall'architettura alla pittura e alla scultura. Sono le immagini di Masaccio nella cappella Brancacci, quelle della *Cacciata dal paradiso terrestre* o quella del *Battesimo dei neofiti*, così come le sculture umanissime di Donatello, l'*Abacuc* per il campanile di Giotto o il *San Giorgio* per Orsanmichele, a plasmare nell'umanità di corpi reali, che abitano la città terrena, quel novero di valori e ideali etici e spirituali che saranno la cifra di riconoscimento del *cives* fiorentino, da ora proposto come modello universale di bellezza e umanità.

Assieme alla prospettiva, l'altra grande manifestazione della nuova epoca culturale è la grande cupola del Brunelleschi, sublime trionfo della visione dello spazio e del tempo umanistico, il simbolo più eloquente della rinascenza. Mi capita spesso di imbattermi con lo sguardo sulla cupola, voltando l'angolo di un vicolo del centro, affacciandomi da una loggia o dalla finestra di un palazzo antico, come quello che ospita la Misericordia di Firenze. Appare d'improvviso, capace di sconvolgere il cono visivo di chi la osserva da ogni angolo della città: è lo spazio riconquistato e ridefinito a misura di un'umanità responsabile del tempo storico, intorno a un progetto di civiltà che permea ogni livello di realtà e con una maggiore autonomia e indipendenza rispetto alla visione medievale, sintetizzato dalla palla sopra la scritta *Ecce homo*. Un progetto dalla natura eminentemente civile, preoccupato di ripristinare una religiosità antica, dalla forza, vitalità e insoddisfazione del pensiero (la *curiositas* del filosofo Marsilio Ficino) attraverso l'esplorazione di nuove o rinnovate forme artistiche, culturali e politiche. Dalle menti degli artisti, degli intellettuali, delle élite politiche ed economiche prende corpo un'idea nuova di città che, superati i conflitti del secolo precedente, mette in pratica i valori etici e i modelli politici esaltati dai padri dell'Umanesimo.

La storia di Firenze ci fa comprendere come il progresso culturale sia la chiave di volta della "città ideale europea", come i centri storici non possano trasformarsi in semplici musei o luoghi di consumo, ma debbano vivere come vere e proprie officine dove si sprigionano energie e si formano talenti. Riempire di funzioni le città significa infatti investire innanzitutto sulla cultura e sull'educazione, creare laboratori artistici, centri di formazione e ricerca, teatri e luoghi di produzione culturale.

Firenze e le altre città d'arte, italiane ed europee, potranno continuare a incarnare questo modello di città se sapranno valorizzare il binomio (identitario nell'evoluzione europea) educazione-cultura, se sapranno diventare hub neoumanistici, dove verranno a lavorare, abitare e risiedere giovani scrittori, architetti, musicisti, scienziati, ricercatori, poeti. Perché, nella città moderna, l'educazione diventa la chiave di una sostenibilità economica e sociale; la città è il luogo dove apprendere, dove scambiare cultura, non solo il luogo dove lavorare, dove consumare. Tutte le attività per la crescita della persona sono dirette a questo.

In questi ultimi decenni non mancano esempi efficaci di città che, grazie alla cultura, sono riuscite a superare momenti di acuta crisi attraverso una profonda riconversione economica e sociale. Bilbao è una di queste. Con un territorio ricco di ferro, un porto eccellente e una rete ferroviaria articolata, la città dei Paesi Baschi è passata dalla grande prosperità industriale (iniziata nel XIX secolo) a una profonda crisi produttiva legata alla globalizzazione e alla diminuzione delle materie prime, cui si è aggiunta una seria emergenza ambientale derivante dall'attività delle officine metallurgiche e dei cantieri navali. L'inaugurazione, nell'ottobre 1997, del Guggenheim Museum progettato dall'architetto Frank O. Gehry è stata la scintilla che ha generato un susseguirsi di trasformazioni urbane. Nell'arco di poco più di un decennio, Bilbao ha rivoluzionato l'immagine del suo lungofiume dal sapore dickensiano, disseminato di piattaforme per i cargo arrugginite e di fatiscenti magazzini abbandonati, per diventare una delle capitali europee dell'architettura urbana contemporanea. Da Foster a Soriano, da Starck a Moneo, i maggiori architetti viventi hanno contribuito a plasmare i quartieri della città realizzando infrastrutture, edifici e monumenti che hanno cambiato pelle a zone destinate, solo fino a pochi anni prima, a un lento declino.

La trasformazione da città industriale a polo culturale ha riguardato molte città, tra cui Torino. La *factory town* italiana per definizione, dopo un secolo di prosperità economica e demografica, è entrata (a cavallo tra gli anni ottanta e novanta del secolo scorso) nel cono d'ombra di una grave crisi collegata alla globalizzazione, alla deindustrializzazione e alla delocalizzazione della produzione automobilistica. La città si è trovata così di fronte a un bivio. Da un lato resistere al cambiamento, dall'altro abbracciare la sfida della globalizzazione costruendo una nuova identità contemporanea. "La cultura è stata un elemento attorno al quale si è costruita l'identità della città e investire in cultura è stato ed è strategico, perché pensiamo che in epoca di globalizzazione la competizione non si giochi più solo fra imprese, ma anche fra territori" ha dichiarato l'allora sindaco Piero Fassino. Torino, grazie a una pianificazione strategica di lungo periodo avviata nel 2000 e all'azione di sindaci illuminati e coraggiosi come Castellani e Chiamparino, ha saputo cogliere l'occasione delle Olimpiadi invernali del 2006 per dare una svolta definitiva alla transizione da centro industriale a capitale culturale e turistica di respiro europeo. La dismissione di dieci milioni di metri quadri di fabbriche ha portato all'insediamento di centri culturali, musei, laboratori, impianti sportivi. Torino, oggi, ha una nuova identità che nasce da un forte investimento politico ed economico nei settori della conoscenza, della promozione culturale e della ricerca.

La percezione delle trasformazioni subite dalle città industriali europee è ancora più chiara ad Amburgo, dove sostanza e forma si sono fuse in un progetto di rinnovamento dell'architettura e di rigenerazione urbana. Secondo porto d'Europa, alla foce dell'Elba, Amburgo si è fregiata sin dall'Alto Medioevo del titolo di "città-stato". Definita "la città dei ponti" (se ne contano più di duemila), il luogo di nascita del compositore Johannes Brahms si è sviluppato in stretta simbiosi con l'acqua, da cui è derivata, nel tempo, la sua fortuna economica. È proprio grazie all'acqua che la città assume, a cavallo tra i due secoli, la sua nuova dimensione di capitale europea della cultura e della contemporaneità, ben sintetizzata dallo sviluppo ipermoderno del *waterfront* cittadino. Dopo la stagione della riqualificazione delle aree portuali urbane dismesse in Europa, tra la fine degli anni ottanta e i primi anni novanta, il *waterfront* di Amburgo, da sempre monopolizzato dal commercio navale e dalle infrastrutture del porto, diviene nel giro di pochi anni uno degli esempi più riusciti di sperimentazione urbana, con icone dell'architettura contemporanea come la sala da concerto Elbphilharmonie, moderno tempio della musica sinfonica con uno splendido affaccio sulle acque dell'Elba, realizzata con un poderoso investimento pubblico dallo studio Herzog & de Meuron.

Abbiamo queste storie alle spalle, modelli e paradigmi umanistici a cui far riferimento nell'elaborazione di un nuovo sapere, consono alle trasformazioni e ai cambiamenti della contemporaneità. Le città devono essere messe di fronte alla sfida di un nuovo Umanesimo, dove le donne avranno un ruolo completamente nuovo, di responsabilità e protagonismo, perché influenzeranno i rapporti di potere, gli stili di vita e i comportamenti sociali. Determineranno cambiamenti nell'uso del linguaggio e delle immagini tali da condizionare la mentalità delle nuove generazioni. Il nuovo Umanesimo porterà novità anche sul fronte del rapporto tra uomo e natura, cultura e ambiente, un legame che prende le mosse dal pensiero rinascimentale, quando la cultura si libera dalla visione teleologica (basata su un disegno divino superiore cui l'umanità deve piegarsi) e immagina una città terrena che risponda alle esigenze e alle necessità dell'uomo nuovo. L'uomo rinascimentale si ribella alla costruzione aristotelica e tomistica della storia (inscritta nell'eternità) e decide di essere protagonista della storia nel suo divenire. Ma oggi quella visione antropocentrica che pone l'uomo al centro dell'universo deve essere riconsiderata e rivista alla luce del progresso e dei drammatici danni che ha prodotto sul pianeta.

L'umanità ha bisogno di essere guidata e il pianeta di essere curato. Viviamo in un'epoca di grandi tensioni e di spaesante complessità, di urgenze e trasformazioni non tutte positive che generano disorientamento, paura, incertezza, perdita di fiducia e di speranza. Molti si affidano alle religioni, in troppi ai miti della patria, perfino a quelli della razza superiore. Alla paralisi e alla sfiducia, rispondono però movimenti giovanili impegnati sul fronte della difesa dell'ambiente e dei diritti umani. Si reclama, voglia il cielo, tolleranza contro l'odio, equità contro la disuguaglianza, compassione contro l'indifferenza. La scienza apre nuovi orizzonti di ricerca che provano a spiegare chi siamo, da dove veniamo e dove andiamo, le connessioni tra biologia e cosmologia. La tecnologia, utile in ogni istante del nostro quotidiano, genera ansia quando il suo potere sulle nostre vite si fa illimitato. Sentiamo l'inesorabile bisogno di fare comunità contro le diverse forme di solipsismo. "Il desiderio di un'etica," scriveva Heidegger nella sua *Lettera sull'"umanismo"*, "si fa tanto più urgente quanto più il disorientamento manifesto nell'uomo, non meno di quello nascosto, aumenta a dismisura." Ripensare l'Umanesimo non può prescindere da una profonda discussione sull'etica. E la politica, oggi, non può rinunciare a questa discussione.

Oggi, nel vivo di una crisi economica globale e di un'emergenza ecologica senza precedenti, torniamo a sentire l'esigenza di un nuovo Umanesimo, perché ogni volta in cui l'*humanitas* dell'*homo* è nel pieno di una crisi profonda o in vista di una apocalisse che si avvicina, l'Umanesimo torna al centro del dibattito culturale e politico.

Dopo gli anni cinquanta, con la fine del secondo conflitto mondiale, parte del mondo ha pensato di risollevarsi, e forse – democraticamente parlando – ci è pure riuscita, affidandosi al progresso tecnologico e alla diffusione di un benessere globale garantito dai mercati; un benessere dettato però della massificazione. Sono stati raggiunti livelli di prosperità, di salute e di sicurezza impensabili fino a poco prima. Ma non si è percepito il limite, il fatto che viviamo in un mondo che ha una dimensione "finita". Si è sempre e solo puntato avanti, sopraffatti dalle logiche del profitto, dallo sfruttamento esagerato delle risorse planetarie. E negli ultimi sessant'anni è cresciuto il divario tra la ricchezza di pochi e la miseria degli altri, che sono la maggioranza. Inoltre, è aumentata la distanza tra la richiesta di progresso e le drammatiche condizioni ambientali. L'epoca che viviamo, la più rischiosa e forse devastante del dominio dell'uomo su ogni forma di vita sul pianeta, vede lo sfruttamento incondizionato e incontrollabile della natura. Una delle sue più nefaste conseguenze è l'aver costruito la "società degli scarti", come è stata definita da Zygmunt Bauman. La cecità, per non dire la follia, sembra dominare tragicamente le cronache. Gli incendi in Amazzonia, la grande siccità nell'Europa meridionale, lo scioglimento dei ghiacci sono una vera e propria tragedia, un atto di terrorismo globale. Si costruiscono muri, si respingono migranti in difesa dei confini nazionali quando i confini sono già stati cancellati in terra e nella rete.

Non possiamo allora eludere la domanda delle domande: può l'uomo salvare l'umanità prendendosi cura dei propri simili e delle sorti del pianeta? Può un nuovo Umanesimo correggere le derive e le criticità dei vecchi umanesimi? Può la politica tornare a dare risposte a interrogativi così complessi? Soprattutto, può un neoumanesimo rinunciare alla visione dell'uomo al centro dell'universo, senza svalutare i valori dell'Umanesimo classico, senza limitare il senso e il valore dell'*humanitas* rispetto alle macchine, al profitto, alla potenza bellica, allo sfruttamento della forza lavoro? In altre parole, riusciremo a ripensare la natura umana e il suo destino in un mondo dove le relazioni ecologiche contano tanto quanto quelle umane?

Le città sono divenute oggi veri e propri laboratori dove le relazioni ecologiche e quelle umane possono convivere. Leonardo Boff e Mark Hathaway, nel libro intitolato *Il Tao della liberazione*, analizzano il sistema economico mondiale esponendo una drastica critica all'antropocentrismo e sostenendo le rivendicazioni dell'ecofemminismo. Uno teologo, l'altro ricercatore e educatore, ci dicono che esiste un'alternativa al sistema del capitalismo globale e corporativo: "Al posto della produzione predatoria fondata sullo sfruttamento, l'ecofemminismo immagina una nuova economia tesa alla produzione e alla conservazione della vita. Per eliminare lo sfruttamento, le relazioni economiche devono essere reciproche e non gerarchiche, sia tra le persone sia tra gli esseri umani e la natura. Si rigetta la separazione dualistica e soggiogante tra uomini e donne e tra umanità e natura, così come quella basata sul ceto e la razza. La Terra, in questa ottica, è accettata nella sua finitezza, e l'umanità deve sforzarsi di vivere in armonia con essa."

In questa prospettiva, come sostiene Lewis Mumford, "la grande missione della città consiste insomma nel favorire la partecipazione consapevole dell'uomo al processo cosmico e storico. Con la sua struttura complessa e durevole essa accresce enormemente la capacità umana di interpretare questi processi e di parteciparvi attivamente e normativamente, in modo che ogni fase del dramma messo in scena contenga, il più possibile, la luce della consapevolezza, il marchio della finalità e il colore dell'amore. Questo allargamento di tutte le dimensioni della vita, attraverso la comunione dei sentimenti, la comunicazione razionale, la maestria tecnologica e soprattutto la rappresentazione drammatica, è stata la massima ragion d'essere della città nel corso della Storia. Ed è la principale ragion d'essere della sua futura esistenza."

È proprio dal governo delle città, dai rapporti umani, dalla sfida ecologica, dalle politiche rivolte all'inclusività e alla partecipazione, da quelle per un nuovo welfare e una difesa dei diritti, che possono nascere delle proposte politiche adeguate alle tante urgenze ambientali, sociali, educative e professionali in un'epoca di profondo cambiamento.

3. Lotta al cambiamento climatico e sfide sociali: i sindaci in prima linea

L'esplosione della pandemia o le alluvioni sempre più frequenti, come quelle del 2021 in Germania e Belgio, ci dicono che il tempo a nostra disposizione è esaurito. La Terra non può più sostenere questo ritmo di produzione e di consumo di fonti energetiche, questo livello di inquinamento. La guerra in Ucraina non ha solo sconvolto gli equilibri geopolitici, determinando un nuovo assetto globale del potere, dell'economia, della politica, della società che avrà effetti per molti anni, ma ha anche accentuato la crisi energetica mondiale mettendo a nudo la fragilità di una politica energetica europea mai decollata ed esponendo l'Europa a decisioni cruciali e dolorose.

Le città europee sono da tempo al centro di tali sconvolgimenti e di questa sfida planetaria, poiché producono l'ottanta per cento di CO_2 e di rifiuti globali e consumano l'ottanta per cento di energia. Questo rende le città parte del problema e della soluzione al tempo stesso. Dove se non nelle aree urbane si può vincere davvero la battaglia contro il cambiamento climatico? Come possono le città governare le implicazioni sociali del riscaldamento globale? Come affrontare l'incombente crisi ecologica e la nuova povertà energetica e alimentare?

Queste e altre domande sono riecheggiate all'inizio della mia esperienza di sindaco, in un incontro promosso dalla Pontificia Accademia delle Scienze in collaborazione con l'ONU, nella sala delle udienze pontificie in Vaticano, dove papa Francesco aveva invitato più di settanta sindaci delle grandi città del mondo a discutere della *Laudato si'*, non "un'enciclica verde", bensì "un'enciclica sociale", come Sua Santità amava ripetere.

I sindaci e l'enciclica Laudato si'

Era una mattina di luglio del 2015. Nella Sala Nervi si erano ritrovati insieme i sindaci delle più importanti città del mondo. C'era il sindaco di New York, Bill de Blasio, molto sensibile ai temi ambientali e con il quale avevo iniziato una proficua amicizia; era ovviamente presente il sindaco di Roma, Ignazio Marino, come quelli di Teheran e di Madrid. Ma partecipavano all'incontro anche i sindaci di molte città italiane e di città medie dei paesi dell'Est europeo. "Io non voglio parlare con i capi di stato e di governo" aveva detto il pontefice, che aprendo la discussione si era rivolto direttamente a noi, parlando a braccio in spagnolo. "Non ho invitato qui i ministri dell'ambiente. Voglio parlare con voi sindaci, perché siete voi a parlare con i cittadini; è quindi con voi che possiamo produrre un cambiamento concreto." È stata la prima volta che ho sentito una figura di rilievo internazionale sottolineare con così tanta consapevolezza il ruolo dei sindaci e delle città, e pronunciare verso di noi un appello tanto chiaro: "La coscienza sulla difesa dell'ambiente implica un lavoro che parta dalle periferie e proceda verso il centro, verso la coscienza dell'umanità." Il pontefice sapeva che a nulla sarebbe valso un appello alle Nazioni Unite sul problema del cambiamento climatico e delle moderne schiavitù senza il coinvolgimento delle grandi e piccole città "dove si sviluppano i fenomeni legati all'immigrazione e alla povertà, come le baraccopoli, incentivati dal riscaldamento globale e dalla desertificazione."

Nel mio intervento ricordo di aver invitato i colleghi sindaci a concentrarsi innanzitutto sui contenuti dell'enciclica *Laudato si'*, per una riflessione vera e piena sulla cura di quella "casa comune" che è la città. Così come l'enciclica si rivolgeva a tutti gli uomini di buona volontà proponendo il grande obiettivo di modificare le relazioni economiche e sociali improntandole a un completo rispetto della dignità umana e di tutto il Creato, allo stesso modo – esortavo – solo attraverso un dialogo e un confronto autentico tra le figure che hanno, seppure a diverso titolo, responsabilità di governo (come i sindaci, i grandi attori economici, gli scienziati, gli intellettuali, i rappresentanti delle confessioni religiose) sarebbe stato possibile trovare soluzioni adeguate e condivise.

Eravamo tutti consapevoli di come l'impegno delle città fosse un passaggio fondamentale di questo percorso. L'Umanesimo, il Rinascimento, le correnti culturali, artistiche e filosofiche che erano fiorite in quel periodo, continuavo nella mia riflessione, riconoscevano il rapporto diretto dell'uomo con tutto il Creato e con il suo creatore, che Dante Alighieri chiamava in uno dei versi più belli che siano mai stati scritti "l'amor che move il sole e l'altre stelle", come ricorda anche papa Francesco nell'enciclica.

Pertanto, per accogliere pienamente il cambio di paradigma che la *Laudato si'* ci richiede, per attuare una visione ecologica integrale, le città non possono che ripartire dalla loro storia e dalla loro identità, recuperare la grande tradizione filosofica e culturale per riscoprire, in chiave contemporanea, la visione del mondo e della natura che coltivavano i nostri predecessori. Ancora una volta mi fu chiaro, nel corso di quell'incontro, come davanti a noi si ponesse la scommessa di un nuovo Umanesimo, nel quale non è più l'uomo al centro della Terra, ma è la Terra al centro del pensiero dell'uomo e dei valori nei quali l'essere umano si riconosce.

Emergenza climatica ed emergenza sociale

Papa Francesco sapeva che non bastava firmare trattati internazionali sull'ambiente e sull'inquinamento o darsi obiettivi ambiziosi a livello globale per cambiare il mondo. Per cambiare le cose bisognava mettere in pratica quei propositi nelle città. Pensiamo agli stili di vita, agli investimenti sul trasporto pubblico, all'educazione (anche quella alimentare, che comincia in famiglia e nelle scuole), all'economia circolare. Qualunque obiettivo promosso dai governi nazionali o dagli organismi internazionali deve essere prima condiviso con i sindaci, perché sono loro a conoscere e governare i processi locali nella quotidianità. D'altro canto, non si può parlare di sostenibilità ambientale senza parlare di sostenibilità sociale. Accoglienza, integrazione, servizi rivolti ai soggetti più fragili, educazione scolastica sono tutte attività del territorio che non possono essere calate dall'alto secondo modelli astratti precostituiti.

Non sempre è evidente all'opinione pubblica la stretta relazione che esiste tra crisi climatica ed emergenza sociale. L'aumento della temperatura globale, con gli effetti estremi di siccità e desertificazione che conosciamo, è spesso alla base dei fenomeni migratori, specialmente in Africa. Quando l'ambiente non è curato, le città crescono a dismisura e generano fenomeni di povertà e degrado, anche a causa di migrazioni dovute all'impoverimento repentino delle zone rurali: di questo riflettevamo tra sindaci, nel confronto di quella giornata. La disoccupazione giovanile in alcuni paesi raggiunge il quaranta e perfino il cinquanta per cento, ammoniva il papa, e accanto a essa l'impiego di fertilizzanti, l'eccesso di tecnicizzazione, l'incalzare della deforestazione, le guerre causano nuove forme di malattia, producono migrazioni e sconvolgono il rapporto tra città e campagne.

I fenomeni della globalizzazione, associati al cambiamento climatico, alle guerre, alle nuove povertà, agiscono direttamente sulla stretta relazione che intercorre tra demografia e urbanizzazione: gli esperti della Banca mondiale ci dicono che nei prossimi trent'anni le nuove aree urbane occuperanno 1,2 milioni di chilometri quadrati e che nel 2050 sette persone su dieci vivranno nelle città. Peraltro, colpisce scoprire che il sessanta per cento degli sfollati in fuga dalle guerre vive nelle città. La crescita del fenomeno è diventata esponenziale se pensiamo che nel 1961 gli abitanti delle città erano 1,06 miliardi, mentre oggi sono 4,46 miliardi. L'Africa è uno tra i continenti più interessati da queste imponenti dinamiche migratorie, tanto che è stata recentemente stilata una classifica di settantanove metropoli africane in rapida crescita. Nel 2100 Lagos sarà la città più popolosa del pianeta, con ottantotto milioni di abitanti, seguita da Kinshasa con ottantatré milioni e mezzo di abitanti. Le città europee, al contrario – si osserva nel rapporto ONU 2018 sull'urbanizzazione – sono tra quelle che mostrano un fenomeno di stabilizzazione, se non persino di decrescita, della popolazione. Queste, tuttavia, non sono certo prive di sconvolgimenti ambientali e sociali, determinati anche dai fenomeni climatici o dalle guerre, come dimostra il conflitto in Ucraina, che ha provocato la più grande emergenza umanitaria e migratoria nel continente dalla seconda guerra mondiale.

Il giorno del sorpasso

La sfida ecologica delle città è dunque una sfida globale che passa anche attraverso la redistribuzione demografica ed economica. Secondo il rapporto del McKinsey Global Institute *Global cities of the future*, il sessantacinque per cento del PIL prodotto nei prossimi tredici anni si concentrerà in seicento grandi centri urbani nel mondo. L'aumento della produzione di ricchezza e benessere nelle città sarà direttamente proporzionale ai problemi di tipo energetico e ambientale.

Per avere un'idea più precisa di quale sarà lo scenario al quale andiamo incontro possiamo utilizzare come parametro il "calcolo dell'impronta ecologica" delle nostre città. Si tratta di un indicatore semplice che può essere applicato a noi stessi, a un nucleo familiare, a una piccola comunità: si assegna a ogni bene di consumo (ad esempio un chilowattora) la porzione di terra necessaria a rigenerare le risorse consumate e le emissioni causate per la sua produzione. In buona sostanza l'impronta ecologica – che si misura in ettari di terra – costituisce la misura della velocità con cui la popolazione mondiale utilizza le risorse naturali offerte dalla Terra. Il punto è che i dati ci dicono che attualmente stiamo consumando risorse naturali a una velocità superiore a quella necessaria alla loro rigenerazione. L'impronta ecologica di una città europea è la più alta in assoluto. Serve insomma un'enorme quantità di terra, per l'esattezza cinque ettari a persona, per produrre tutto ciò di cui questa ha bisogno e per depurare tutto ciò che produce. Londra, ad esempio, ha un'impronta ecologica che è superiore all'intera superficie della Gran Bretagna! Nelle nostre città consumiamo molto più di quanto siamo in grado di produrre.

L'impronta ecologica ci consente di calcolare il cosiddetto *Overshoot Day* (il "giorno del sorpasso") ovvero il giorno in cui la popolazione mondiale ha consumato tutte le risorse naturali che il pianeta è in grado di produrre per quell'anno e ha emesso una quantità di CO_2 superiore a quella che l'ecosistema terrestre è in grado di assorbire. Secondo questo indicatore critico, a fine luglio il mondo ha già consumato tutte le risorse disponibili per mantenere un equilibrio fra la loro produzione e riproduzione. Se tutta la Terra fosse costituita solo da europei, il giorno del sorpasso verrebbe anticipato a maggio; se fosse abitata solo da americani, addirittura a febbraio! In poche parole abbiamo bisogno di circa 1,7 pianeti come la Terra per mantenere i nostri consumi globali. Con l'esplosione demografica delle grandi città tutto diventa terribilmente critico.

Un altro strumento di analisi di particolare rilievo per comprendere la posta in gioco nel futuro ecologico delle città è quello della temperatura globale. Uno dei rapporti più attendibili e interessanti, quello dell'IPCC (Intergovernmental Panel on Climate Change) ci spiega in duemila pagine ricche di analisi e dati che il mondo non può più reggere questo ritmo di aumento della temperatura. Se nulla cambia, rispetto agli attuali modelli di produzione e consumo di energia e di inquinamento, a Firenze, tra cinquanta anni, avremo una situazione climatica paragonabile a quella di Catania o di Casablanca.

Gli impatti climatici nelle città di tutto il mondo sono diffusi e più gravi del previsto. La temperatura globale si è già alzata di 1,1 gradi rispetto ai livelli preindustriali causando un'*escalation* di disastri naturali: dal 2008 si sono contati più di venti milioni di "migranti ambientali" fuggiti da inondazioni, siccità, incendi e tempeste. L'insicurezza idraulica è diventata una costante per gran parte delle popolazioni, almeno per un mese all'anno. Il cambiamento climatico sta inoltre accelerando il danneggiamento e la riduzione di specie viventi e di interi ecosistemi.

L'IPCC stima che, a causa del riscaldamento globale, anche in presenza di una rapida decarbonizzazione, i gas serra già presenti nell'atmosfera e gli attuali livelli di emissione raggiunti nelle città provocheranno inevitabilmente alcuni impatti climatici molto pesanti. Tutto questo, nel prossimo decennio, condurrà altri centotrentadue milioni di persone nella povertà estrema. L'aumento di malattie legate ad alluvioni e desertificazioni provocherà nel 2030 il decesso di altri quarantottomila bambini sotto i quindici anni. Del resto, anche l'obiettivo di limitare il riscaldamento globale a 1,5 gradi stabilito nell'accordo di Parigi sul clima non dà più garanzie per il futuro: ogni decimo di grado aggiuntivo aumenterà le minacce per tutti gli esseri viventi e gli ecosistemi. Il Rapporto dell'IPCC stima che anche solo con questo aumento della temperatura molti ghiacciai scompariranno o perderanno buona parte della loro massa, altri trecentocinquanta milioni di persone si troveranno in condizioni di scarsità di acqua entro il 2030 e si arriverà al quattordici per cento di specie terrestri ad alto rischio di estinzione.

La relazione tra l'impatto del clima e la vulnerabilità sociale è fortissima. Nelle comunità urbane in cui la qualità della vita è mediamente bassa e dove i livelli di assistenza sociale e sanitaria sono insufficienti, non solo si registra una maggiore vulnerabilità e sensibilità ai rischi ambientali, ma vi sono minori capacità di reagire e adattarsi ai cambiamenti climatici. La resilienza delle città deriva direttamente dai livelli di qualità della vita e di inclusione sociale. Il Rapporto ci parla con chiarezza di una relazione direttamente proporzionale tra vulnerabilità, ambientale e sociale, e mortalità: la mortalità per siccità, tempeste e inondazioni nell'ultimo decennio è stata quindici volte superiore rispetto ai paesi meno fragili. Non è un caso che questa vulnerabilità sia aumentata vertiginosamente nelle città e soprattutto nei cosiddetti "insediamenti informali" dove la capacità di resilienza, ossia di reazione e adattamento al cambiamento, è fortemente indebolita da crisi abitativa e inadeguatezza dei servizi di base al cittadino. Inoltre l'aumento demografico nelle metropoli, soprattutto in Africa e America del Sud, non consente di migliorare le politiche sociali, anche perché avviene in modo repentino e in un contesto di emergenza, soprattutto a causa della migrazione rurale legata spesso alla siccità. Questi modelli di sviluppo urbano e la relazione esistente tra le città e le aree rurali aumentano i livelli di disuguaglianza sociale e dunque la vulnerabilità al clima.

Qual è dunque la strada da intraprendere per riportare lo sviluppo globale a livelli sostenibili? La soluzione non è certo quella di abbandonare le città o puntare sulla decrescita felice. Anche perché, come spiega il neurobiologo vegetale Stefano Mancuso, direttore della Fondazione per il futuro delle città, istituita dal governo italiano a Firenze nel 2021, "il problema non è che siamo tanti, ma che consumiamo in modo completamente squilibrato." Infatti la questione demografica, vista nella sua globalità, non rappresenta la causa principale del problema, dato che molti continenti sono alle prese con il problema opposto della denatalità e che solo l'Africa mostra ritmi elevati di aumento della natalità.

Ma il "vero paradosso", per il professor Mancuso, "è che le città nonostante queste criticità sono anche i luoghi più efficienti dove far vivere le persone." Pensiamo infatti alla differenza tra riscaldare una singola casa o un condominio. Tante singole case sparse consumerebbero più di un condominio capace di ospitare lo stesso numero di famiglie. Le città, come dato di base, sono quindi energeticamente efficienti, consentono di inquinare meno e di aver maggiori livelli di qualità della vita.

La vera scommessa è rendere le città ancora meno inquinanti andando oltre i vantaggi legati ai soli dati quantitativi. L'urbanizzazione sostenibile è la vera chiave per uno sviluppo di successo; comprenderne e governarne le tendenze è il passaggio cruciale per l'attuazione dell'Agenda 2030 per lo sviluppo sostenibile.

Le città potranno soddisfare i bisogni crescenti delle loro comunità se interverranno con soluzioni innovative sui trasporti, sugli alloggi, sui sistemi energetici e sulle altre infrastrutture, nonché sull'occupazione e sulle politiche di inclusione sociale, sulla gestione di servizi di base come l'istruzione e l'assistenza sanitaria. Per garantire che i benefici dell'urbanizzazione siano pienamente condivisi e inclusivi, le città dovranno garantire a tutti l'accesso alle infrastrutture e ai servizi sociali di base, concentrandosi sui bisogni dei poveri urbani e delle periferie.

Le città, indipendentemente dalle loro dimensioni, dovranno diventare sempre più *smart* e *green*. Velocità e sostenibilità sono le chiavi di un'urbanizzazione inclusiva e giusta. I sindaci di tutto il mondo si misurano ormai da tempo con questi obiettivi, anche attraverso la costituzione di reti globali utili allo scambio di buone pratiche e alla condivisione di progetti.

Le città futuribili sono la soluzione?

La spinta dell'innovazione urbana è talmente forte e affascinante che in alcuni paesi i governi nazionali e le maggiori *corporates* hanno dato vita a veri e propri progetti di "città-laboratorio" che nascono dal nulla. È il caso di Woven City, una città progettata dalla casa automobilistica Toyota, come modello assoluto di mobilità urbana, super ecologica, iperconnessa, con molti servizi gestiti dall'intelligenza artificiale. Woven City è una città a "impatto zero" che punta ad avere un "gemello digitale" in cui mettere alla prova in anticipo gli eventi che si potrebbero verificare nella "città reale" così da prevenire i problemi ed esercitarsi ad affrontarli.

L'intelligenza artificiale e la sostenibilità ambientale sono le prerogative delle città laboratorio come quella di Neom, dove sorgerà The Line, la mega metropoli eco-compatibile voluta dal principe ereditario saudita Mohammed bin Salman. "Non si tratta in questo caso di una semplice *smart city* evoluta," spiega l'architetto italiano Giovanna Carnevali, *executive director urban planning* della nuova città saudita, "bensì di un nuovo concetto di urbanizzazione che prevede una serie di centri abitati costruiti in pieno deserto per ospitare un milione di persone, collegati tra loro da un sistema di trasporto sotterraneo iperveloce. La movimentazione sotterranea delle merci, la realizzazione di impianti di desalinizzazione dell'acqua del mare e di produzione di energia pulita, nonché il governo dei servizi attraverso l'intelligenza artificiale, fanno da cornice a progetti architettonici che portano firme prestigiose e propongono grandi spazi verdi e pubblici."

Anche la Cina non è da meno in queste imprese, con una serie di città avveniristiche tra le quali Net City, un insediamento urbano altamente integrato in grado di ospitare fino a ottantamila abitanti, costruito dal colosso tecnologico Tencent e disegnato in un'area di due chilometri quadrati nella zona portuale della megalopoli Shenzhen. La caratteristica di fondo di questo progetto è la realizzazione di strade in larga misura pedonali con una minima parte dedicata ai veicoli.

Ancora differente è invece il progetto di Amaravati, in questo caso una vera e propria metropoli di duecentodiciassette chilometri quadrati con milioni di abitanti, ricavata in una zona completamente rurale e destinata a diventare la nuova capitale dello stato indiano dell'Andhra Pradesh. Progettata a partire dal 2014, questa metropoli avrebbe dovuto essere il simbolo della nuova India, con ben il sessanta per cento degli spazi dedicati al verde e l'uso di tecnologie avanzate per il trasporto di merci e persone; nel 2019, tuttavia, il neoeletto governatore Jagan Mohan Reddy ha bloccato i finanziamenti per la realizzazione della città-laboratorio ipotizzando un suo drastico ridimensionamento.

Il destino di Amaravati è comune a molti altri progetti: città create dal nulla, nel deserto o in piena campagna per inseguire il mito della "città perfetta", spesso senza successo. Da *Utopia* di Thomas More alla *Città del Sole* di Tommaso Campanella, da Urbino a Palmanova, da Chandigarh a Dhaka, dalla capitale della Tanzania Dodoma a Brasilia, nella storia dell'umanità si è teorizzato a più riprese un modello di città ideale. Questi tentativi, figli delle ambizioni creative degli uomini, hanno di fronte due limiti di fondo, forse insuperabili. Il primo è quello fisiologico legato proprio alle risorse. Seppure una metropoli costruita in laboratorio possa attingere alle migliori tecnologie in termini di autosufficienza energetica, resta il rebus delle risorse da utilizzare. Una città nuova ne richiede una quantità enorme:

litio, alluminio, legname, cemento. Risorse da sottrarre ad altri e da trasportare con costi assai rilevanti. Il secondo limite, forse il più forte, è quello dell'assenza di un'identità. Le città europee non si costruiscono e non si trasformano per tabula rasa. In passato, in paesi come Messico e Stati Uniti, alcune città nate da zero hanno funzionato e sono cresciute, ma si trattava di un'epoca lontana e riconducibile al fenomeno delle città di colonia, in cui i conquistatori trasferivano persone dall'Europa. Anche alcune fra le città moderne più "instagrammabili", che si sono sviluppate alla velocità della luce su nuclei precedentemente modesti grazie a un'improvvisa ricchezza, come Dubai, negli Emirati Arabi Uniti, o Astana, la nuova capitale del Kazakistan poi rinominata Nur-Sultan, faticano a costruirsi un'identità. Stupiscono per la magnificenza delle architetture muscolari e abbacinanti, ma non si fondano su modelli culturali sedimentati e solidi; sono pensate su modelli sociali a compartimenti stagni dove i quartieri del lusso e del benessere sono ben separati da quelli operai. Inoltre, non hanno saputo risolvere le problematiche ambientali. La stessa Dubai, dove si è svolto l'ultimo Expo 2020, tutto incentrato sui temi della sostenibilità, figura come la decima città più inquinata del mondo nella classifica stilata nel 2019 dall'Organizzazione mondiale della sanità!

I sindaci alla prova con i dati e la scienza

Di fronte a queste esperienze e difficoltà di portata globale ci si chiede quale sia il ruolo dell'Europa e delle sue città, se esista una ricetta europea di cui i sindaci possano essere protagonisti. Come stanno agendo le nostre città per aumentare la capacità di adattamento delle popolazioni e contribuire a combattere il cambiamento climatico? Per le città europee la chiave di tutto sta nel coraggio della politica e nella loro capacità di coniugare l'innovazione con la valorizzazione della propria identità. In che modo? Anzitutto utilizzando ciò che la scienza mette a disposizione, in termini di dati e strumenti di innovazione. La politica può fare la differenza perché può puntare a un cambiamento radicale degli stili di vita e delle regole di convivenza nelle città, trasformandole in laboratori sociali per una svolta ecologica.

Come abbiamo visto, i modelli ci dicono una sola cosa certa: che avremo tanti squilibri, ma non possiamo sapere come e quando con esattezza. L'obiettivo per le città è essere pronte a governare questi eventi e dunque disporre di una solidissima base scientifica. L'esperienza finora accumulata da molti sindaci europei e i dati scientifici disponibili ci offrono già molte opzioni per ridurre i rischi climatici, a condizione che si agisca in modo tempestivo. Le città che per prime sapranno combinare l'analisi scientifica con la raccolta di dati riusciranno a rispondere meglio alle sfide globali.

Ho approfondito proprio questo concetto in un colloquio con il magnate e politico americano Michael Bloomberg nell'ottobre del 2016, nella sede della Bloomberg Philanthropies, la fondazione nata durante la sua esperienza di sindaco di New York con lo scopo di sostenere lo sviluppo delle *smart cities* nel mondo. Alla fine dell'incontro, al quale partecipavano Nicoletta Mantovani, all'epoca assessora alle relazioni internazionali per il comune di Firenze, e la direttrice della sede fiorentina della New York University, Ellyn Toscano, avevamo concordato una collaborazione tra la fondazione americana e la città di Firenze sulla sostenibilità, il trasporto pubblico e l'innovazione sociale. Ma ciò che più mi è risultato utile di quel colloquio sono state le riflessioni di Bloomberg sull'utilizzo dei dati. Eravamo nella sala riunioni della fondazione, nella bellissima Bloomberg Tower, East Side di Manhattan, seduti uno di fronte all'altro attorno a un piccolo tavolo moderno. Con lo sguardo sempre pacato, a un certo momento della conversazione si era rivolto a me, mentre mi sforzavo di mantenere la concentrazione di fronte al suo accento americano e alla parlata veloce, e mi aveva detto: "Il sindaco di una città moderna, in USA come in Europa, ha un vantaggio incommensurabile rispetto ai suoi colleghi del passato: una disponibilità immensa di dati e informazioni. La vera sfida per il futuro non è raccogliere questi dati, ma riuscire a organizzarli e utilizzarli per portare innovazione nelle città. Chi farà questo per primo vincerà e trasformerà la propria città in una comunità di successo." Bloomberg non era un politico prima di arrivare a governare la Grande Mela, ma l'esperienza di dodici anni da sindaco, tra il 2001 e il 2013, lo aveva introdotto alla politica dalla porta di ingresso, quella di una metropoli considerata il modello per antonomasia della città occidentale, con le sue contraddizioni sociali ed economiche, segnata dai tratti architettonici di un passato storico ispirato dalla cultura europea e un presente sempre più moderno e tecnologico.

L'ex sindaco mi parlava di dati, ma lo faceva sapendo che senza la politica i dati non bastano. La visione della politica è ciò che ti permette di usare la scienza e la tecnologia per cambiare le relazioni sociali e gli stili di vita. Prendiamo una città europea quale Amsterdam come esempio. Il suo sindaco Eberhard van der Laan, nominato nel 2010 e morto prematuramente nel 2017 (mentre era ancora in carica), aveva lanciato per primo l'idea degli "ufficiali scientifici", ovvero tecnici esperti, responsabili di settori geografici e tematici della città, incaricati di elaborare i dati raccolti a proposito dell'impatto del cambiamento climatico sui centri abitati e fornirli ai decisori politici. Queste figure non hanno il compito di prendere decisioni politiche, bensì di organizzare la grande mole di informazioni e numeri con i quali "leggere" non solo l'impatto urbano del cambiamento climatico, ma anche le dinamiche sociali ed economiche legate alle politiche della sostenibilità. Si crea così una relazione osmotica tra il decisore politico e l'ufficiale scientifico che agisce sia prima dell'azione amministrativa sia a valle di questa, per valutarne gli effetti. La città di Amsterdam si trova così ad avere un vero e proprio bilancio ambientale che tocca trasversalmente tutti i settori della vita cittadina.

Le città europee e l'ambiente

Sono molte le città europee che hanno imboccato la strada dell'innovazione in campo ambientale, attraverso decisioni difficili e coraggiose. È il caso della Londra di Ken Livingstone, il sindaco che per primo ha introdotto un pedaggio contro la congestione del traffico dimostrando l'efficacia di una tassa locale tesa a disincentivare l'uso dell'automobile. I sindaci eletti dopo di lui hanno continuato su questa strada, puntando a rafforzare il sistema e affiancandolo con ampie limitazioni al traffico e un poderoso quadro di investimenti sui mezzi di trasporto pubblico. È così che la capitale inglese nel 2021 ha inaugurato una zona a zero emissioni (ULEZ) che copre ben 3,8 milioni di abitanti. Nel 2005 Livingstone ha avuto anche l'idea di convocare i rappresentanti di diciotto metropoli del mondo per un impegno comune sulla lotta all'inquinamento. È nata da quell'iniziativa la rete C40, che raccoglie più di cento grandi città del mondo che ogni anno si ritrovano per condividere progetti e iniziative virtuose nel campo dell'ambiente e dell'innovazione sociale. Molte città della rete C40 hanno infatti all'attivo esperienze all'avanguardia nella gestione dei rifiuti, nell'efficientamento energetico degli edifici, nel trasporto pubblico elettrico. "Le metropoli concentrano un coacervo di potenziali problemi, ma anche di potenziali soluzioni," dice Caterina Sarfatti, direttrice del programma "Inclusive Climate Action" di C40, andando dritta al punto. "In questi anni abbiamo visto fiorire, proprio nelle città, le innovazioni più interessanti nel campo della trasformazione ecologica ed energetica," aggiunge, ricordando come i sindaci abbiano assunto una leadership politica in questo ambito ben prima dei governi nazionali.

Dopo Livingstone, l'attuale sindaco della capitale inglese Sadiq Khan riprende con forza la bandiera dell'ecologia. "L'ambientalismo mi appassiona soprattutto perché è una questione di giustizia sociale" afferma il giovane primo cittadino di origini pakistane in un'intervista, ricordando che i sindaci europei sono i politici in prima linea nella battaglia contro l'inquinamento. Del resto non mancano a Londra esempi di progetti architettonici e urbanistici innovativi e coraggiosi. Uno per tutti il grattacielo The Shard progettato da Renzo Piano: 300 metri di altezza e circa 100.000 metri quadri di superficie, un edificio privo di parcheggi (eccetto 25 posti per disabili), una soluzione "green" resa possibile dal fatto di trovarsi su uno snodo della *Tube*, la più estesa metropolitana d'Europa.

Come Londra anche Parigi, una delle città più inquinate del Vecchio continente, ha raccolto da subito la sfida ambientale e lo ha fatto grazie al coraggio di una donna, Anne Hidalgo. La sindaca ha caratterizzato fin dall'inizio il suo mandato dedicando tutte le energie alla trasformazione della Ville Lumière da una delle capitali più inquinate del mondo a esempio internazionale di rispetto per l'ambiente e lotta al cambiamento climatico. Dal sistema di trasporto pubblico *green*, alla pedonalizzazione delle rive della Senna, al progetto futuristico di pedonalizzare gli Champs Élysées, Anne Hidalgo ha intrapreso una delle battaglie politiche più difficili sperimentando misure molto innovative e di rottura, come l'introduzione di una amplissima zona a basse emissioni (EPZ) con l'obiettivo di eliminare progressivamente i veicoli più inquinanti, oltre ad aver già previsto il divieto totale di circolazione dei mezzi diesel nel 2024 e di tutti i motori endotermici nel 2030. Queste decisioni hanno provocato anche molti dissensi nei confronti della sindaca della capitale, ma un primo cittadino sa bene che ogni grande e vero cambiamento non può mai iniziare dalla ricerca del consenso e che questo, semmai, arriverà con il tempo, destinato così a essere più solido e duraturo.

Per questo Hidalgo si è messa a capo di un movimento europeo di sindaci impegnati sul fronte della lotta al cambiamento climatico a partire da COP21, la ventunesima riunione della Conferenza delle parti in seno alla Convenzione quadro delle Nazioni Unite sui cambiamenti climatici, tenutasi proprio nella capitale francese. In quel periodo la Francia si trovava ad affrontare enormi problemi legati all'inquinamento: il paese transalpino era destinatario di una procedura di inadempimento da parte della Commissione Europea a causa dei superamenti dei valori limite annuali di biossido di azoto in più zone del territorio dal primo gennaio 2010. La COP21 aveva visto la partecipazione di centonovantacinque stati e si era conclusa il 12 dicembre del 2015 con l'accordo di questi a mantenere l'innalzamento della temperatura globale sotto i due gradi e, se possibile, sotto il grado e mezzo rispetto ai livelli preindustriali.

In parallelo alla Conferenza, negli stessi giorni la sindaca francese, in collaborazione con l'ex sindaco di New York Michael Bloomberg e la sua fondazione, aveva convocato duecento primi cittadini da tutto il mondo per contribuire a quella sfida globale partendo dalle città. Riuniti nell'Hôtel de Ville, i sindaci, dopo due giorni di confronto e discussione, hanno messo nero su bianco il loro impegno, sottoscrivendo una dichiarazione formale di intenti e sposando appieno l'obiettivo della riduzione di due gradi di temperatura, della riduzione del trenta per cento di CO_2 entro il 2030 e della riduzione di almeno l'ottanta per cento delle emissioni di gas serra entro il 2050. Non senza orgoglio constatavo che Firenze, con i propri progetti, in particolare con la costruzione delle nuove linee tranviarie, rappresentava una delle città più intraprendenti e impegnate sul fronte del clima. Firenze era stata già allora classificata dalla piattaforma Euromobilities come la prima città italiana per numero di colonnine di ricarica elettrica in rapporto agli abitanti. Avevamo inoltre annunciato la creazione della prima flotta di taxi completamente *green* attraverso un bando riservato a settantacinque licenze per auto elettriche. Avevamo poi rilanciato il *car sharing* per ridurre l'uso dei mezzi privati e ci apprestavamo a essere, con Milano, la prima città a sperimentare il *bike sharing* in Italia. Da allora, infatti, non ci siamo mai fermati nell'impegno per ridurre l'uso delle auto private, da una parte promuovendo forme di mobilità individuale più sostenibili e dall'altra investendo ancora di più sul trasporto pubblico, con i progetti per ulteriori linee tranviarie.

Tra il 31 ottobre e il 12 novembre 2021, ancora in piena pandemia da Covid-19, si è svolta la COP26 a Glasgow. Rispetto a Parigi, la riduzione della temperatura globale di 1,5 gradi diventava l'obiettivo principale, mentre i due gradi venivano destinati al "Piano B". La dichiarazione dei paesi della Convenzione fissa anche al 2030 l'obiettivo minimo della decarbonizzazione per una quota del quarantacinque per cento rispetto al 2010, e quello dell'azzeramento netto al 2050. Uno dei risultati forse più positivi, in un quadro non proprio esaltante, è stato aver finalmente varato le linee guida per tre previsioni dell'Accordo di Parigi che finora erano rimaste inattuate: il mercato globale delle emissioni di carbonio, il rispetto della trasparenza con un *reporting format* sulla decarbonizzazione e le norme per l'attuazione dell'Accordo di Parigi (Paris Rulebook). Si sono aggiunti inoltre obiettivi generali di riduzione delle emissioni di gas serra e di valorizzazione del ruolo delle nuove generazioni, delle donne e delle comunità indigene nella lotta al cambiamento climatico. Collegato a questo, infine, vale la pena ricordare l'importante affermazione che la transizione ecologica deve essere giusta ed equa.

Una transizione giusta ed equa è il mantra con cui, negli stessi giorni di Glasgow, in un'altra città, a Lipsia, si sono riuniti i sindaci di più di duecento città della rete Eurocities per lanciare la più grande e ambiziosa sfida al clima mai vista. È stata la mia prima assemblea da presidente della più importante associazione di sindaci europei, a capo di comunità con più di duecentocinquantamila abitanti. In quella occasione mi sono convinto della necessità che le città ancora una volta dovessero alzare l'asticella, assumendo la guida di un processo ancora troppo condizionato e frenato dai diversi interessi nazionali disallineati. Mentre a Glasgow la Cina, il più grande inquinatore al mondo con il 27,9 per cento delle emissioni di CO_2, si limitava a fissare l'obiettivo della decarbonizzazione totale al 2060 e l'India addirittura al 2070, a Lipsia i sindaci europei assumevano l'impegno storico di anticipare al 2040 l'obiettivo della *carbon neutrality*, ovvero dieci anni prima del termine fissato dall'Unione Europea. Alcuni sindaci, del resto, avevano perfino dichiarato di poterci arrivare nel 2030. Nelle mie riflessioni con i colleghi di altre città ripetevo spesso le parole dell'economista Keynes: "In the long run we are all death," nel lungo periodo siamo tutti morti. "Sulla decarbonizzazione dobbiamo essere più coraggiosi e pragmatici e smettere di parlare sempre di dopodomani, mai di oggi," ripetevo nei miei discorsi a Lipsia, "è nelle città che si vive questa emergenza ed è nelle città che si può cominciare da subito il vero cambiamento. Molte città come Berlino e Glasgow, Debrecen, la stessa Firenze, hanno già ridotto le emissioni di più del quaranta per cento dal 2005, ma ora dobbiamo accelerare e mandare un messaggio forte e chiaro al mondo che parta dallo spirito della COP21." Dai nostri dati emergeva infatti che il sessantacinque per cento delle grandi città europee aveva rivisto al rialzo i propri obiettivi climatici a seguito dell'avvio del *Green Deal* e dell'adozione della legge sul clima dell'Unione Europea. Sono molte, d'altro canto, le buone pratiche con cui le amministrazioni locali agiscono. A Lipsia abbiamo presentato un'analisi dalla quale emerge che il sessantadue per cento delle città offre aiuti agli abitanti per piccoli impianti rinnovabili; il cinquantacinque per cento punta sul sostegno alle ristrutturazioni; il sedici per cento sulla cancellazione diretta del debito. Iniziative molto concrete che danno il segno di un movimento quanto mai forte e determinato nelle città.

Quel giorno a Lipsia mi sono sentito orgoglioso di essere uno dei tanti sindaci protagonisti di una rivoluzione storica che avrebbe cambiato per sempre il volto dell'Europa. Ho realizzato fino in fondo che solo le città sono in grado di assumere impegni così stringenti e concreti senza essere evasive, perché il rapporto di *accountability* tra i sindaci e i loro cittadini è unico e verificabile ogni giorno.

Non a caso le istituzioni europee hanno preso coscienza dell'emergenza climatica solo grazie alla spinta dei sindaci che all'inizio degli anni duemila hanno lanciato l'allarme sul riscaldamento globale e hanno sperimentato forme innovative di lotta all'inquinamento nelle loro città. È così che, prima delle iniziative di Eurocities, nel 2008 è nato il Covenant of Mayors (Patto dei sindaci). Un progetto della Commissione Europea che ha raccolto la proposta di costituire una rete di città grandi e piccole per coordinare le azioni sul clima. I firmatari del Patto si sono dati lo stesso obiettivo europeo di superare la riduzione del quaranta per cento di emissioni di CO_2 entro il 2030, affiancando a questo un impegno crescente anche sul fronte della povertà energetica. La *mission* climatica si è allargata e intensificata nel tempo con la fusione, nel 2015, del Patto dei sindaci con il progetto Mayors Adapt, per dare vita al Patto dei sindaci per il clima & l'energia, che l'anno successivo, grazie all'unione con una piattaforma internazionale chiamata Compact of Mayors, è diventato il Patto globale dei sindaci per il clima & l'energia, il più grande movimento al mondo di enti locali impegnati nella lotta al cambiamento climatico con i suoi oltre diecimila sindaci aderenti, in rappresentanza di una popolazione di più di trecento milioni di persone.

Le esperienze di reti come Eurocities, C40 e Covenant of Mayors hanno indotto l'Unione Europea a bruciare le tappe della decarbonizzazione. Nel luglio 2021 la commissaria europea Ursula von der Leyen ha annunciato a sorpresa e non senza sollevare critiche da parte delle case automobilistiche, lo stop totale alle auto a motore termico nel 2035. Subito dopo, sempre la Commissione Europea ha lanciato il progetto "Climate-Neutral and Smart Cities". Si tratta del nuovo patto *green* che mira a ridurre del cinquantacinque per cento le emissioni totali entro il 2030 e fare dell'Europa il primo continente al mondo con zero emissioni di gas serra, riducendo e compensando le residue entro il 2050. La missione è ambiziosa: la Commissione ha deciso di individuare cento città virtuose che rappresentino la punta più avanzata nella lotta al cambiamento climatico, in grado cioè di raggiungere l'obiettivo generale con dieci anni di anticipo rispetto al resto d'Europa.

Al progetto si sono candidate quasi quattrocento città di tutta Europa, tra le quali molte italiane, tutte protese ad aggiudicarsi il ruolo di locomotive della rivoluzione *green* del continente. Il verdetto è giunto proprio nei giorni in cui mi trovavo a Bruxelles per una serie di incontri, tra cui quello con il primo vicepresidente della Commissione, Frans Timmermans, incaricato di seguire il progetto del *Green Deal* europeo. Sedeva di fronte a me, al dodicesimo piano di Palazzo Berlaymont, sede principale della Commissione Europea, gli occhi vivaci e la barba bianca e folta. "Sei forse preoccupato per la tua candidatura?" mi dice accogliendomi con un sorriso e facendomi capire di sapere che anche Firenze ambiva a entrare tra le cento città. "Non devi esserlo." Ho tirato un sospiro di sollievo. Il giorno dopo, il 28 aprile 2022, la Commissione annunciava la lista delle Climate-Neutral and Smart Cities. Tra queste figuravano Firenze e altre otto città italiane: Bergamo, Milano, Torino, Padova, Bologna, Parma, Prato, Roma. "Tutte città del centro-nord," avevo subito notato tra me e me, "e tutte governate dal centrosinistra..."

La sfida è di quelle da far tremare i polsi. Queste cento città saranno il biglietto da visita dell'Europa della sostenibilità e dell'innovazione e, grazie a supporti economici, progettuali e tecnici dell'Unione Europea, avranno il compito di raggiungere la neutralità climatica entro il 2030!

La rincorsa dei sindaci italiani

Nell'ottobre del 2019, in un incontro a Palazzo Chigi con l'allora presidente del consiglio Giuseppe Conte, ho proposto un piano in quattro punti per aggredire il problema dell'inquinamento nelle grandi città italiane. Sono partito anzitutto dalla piantumazione di cento milioni di alberi in cinque anni: a regime avrebbe significato assorbire 2,5 milioni di tonnellate di CO_2 all'anno, con un investimento inferiore a cinque miliardi di euro. In secondo luogo, un piano di sostituzione delle caldaie in tutte le città metropolitane. L'inquinamento da riscaldamento domestico può arrivare a incidere sei volte più dello smog da traffico in termini di emissioni di anidride carbonica. Avevo ipotizzato con i miei collaboratori un piano di sostituzione di tre milioni di caldaie con oltre quindici anni di vita in cinque anni, nelle quattordici città metropolitane, con un investimento di tre miliardi di euro circa. Il risultato atteso sarebbe stato una riduzione di 2,5 milioni di tonnellate di CO_2/anno. Il terzo obiettivo era quello dell'eliminazione dalla grande distribuzione di tutti i prodotti monouso in plastica, sul modello di esperienze già maturate in Toscana e in particolare con Unicoop Firenze. Infine, la realizzazione di un piano di installazione di colonnine elettriche in tutto il paese, basato su uno studio promosso da Enel e Politecnico di Milano: trentamila colonnine in quattro anni per servire e soprattutto connettere tra loro tutte le grandi città.

Quell'idea, che avevo trasformato in un'intervista pubblica con il lancio di un vero e proprio *green act*, nasceva dalla consapevolezza che il governo italiano dovesse siglare un patto con le città per recuperare il tempo perso rispetto agli altri paesi europei. Avevo chiaro questo: il moltiplicarsi di reti e piattaforme costituite dalle città era la più evidente dimostrazione di come i governi nazionali, da soli, non fossero capaci e non sarebbero mai riusciti a conseguire risultati su scala globale. Gli obiettivi di azzeramento delle emissioni, di rivoluzione dell'industria automobilistica, il contrasto ai dissesti idrogeologici dipendono dal modo di produrre, di muoversi e di lavorare che si determina soprattutto nelle aree urbane e non possono essere imposti e organizzati con modelli preconfezionati calati dall'alto. Sono i sindaci a stimolare nuovi stili di vita nei loro cittadini, a realizzare piattaforme e infrastrutture per il trasporto pubblico, a sostenere processi educativi e valoriali nelle comunità.

Se l'Italia negli ultimi anni ha recuperato una parte del ritardo rispetto agli altri paesi è perché le città si sono messe a correre, grazie all'intraprendenza dei sindaci che hanno assunto un ruolo politico preponderante nella lotta al cambiamento climatico, ben prima dei governi nazionali che nel tempo si sono succeduti. Città come laboratori di ecologia sociale e di innovazione tecnologica, alle prese con la gestione difficile dei bilanci e con le crescenti esigenze delle comunità.

Città fragili e storiche che tuttavia hanno fatto della resilienza la loro ragion d'essere, proprio come Venezia. Nella "Serenissima", dove è in fase di completamento il Mose, il più imponente e per certi aspetti controverso sistema di dighe mobili al mondo, il sindaco Luigi Brugnaro ha lanciato insieme al governo e alla regione il progetto della Fondazione "Venezia capitale mondiale della sostenibilità". La città lagunare è diventata infatti un laboratorio internazionale sulle relazioni sociali, focalizzato sullo studio di soluzioni innovative per temi spinosi e complessi come la transizione energetica, la gestione dei flussi turistici e la ripopolazione del centro storico.

In una metropoli con rilevanti problemi sociali e vaste periferie urbane come Napoli, il sindaco civico Gaetano Manfredi, ex ministro dell'università e della ricerca scientifica, ha lanciato una vera e propria sfida ecologica basata sulla modernizzazione del tessuto urbano e la costruzione di nuovi modelli sociali. Da qui la sua idea di fare del capoluogo campano una città policentrica dove i servizi vengono organizzati sulla base del principio di prossimità al cittadino, con un imponente investimento sulla mobilità elettrica e sulla riqualificazione del patrimonio edilizio.

A Firenze, una città di quattrocentomila abitanti con più di duecentomila veicoli privati circolanti al giorno, abbiamo lanciato una sfida inedita al problema dello smog attraverso il progetto dello "scudo verde": un sistema di ottantasette porte telematiche situate ai confini dell'area urbana, ispirato ai modelli europei di *Low Emission Zone* già realizzati in grandi città come Londra, Stoccolma, Milano. Questa cintura di accessi telematici consente infatti di delineare la più grande area urbana a traffico limitato mai realizzata prima d'ora in Europa, filtrando i veicoli altamente inquinanti e offrendo ai cittadini una rete di trasporto pubblico basato su bus e tramvie accessibile grazie a parcheggi scambiatori situati lungo la cintura stessa. Con il sistema dell'intermodalità e lo scudo verde, Firenze punta all'obiettivo ambizioso di portare in dieci anni il traffico cittadino da duecentomila a centomila veicoli al giorno, molti dei quali elettrici o ibridi.

Grazie alla spinta di centinaia di città italiane ed europee, l'Unione Europea ha iniziato a prendere coscienza della necessità di accelerare il processo di transizione ecologica. Il prossimo passo, per i sindaci italiani ed europei, sarà convincere l'Unione Europea e i governi nazionali che la compongono a essere più coraggiosi e riformisti e a coinvolgere le amministrazioni locali nei processi decisionali sin dall'inizio; a comprendere fino in fondo che attraverso le città è possibile una rivoluzione ambientale che non lasci indietro nessuno e tenga insieme la forza delle comunità, la qualità delle relazioni sociali e la spinta dell'innovazione.

La tramvia di Firenze

La trasformazione più importante di Firenze è stata la costruzione del sistema tranviario metropolitano. Negli ultimi dieci anni la mia città ha messo in campo uno dei progetti più ambiziosi e impegnativi d'Europa con la realizzazione della nuova rete tranviaria. Un imponente progetto da 1,8 miliardi di euro, con sette linee di tramvia da realizzare, ottantacinque milioni di passeggeri a regime e la riduzione di 32.700 tonnellate di CO_2, grazie alla sottrazione di 65.400 veicoli privati dal traffico cittadino.

La tramvia per Firenze è stata un sogno trasformato in realtà, la realizzazione di una visione politica ambiziosa, resa possibile grazie alla tenacia della classe politica e di un'intera comunità. L'opera, imponente per investimenti e impatto urbano, era stata progettata negli anni novanta dai sindaci Morales e Primicerio, ma aveva trovato realizzazione solo nei primi anni duemila con il sindaco Leonardo Domenici. L'inizio non era stato affatto facile: la prima linea, destinata a collegare il centro di Firenze con il comune più popoloso della cintura urbana, Scandicci, aveva richiesto sette anni per la progettazione e la realizzazione, affidata a un consorzio di imprese per lo più italiane. Il periodo successivo, durante il mandato del sindaco Matteo Renzi, è stato segnato da pesanti difficoltà legate alle ditte di costruzioni che, tra fallimenti e abbandoni, non sono riuscite a partire con i lavori.

Dopo la mia elezione a sindaco, nella primavera del 2014, la tramvia è stata la prima opera con la quale ho dovuto misurarmi. Venivamo dal successo guadagnato con fatica della realizzazione della prima linea, che tuttavia aveva comportato molti anni di cantieri in città e addirittura un referendum consultivo che aveva praticamente diviso in due i fiorentini. Erano seguiti cinque anni di fermo, senza riprendere i lavori per le linee successive, con il rischio di perdere i finanziamenti ottenuti dalle banche e dall'Unione Europea. Appena seduto alla scrivania nella Sala di Clemente VII a Palazzo Vecchio, ho dovuto prendere una decisione molto difficile, forse la più complessa di tutta la mia esperienza di primo cittadino. Si trattava infatti di stabilire se avviare contemporaneamente i cantieri delle due linee successive per recuperare parte del tempo perso, comportando un impatto di cantieri sulla città mai visto prima, oppure realizzare una sola linea per alleggerire i disagi sul traffico e sulla popolazione, con il rischio concreto di perdere oltre al tempo anche i finanziamenti ottenuti fino ad allora.

Quando fai il sindaco e hai decisioni difficili da prendere sei sempre solo. Quando me lo ripeto mi torna talvolta alla mente un libretto del 2012 scritto dall'allora sindaco di Forlì, Roberto Balzani, dal titolo *Cinque anni di solitudine. Memorie inutili di un sindaco.* Il capo di una comunità cittadina, grande o piccola che sia, deve avere i migliori collaboratori, politici e tecnici. Deve saper rinunciare alla tentazione diffusa di attorniarsi di "signorsì", puntando sulle competenze piuttosto che sulle affiliazioni partitiche e di correnti, sull'affidabilità piuttosto che sulla fedeltà.

Grazie a queste convinzioni credo di essere riuscito a realizzare l'opera più importante della mia carriera da primo cittadino e certamente la più rilevante della città negli ultimi cento anni. In quattro anni, tra il 2014 e il 2018, con un investimento di circa quattrocento milioni di euro, sono state realizzate due linee di tramvia: la prima, considerata un'estensione della linea 1 fino all'ospedale principale di Firenze, Careggi, per un totale di 11,5 km; la seconda, di 5,3 km, destinata a collegare la stazione centrale di Santa Maria Novella e l'aeroporto internazionale di Peretola. Nel 2018 abbiamo così realizzato un'opera considerata dall'Unione Europea come modello di mobilità urbana a zero impatto ambientale. Nel 2019 avevamo già raggiunto trentacinque milioni di passeggeri all'anno, con una riduzione di 15.400 tonnellate all'anno di CO_2 e cinque tonnellate all'anno di PM10. Solo l'avvento improvviso della pandemia da Covid-19 ha ridotto drasticamente l'utenza e rallentato i progetti, che tuttavia sono ripresi all'inizio del 2022 con l'avvio dei lavori della linea di collegamento a piazza San Marco, a nord del centro storico della città, oltre al finanziamento e alla progettazione di altre quattro linee: quella tra la stazione Leopolda e Campi Bisenzio, quella tra il centro città e il comune di Bagno a Ripoli, quella di collegamento tra piazza della Libertà e la zona di Rovezzano, che attraversa il quartiere di Campo di Marte e serve lo stadio di calcio “Artemio Franchi”, e quella finalizzata infine a collegare l'aeroporto con il polo universitario e il centro cittadino di Sesto Fiorentino. Oltre un miliardo di investimenti, per lo più nazionali ed europei, e il coinvolgimento delle più importanti ditte italiane e straniere impegnate su diversi fronti: dalla meccanica alla tecnologia, dall'edilizia alla progettazione.

Negli anni la nostra tramvia è stata presa a modello da città italiane ed europee e premiata più volte come infrastruttura *green* innovativa ed efficace.

Il segreto del successo della tramvia di Firenze si basa su tre fattori: la determinazione e la visione riformista della politica, capace di resistere alle istanze di opposizioni più conservative; il supporto largo e convinto della parte maggioritaria della comunità cittadina, sempre più sensibile ai valori della sostenibilità e dell'innovazione; la presenza di team di tecnici competenti e preparati, capaci di dialogare con le aziende private superando molte difficoltà legate al peso insopportabile della burocrazia amministrativa e a innumerevoli criticità di natura finanziaria e contrattuale tipiche di opere così costose e tecnicamente complesse.

Forestazione urbana

Oltre alla tramvia, Firenze ha sposato con convinzione la causa ambientale partendo dal tema del patrimonio arboreo. "Al pianeta, oggi, servono mille miliardi di alberi," ha affermato candidamente Stefano Mancuso nel 2020. "Il costo non ci dovrebbe interessare," ha poi aggiunto rivolgendosi a chi lo interrogava sulla sostenibilità economica dell'operazione, "perché qualunque sia la cifra sarebbe comunque una frazione irrilevante rispetto ai danni che subiremo se non mettiamo a dimora questa quantità. Anche lo spazio non è un problema," ha infine commentato. "Se dividessimo questi mille miliardi per gli abitanti del pianeta a noi italiani toccherebbe metterne a dimora due miliardi. Sembra un'enormità ma pensate che se solo utilizzassimo le terre abbandonate dall'agricoltura dagli anni novanta a oggi, potremmo mettere a dimora, in Italia, fino a sei miliardi di alberi." La capacità del professor Mancuso di affascinarti attraverso il racconto delle piante "senzienti" è impareggiabile, come la semplicità con la quale ti descrive l'orlo del baratro su cui cammina il mondo intero a causa dell'inquinamento atmosferico. Una mattina eravamo insieme a inaugurare, all'interno di una farmacia, una delle sue "fabbriche dell'aria". Si tratta di semplici teche di vetro che racchiudono terra e piante in grande quantità, le quali fungono da filtro naturale per l'aria circostante, carica di anidride carbonica e particelle, che vi entra ed esce perfino più pura di quella dei filtri meccanici. In quella circostanza ci siamo soffermati a parlare di quale contributo le città possano portare con i progetti di forestazione urbana. In effetti in questi dieci anni ho avuto l'occasione di toccare con mano i progressi che molte città hanno raggiunto su questo fronte.

Ricordo ad esempio Tirana, il cui progetto urbanistico moderno è stato realizzato nel secolo scorso dall'architetto fiorentino Gherardo Bosio, la quale si è dotata negli ultimi anni di un piano avveniristico, con un bosco orbitale che la circonda insieme a due anelli ciclabili e a un'oasi naturale con fasce verdi attorno ai corsi d'acqua. Anche questa volta il progetto urbanistico e ambientale porta la firma di un italiano, Stefano Boeri, e si arricchisce di alcuni progetti architettonici realizzati dal fiorentino Marco Casamonti. "Un progetto del genere si può realizzare solo con l'ardimento giovanile del sindaco Erion Veliaj," ho pensato durante la mia visita nella capitale albanese nel maggio 2018, nel corso della quale il primo cittadino mi aveva mostrato con fierezza la cartina della città ricoperta da migliaia di nuove piante. "Quel disegno di rivoluzione di Tirana," mi aveva raccontato in compagnia del primo ministro albanese, nonché predecessore alla guida della città, Edi Rama, "è frutto del desiderio di trasformazione e modernizzazione profonda della città. Un desiderio che nasce dalla spinta dei tanti giovani che vivono, studiano e lavorano a Tirana e che Edi e io abbiamo raccolto e portato avanti contro tutte le resistenze conservatrici e i gruppi di potere che hanno provato a ostacolarci fino alla fine."

Come Tirana, molte altre città europee hanno abbracciato la causa ambientale attraverso le forestazioni urbane: migliaia di nuove piante lungo le strade, nelle piazze, nei parchi, intorno a scuole e uffici. Piante ovunque, di ogni genere, all'aperto e al chiuso. Come Oslo, la città super *green* e tecnologica dell'esperto e dinamico sindaco Raymond Johansen, dove hanno lanciato un esperimento assolutamente innovativo con le piante nelle scuole. Nella capitale norvegese hanno infatti condotto una ricerca suddividendo gli studenti in due gruppi all'interno della stessa scuola: uno messo in aule piene di piante, l'altro in aule completamente spoglie. Lo studio ha dimostrato che gli studenti che frequentavano aule abbellite con piante avevano aumentato nel tempo il loro rendimento del trenta per cento rispetto ai loro compagni e in quelle stesse classi la socialità era aumentata in modo esponenziale, mentre i giorni di malattia erano diminuiti del cinquanta per cento.

Quanto a forestazione urbana, Parigi non è da meno: oltre al progetto super ecologico di pedonalizzare gli Champs Élysées e riempirli di alberi, la capitale francese ha affidato a Renzo Piano il progetto del nuovo ospedale della città, completamente coperto di piante, visibili peraltro da ogni spazio interno: circa 205.000 metri quadri di strutture sanitarie immerse in 450.000 metri quadri di parco con 10.000 piante tra tigli, querce e olmi. "Il nuovo Umanesimo nascerà dagli ospedali," ha dichiarato il grande architetto genovese, pensando al connubio tra salute e ambiente, tra cura delle piante e cura degli uomini.

Del resto anche in Italia svettano progetti innovativi che fondono architettura e vegetazione in un nuovo linguaggio stilistico ed etico. Pensiamo al bosco verticale di Milano, disegnato da Boeri, che porta la natura dentro la casa, aprendola a uccelli e insetti, e alla Cantina Antinori a Bargino, progettata da Casamonti, o al più recente progetto del Nodo Verde di Bari, un intervento poderoso di rigenerazione urbana disegnato da Massimiliano Fuksas e finanziato dal Piano nazionale di ripresa e resilienza italiano.

La forestazione urbana è diventata essa stessa architettura e ci insegna che se si vuole contribuire alla decarbonizzazione non ha molto senso piantare alberi a casaccio in giro per il mondo ma concentrarli nelle città, ovvero proprio dove svolgono la loro funzione più preziosa: assorbire anidride carbonica e rilasciare ossigeno. La regola è semplicc: più gli alberi sono vicini alle fonti di emissione di anidride carbonica, maggiore è la loro utilità in termini ecologici. Le politiche di forestazione efficaci non possono che avere un orizzonte urbano. Gli alberi vanno messi nelle città, nelle aree industriali, nelle periferie e negli spazi pubblici di ogni quartiere densamente abitato. Le piante non sono solo un tema di arredo urbano, sono principalmente un tema ambientale. Lo dimostrano esperienze avanzate come il progetto lanciato da Beppe Sala a Milano, "Forestami", diretto da Stefano Boeri con l'obiettivo di piantare tre milioni di alberi entro il 2030, o il progetto "Gaia" nella Bologna del sindaco Matteo Lepore, che punta alla partnership tra pubblico e privato per realizzare nuove aree verdi e piantumazioni, o ancora iniziative più recenti come quella della *green belt* di Napoli voluta dal sindaco Gaetano Manfredi.

Gli esperimenti di forestazione urbana maturati negli ultimi anni hanno dato vita a una svolta nella politica internazionale inimmaginabile fino a poco tempo fa. Proprio in Italia, nel corso del G20 del 2021, con la ferma esortazione dell'allora presidente del consiglio Mario Draghi, i grandi della Terra hanno varato un piano globale con mille miliardi di nuovi alberi da piantare nelle città dei rispettivi paesi. Poco dopo, nel Piano nazionale di ripresa e resilienza, il governo Draghi ha inserito un progetto di finanziamento per sei milioni e seicentomila alberi nelle aree metropolitane.

Dall'ecologia al welfare: un mondo da salvare

"La città è una grande casa per una grande famiglia," ha scritto Leon Battista Alberti. In un'epoca segnata sempre di più da catastrofi ambientali, inondazioni e siccità, la capacità di una città di sopravvivere, o meglio, di trasformarsi, sarà legata alla sua comunità, da intendersi appunto come una grande famiglia.

Più è forte la comunità, il tessuto sociale, più la città risponde ai cosiddetti fenomeni *disruptive*.

Questo significa essere resilienti: avere una centralizzazione e una capacità di registrare ogni dato e saperlo utilizzare per affrontare le sfide con scelte politiche lungimiranti e innovatrici.

La città è come un organismo, un essere vivente. Muta continuamente e non si ferma mai. Può evolvere o deperire, a seconda di come reagisce alle sfide del cambiamento. I processi di trasformazione dipendono da una molteplicità di fattori e da una molteplicità di persone. "Le città non sono delle *strutture*," ha scritto Edward Glaeser, "le città sono persone [...] la città reale è fatta di carne, non di calcestruzzo. Sono le persone, e non le strutture, a determinare veramente il successo di una città. A spiegare quale città sia destinata al successo è, più che il dato sulle infrastrutture fisiche, il capitale umano." Chi governa una città sa che un sindaco può per questo indirizzare, guidare, coinvolgere, ma non può da solo innescare cambiamenti drastici. Il coinvolgimento attivo della comunità e dei suoi componenti nella trasformazione della città è fondamentale, necessario. Perciò il legame tra ecologia e welfare è indissolubile e ci consegna un dato tanto banale da comprendere quanto difficile da attuare: le città che investono maggiormente nelle politiche di welfare sono quelle che combattono più efficacemente il cambiamento climatico e sanno adattarsi meglio.

Da molti anni, ormai, ogni programma riferito all'ambiente parte dalla necessità di predisporre nelle città iniziative sociali che migliorino l'equità e la giustizia. Nelle città europee vi sono politiche consolidate che fanno leva su contributi economici alle famiglie poco abbienti, programmi di inserimento lavorativo e reti di sicurezza sociale. Misure che si abbinano agli sforzi per migliorare l'accesso alle infrastrutture e ai servizi di base, come l'assistenza socio-sanitaria e i programmi educativi. I sindaci in molti casi hanno varato partenariati tra governi nazionali, organizzazioni della società civile e settore privato per garantire la fornitura di questi servizi con l'effetto di migliorare la resilienza climatica delle comunità vulnerabili.

Una delle realtà urbane degne di nota tra quelle impegnate nello sforzo di attuare una transizione ecologica giusta ed equa è quella di Barcellona. La metropoli catalana ha inserito tra i principali obiettivi del proprio piano ambientale l'eliminazione della povertà energetica entro il 2030 e l'individuazione di una serie di rifugi climatici dove i cittadini possono trovare protezione in caso di catastrofi naturali o ondate di calore, sparsi nei vari quartieri e raggiungibili in dieci minuti da qualunque punto della città. La giovane sindaca Ada Colau è stata confermata dopo le elezioni del 2019, che si annunciavano per lei estremamente difficili, puntando sullo slogan "Barcellona bene comune". Dopo anni di profonde trasformazioni urbanistiche, Colau ha deciso così di rivoluzionare l'approccio urbanistico puntando su nuovi modelli di partecipazione democratica e su una politica decentralizzata e metropolitana che mettesse al centro il cittadino. La lotta agli sfratti per motivi economici è stato un caposaldo della battaglia di rigenerazione sociale delle periferie del governo di Barcellona, così come la ripubblicizzazione dei servizi privatizzati negli anni precedenti.

Dopo la rielezione la sindaca Colau si è quindi decisa a adottare, il 15 gennaio 2020, la dichiarazione di "emergenza climatica della città" indicando sette cambiamenti di modello in altrettanti settori strategici della vita cittadina: modello urbano, mobilità e infrastrutture, modello energetico (con la realizzazione di una società chiamata Barcelona Energia), modello economico, modello di consumo e gestione dei rifiuti, modello alimentare, modello culturale e educativo.

La decisione di Barcellona di dichiarare l'emergenza ambientale fissa un dato essenziale. La scienza è inequivocabile: il cambiamento del clima mette in pericolo il benessere sociale, culturale e fisico delle persone e il futuro del pianeta. Un'azione ritardata rischia di innescare cambiamenti climatici dall'impatto talmente violento che il nostro mondo diventerà irriconoscibile. I prossimi anni offrono una finestra stretta per realizzare un futuro sostenibile e vivibile per tutti. Cambiare rotta richiederà sforzi immediati, ambiziosi e concertati per ridurre il riscaldamento e le emissioni, costruire resilienza, conservare gli ecosistemi e aumentare drasticamente i finanziamenti per l'adattamento e la gestione delle catastrofi naturali che sempre più spesso colpiscono le nostre città.

Affrontare la crisi climatica non sarà uno scherzo per la nostra generazione: le città sono il terreno comune dove i governi nazionali, la società civile, il settore pubblico e privato possono fare progressi concreti ed efficaci. Non abbiamo alternative.

4. Le città davanti al virus

30 marzo 2020, New York, pieno giorno. La Fifth Avenue è completamente vuota e silente. Una distesa di asfalto sgombra da auto e bici. Raramente qualche passante anima il paesaggio desolato. In lontananza, il suono di un'ambulanza di passaggio squarcia il silenzio inquietante. Due settimane prima la Francia è entrata in *verrouillage*, in "lockdown". Dopo che il presidente Emmanuel Macron ha annunciato la riduzione drastica degli spostamenti e il divieto di assembramenti e riunioni familiari, Parigi si è svuotata. I grandi boulevard nella loro solitudine surreale sembrano il set di un film distopico. I parigini prendono d'assalto le stazioni ferroviarie per fuggire dalla capitale nelle campagne e nelle zone interne, ritenute più sicure.

Stessa desolazione nelle strade di Roma. Una città solitamente viva e affollata di turisti e lavoratori, brulicante di scooter e vespe (come quelle che portavano a spasso Gregory Peck e Audrey Hepburn in *Vacanze romane* o Nanni Moretti in *Caro Diario*), di automobili e pullman turistici, si trasforma in un deserto: dai Fori Imperiali a piazza Venezia, passando per la Fontana di Trevi e il Colosseo, neanche l'ombra di un visitatore o di un passante. Solo lo svolazzare indisturbato dei piccioni, più baldanzosi che mai.

In piazza Signoria a Firenze si poteva ascoltare lo scroscio d'acqua della fontana di Ammannati, come l'assolo di uno strumento in una piazza vuota, con le statue sull'arengario e nella Loggia dei Lanzi attonite di fronte al deserto e al silenzio cui non erano abituate. Una strana ed estraniante bellezza dominava in piazza Duomo, che somigliava all'immagine di un dipinto quattrocentesco con la rappresentazione di una città ideale. Ideale sì, ma fin troppo irreale, senza vita, un "non luogo", in fondo, costruito non per i suoi abitanti ma per una proiezione ideologica lontana dalla realtà.

La sensazione comune e palpabile era di vivere dentro a un incubo, perché le città sono vive, corpi animati dagli individui che le abitano, le usano e trasformano. Ma in quei giorni una "mostruosa bellezza" si era messa in mostra annunciando al mondo il più incredibile e imprevisto finale della storia, almeno per quanto riguarda la città moderna.

A tutti erano tornate alla mente le vicende più drammatiche del passato, sconvolgimenti dalle conseguenze tragiche come la peste di Atene del 430 a.C. raccontata dallo storico greco Tucidide. La pestilenza, all'epoca di Pericle, aveva colpito la più evoluta e ricca città greca, il faro della democrazia, la patria di Fidia e di Platone, segnando drammaticamente le sorti della guerra del Peloponneso. Quell'epidemia aveva portato al collasso la società ateniese e molto probabilmente era stata decisiva per la sconfitta della *polis* nella celebre guerra contro Sparta. Lo stesso Pericle, proprio come Tucidide, era morto a causa del contagio. Negli anni successivi, circa un terzo della popolazione, quasi centomila persone, era stato sterminato dalla malattia. Atene non era stata distrutta dalla peste ma dalla paura della peste, si diceva.

Un altro caso assai simile è stato l'epidemia di peste bubbonica che si sviluppò sotto Giustiniano nel bacino del Mediterraneo, tra il 541 e il 542 d.C. Ne abbiamo testimonianza nei testi di Procopio di Cesarea, cui si deve la storica descrizione delle guerre intraprese dall'imperatore bizantino. La peste, originatasi probabilmente in Egitto, arrivò in Palestina e conquistò infine Costantinopoli, provocando una strage. Al punto che l'imperatore dette ordine e mezzi finanziari a un suo generale perché si occupasse di seppellire i morti abbandonati per le strade. Le cronache sostengono che i decessi fossero diecimila al giorno e che la riduzione della popolazione fosse arrivata al venticinque per cento. Giustiniano venne costretto a vietare ai cittadini di uscire di casa. La peste dilagò comunque, assieme alle carestie e alla guerra Gotica, fino a privare di abitanti le città. Si pensa che la popolazione a Roma si sia ridotta drammaticamente, svuotando quasi la città. La peste di Giustiniano fu responsabile del crollo della civiltà urbana, già fortemente messa in crisi dalle conseguenze delle guerre che avevano attraversato l'impero romano e i territori ancora controllati da Costantinopoli, portando a compimento il definitivo passaggio dall'antichità al Medioevo.

Dobbiamo a Tucidide, che fu in prima linea nella guerra del Peloponneso come stratega e comandante, il racconto della peste di Atene. Nella *Guerra del Peloponneso*, il suo capolavoro storiografico, si racconta come gli abitanti di Atene si fossero rinchiusi all'interno della città per difendersi dal potente esercito degli spartani. A distanza di secoli, il diario della peste di Atene ci aiuta a capire gli effetti della malattia sulla società di allora e porta allo scoperto alcuni tratti nascosti dell'animo umano che la peste ha messo in luce. Da una parte la forza di resistenza, dall'altra la decadenza morale, la fragilità dell'animo umano e le fondamenta, più o meno solide, delle nostre società. Risalendo all'epoca moderna, anche Giovanni Boccaccio, l'autore del *Decameron*, la cui ispirazione si deve alla terribile peste nera in Firenze, si è soffermato sugli effetti della pandemia che all'epoca sconvolgeva i legami familiari e portava le persone a trascurare la cura dei malati e il rispetto per i corpi dei defunti: "Era con sì fatto spavento questa tribulazione entrata ne' petti degli uomini e delle donne, che l'un fratello l'altro abbandonava, e il zio il nipote, e la sorella il fratello, e spesse volte la donna il suo marito; e, che maggior cosa è e quasi non credibile, li padri e le madri i figliuoli, quasi loro non fossero, di visitare e di servire schifavano."

Le città hanno poi imparato molte cose da queste crisi, *in primis* la gestione delle pandemie, ad esempio attraverso l'istituzione della quarantena (come si è fatto praticamente da sempre a Venezia), la gestione dell'infezione, migliorando le strutture sanitarie, facendo sempre più ricerca scientifica per arrivare finalmente ai vaccini.

Eppure va riconosciuto che le grandi epidemie hanno sortito effetti collaterali anche positivi, innescando importanti passaggi storici, e se da una parte hanno favorito la decadenza di alcune civiltà, in altri casi hanno scatenato fondamentali trasformazioni economiche, sociali e culturali. Nella storia dell'umanità la peste, ad esempio, è stata lo spartiacque tra epoche diverse. In molti casi, con la peste, si è consumato il collasso di una civiltà oppure al contrario si è sprigionata la forza vitale di una città in modo inaspettato e straordinario. Se Atene dopo la peste del 430 a.C. ha conosciuto un'inarrestabile decadenza, la Firenze del XV secolo ha dato vita, diversamente, alla più grande trasformazione del pensiero dell'umanità: il Rinascimento. Un fenomeno culturale, sociale ed economico nato, non a caso, dopo la terribile pandemia, la peste nera, che ha devastato l'Europa dal 1347 al 1352, sterminando un quarto e forse più della popolazione, trasformando le grandi capitali europee in lazzaretti e luoghi inospitali. Ma da quelle capitali, una volta usciti dalla crisi, è rinata la vita e si è accesa una luce sull'umanità intera. Firenze si risollevò, anzi rinacque più forte di prima e diventò capitale dell'Umanesimo e del Rinascimento, trasformandosi nella città di Brunelleschi e di Masaccio, di Leon Battista Alberti e di Donatello.

Dalle crisi si può uscire, se non vincitori, almeno cambiati. Vedo infatti un possibile parallelismo tra la Firenze del Quattrocento, che dopo la peste diventa il luogo più importante della cultura e dell'arte europea, e la reazione delle città di oggi attraversate dalla terribile pandemia da Covid-19. Le città infatti in questi due anni hanno reagito con forza all'aggressione del virus, hanno riscoperto energie e motivazioni impensabili. I sindaci di tutta Europa si sono misurati con la più grande sfida del secolo, tra controllo della popolazione, organizzazione logistica della campagna vaccinale, gestione dell'emergenza sociale ed economica, fino alla trasformazione profonda delle città nella difficile convivenza con la pandemia.

Nelle città di tutto il mondo, in quei giorni, il tempo si era come fermato; per un attimo abbiamo creduto che il mito delle città iniziasse il suo più terribile declino e che un controesodo invertisse all'improvviso il flusso secolare di persone dalle campagne ai centri urbani. Così non è stato. Anzi, la pandemia ha reso le città più forti e ha mostrato la loro incredibile capacità di reagire e adattarsi. L'emergenza sanitaria ha cambiato profondamente il mondo intero e lo ha fatto proprio a cominciare dalle realtà più colpite e più vulnerabili al virus: le città.

Prigionieri nella propria casa, prigionieri nella propria città

Siamo arrivati tutti impreparati, non c'è dubbio, all'appuntamento con il virus; al di là delle attenuanti abbiamo sbagliato tutti. Abbiamo pensato di poter conciliare da subito la lotta al Covid-19 con la vita normale. Non volevamo accettare ciò che ci stava accadendo. "La pandemia? Proprio a noi? Proprio adesso?"

Ogni capo di stato è caduto nella trappola, cercando di esorcizzare il problema: da Macron, che ha confermato le elezioni amministrative e ha atteso a lungo prima di chiudere le scuole, a Boris Johnson che è arrivato addirittura a parlare "di una situazione del tutto marginale". Il presidente Trump è stato costretto a dichiarare l'emergenza nazionale solo dopo la valanga di critiche diffuse dai media e le pressioni dell'opinione pubblica.

Gli stessi cittadini hanno faticato ad accettare l'idea di trovarsi improvvisamente in una pandemia. Il 20 febbraio 2020 tutti i quotidiani italiani titolavano: "È arrivata l'epidemia." *Pan-de-mia*... Quanto era difficile fare i conti con questa parola dopo aver letto di un solo caso su cinquantacinque milioni di abitanti nella cittadina lombarda di Codogno. La prima reazione di larghi strati della popolazione è stata quella di attaccare gli allarmisti e ha di fatto condizionato pesantemente anche gli stessi media, costretti ad ammorbidire il proprio linguaggio.

Anche noi sindaci, in Italia, inizialmente abbiamo sbagliato, abbiamo sottovalutato il problema perché speravamo di infondere fiducia alle persone, consapevoli dell'impatto economico, potenzialmente devastante, delle misure messe in campo per contrastare il diffondersi dell'epidemia. In quei primissimi giorni del contagio, a Firenze avevamo lanciato l'hashtag #AbbracciaUnCinese per esprimere solidarietà alla comunità cinese e allontanare la psicosi a sfondo razzista che iniziava a diffondersi. Avevamo anche promosso l'iniziativa di tenere aperti i musei per rassicurare i turisti, mentre Beppe Sala a Milano promuoveva la campagna social #MilanoNonSiFerma e l'allora segretario nazionale del PD Nicola Zingaretti si faceva ritrarre mentre prendeva l'aperitivo in un locale sui Navigli con i giovani Dem. Nel frattempo a Codogno scoppiava l'epidemia e il coraggioso sindaco di Bergamo Giorgio Gori postava sulle proprie pagine social una foto mentre era al ristorante con la moglie per rassicurare i bergamaschi e invitarli a non arrendersi.

I primi cittadini avvertivano nelle loro comunità il desiderio di non fermarsi e andare avanti, di esorcizzare il virus, confidavano nella capacità delle rispettive città di poter gestire una situazione difficile ma non impossibile, per quanto inedita.

Abbiamo sbagliato tutti, compresa la stessa comunità scientifica, che all'inizio si era divisa tra chi parlava di una semplice influenza e chi già lanciava l'allarme di un contagio fuori controllo. In quel momento non si riusciva a comprendere cosa stesse davvero accadendo, figurarsi se avremmo potuto immaginare di governarlo. Si navigava a vista.

Ricordo un giorno di fine febbraio, l'incontro in strada con un ragazzo che rivolgendosi a me in lacrime gridava: "Mi hanno annullato il contratto stagionale, non so come fare!" Quell'episodio mi aveva turbato e mi aveva portato alla convinzione che noi sindaci dovessimo provare a conciliare la battaglia sacrosanta contro il virus con il bisogno di andare avanti per non vedere crollare a una a una le nostre comunità.

Ma in quei giorni nei quali infuriava la battaglia al Covid-19, le città a sorpresa resistevano. Gli italiani continuavano a guardare con fiducia al futuro: ovunque comparivano lenzuoli arcobaleno, bandiere tricolori, magliette con la scritta *Andrà tutto bene*. Perché tutto questo? Perché le città avevano bisogno di sperare, e noi con loro.

Non si poteva accettare l'idea di entrare in un tunnel senza uscita o la cui fine era tanto incerta quanto lontana. Quel bisogno di speranza all'inizio corrispondeva a una sottovalutazione del fenomeno, che ci portava a non voler vedere il problema, mentre subito dopo, di fronte ai morti, agli ospedali pieni e alle bare ammassate davanti ai cimiteri, diventava una predisposizione mentale necessaria per affrontare la lunga traversata nel deserto. Avevamo bisogno di questo filo rassicurante di speranza, di coltivare una tensione psicologica positiva: i *flashmob* durante i quali si applaudivano medici e infermieri, i musicisti che suonavano dai balconi, i cori improvvisati che facevano echeggiare da un condominio all'altro l'Inno d'Italia erano tutti elementi carichi di una sorta di magnetismo, che aiutavano a immaginare la luce in fondo al tunnel. Avevamo capito che quella era anche una battaglia psicologica, fatta di umanità e resistenza. E infatti le reazioni psicologiche collettive si erano via via polarizzate, mostrando la fragilità delle persone di fronte a un evento globale e imprevedibile: da un lato assistevamo a iniziative di solidarietà e al grande sforzo della rete di volontariato; dall'altro si moltiplicavano casi di fastidio, per non dire di intolleranza, negli ambienti di lavoro o domestici, verso chiunque fosse sospettato di trasmettere il contagio.

A questo sentimento si sommava il rischio – ben avvertito dal governo e dalle regioni – che i sistemi sanitari territoriali, impreparati a gestire l'evento, collassassero di fronte all'aumento dei contagi. Ecco spiegate le misure restrittive sull'intero territorio nazionale e le chiusure dei confini tra le regioni del sud e quelle del nord, dove la pandemia era esplosa. Gli appelli dei "governatori" del sud a quanti si erano trasferiti a lavorare al nord a non tornare nelle case d'origine avevano contribuito a trasformare le città in "luoghi di reclusione". Metropoli chiuse, deserte, dalle quali era impossibile uscire anche per chi desiderava rientrare nella propria regione di origine. In quei giorni code di donne e uomini, di professionisti e studenti fuori sede, si formavano nelle stazioni delle grandi città, da Milano a Torino, da Bologna a Roma per trasferirsi nelle seconde case al mare o in campagna dai parenti: un esodo spaventoso, continuo, che richiamava scene di guerra alle quali non eravamo abituati.

Eravamo al paradosso dei paradossi: le città, luoghi di relazioni sociali e di libertà per definizione, si erano trasformate in prigioni dalle quali fuggire, in grandi incubatori del virus. Davanti a quelle immagini il professore Domenico De Masi richiamava la distinzione, cara ai sociologi, tra relazioni primarie e secondarie. Le relazioni primarie sono quelle familiari, degli amici, la cerchia più stretta; le secondarie sono invece quelle dei colleghi di lavoro e delle attività quotidiane esterne alla sfera domestica. L'esplosione della pandemia nelle città aveva mostrato la nostra tendenza a dare più spazio e tempo alle relazioni secondarie, al lavoro, al tempo libero, alle relazioni con i colleghi, con i conoscenti e gli amici, mentre all'improvviso tutto si era capovolto. Eravamo stati catapultati repentinamente nell'ambito familiare in modo totalizzante, senza essere preparati, con tutte le conseguenze della condivisione forzata e continuativa degli spazi di vita, studio e lavoro minuto per minuto ogni giorno. Coppie in crisi, scontri tra figli adolescenti e genitori, anziani malati in casa. Nelle città deserte dominate dal Covid-19, con le piazze vuote e i condomini strapieni, erano esplose tutte le fragilità sociali possibili e immaginabili. Prigionieri nella propria casa, prigionieri nella propria città.

Che guerra è stata?

La lotta alla pandemia è stata più volte paragonata a una guerra, ma non è come le guerre normali perché si combatte contro un nemico invisibile, pericolosamente subdolo, attraverso l'isolamento fisico. Un nemico che in realtà si può nascondere dentro di te, come nel tuo vicino di casa, in quello che fa la fila con te al supermercato. Anche in questo c'è una grande differenza rispetto alle guerre classiche, perché nelle guerre normali o quando si verifica un terremoto abbracci i tuoi amici, ti chiudi in casa con i vicini che preparano da mangiare in un susseguirsi di gentilezze reciproche, qui invece non puoi abbracciare il tuo vicino di casa, il tuo amico, i quali si trasformano in potenziali nemici, portatori di rischi per la salute e la sopravvivenza tua e dei tuoi cari. A minacciarti qui è il tuo prossimo e la città, da luogo nel quale la prossimità e la relazione interpersonale sono principi strutturali, si è trasformata in un posto terribile e pericoloso.

I canali dei social media, letteralmente esplosi a causa della pandemia, sono stati invasi sistematicamente dagli appelli dei sindaci a "restare a casa", nei piccoli centri urbani come nelle grandi metropoli. I sindaci si sono trovati a gestire difficoltà improvvise nell'economia delle proprie città.

Nel periodo precedente alla pandemia, città internazionali come Milano, Firenze, Venezia avevano registrato numeri da capogiro nell'export, nel settore congressuale e nel turismo.

In quei giorni condividevo con il sindaco di Milano, Beppe Sala, la preoccupazione per le nostre città, che stavano vivendo un periodo di grande dinamismo economico e culturale grazie alla loro vocazione cosmopolita e si trovavano improvvisamente bloccate dalle misure restrittive della quarantena. Non sapevamo quando saremmo usciti da quella situazione e assistevamo impotenti al congelamento della vita sociale, lavorativa e culturale delle nostre comunità. Teatri, cinema, musei, centri congressi, poli sportivi: tutti i luoghi della socialità erano chiusi. Il danno complessivo causato dal blocco della mobilità di persone e merci nel 2020 è stato stimato intorno ai cento miliardi di euro per le grandi città italiane. La città metropolitana di Firenze, in quell'anno orribile, ha perso tre miliardi e trecento milioni, quasi il dieci per cento del suo PIL, con effetti pesanti sull'industria del turismo, della moda e della meccanica.

Solo grazie al distretto farmaceutico l'economia locale è riuscita a conseguire un parziale recupero.

Resilienza

Resilienza. "In psicologia è la capacità di reagire di fronte a traumi, difficoltà" si legge nel vocabolario Treccani. È una parola che, ormai da molti anni, ritroviamo in numerosi documenti sulle politiche pubbliche e sulle città. Credo che nessun politico o cittadino ne abbia in realtà compreso appieno il significato se non con l'esperienza traumatica della pandemia.

L'emergenza sanitaria ha scatenato interrogativi e ha fatto riaffiorare nodi che pensavamo di aver sciolto da tempo, come quelli legati all'economia globalizzata nella quale ogni paese aveva un suo ruolo. Gli Stati Uniti leader mondiali nella tecnologia, la Cina produttrice di beni di largo consumo, la Russia e l'Africa fornitori a livello globale di materie prime, l'Europa leader nei servizi. In pochi giorni tutto è stato rimesso in discussione. Nella primavera del 2020 ci siamo resi conto che in Italia, la seconda manifattura d'Europa, a un mese dall'entrata nell'emergenza del Covid-19, ancora nessuna fabbrica del paese era stata in grado di organizzarsi per produrre mascherine. "Siamo i campioni dei tessuti, dal distretto di Biella a quello di Prato, produciamo di tutto (cappelli, guanti, calzini, pantaloni, camicie, abiti...) e non riusciamo a cucire delle mascherine?" mi chiedevo, allarmato.

L'Italia, è vero, ha pagato il prezzo di essere il primo paese occidentale e il primo paese democratico a fronteggiare l'epidemia. Spesso si è tentato un confronto con la Cina, ma il paragone tra le città italiane e quelle cinesi, per molti aspetti, non sta in piedi. La Cina ha un sistema politico organizzato in maniera gerarchica, monolitico, autoritario, un sistema informativo che è il riflesso di quello politico e ha una flessibilità operativa e organizzativa che non è paragonabile a quella di nessun altro paese del mondo occidentale, neanche gli USA. Per questo il lockdown di Pechino, Shanghai, Hangzhou non si può confrontare con quello di Milano, Roma e Napoli. Del resto, all'inizio anche gli altri paesi occidentali si sono trovati impreparati: la Francia, la Gran Bretagna e gli stessi Stati Uniti hanno cercato di resistere fino all'ultimo all'idea di chiudere le proprie città e le proprie frontiere.

La capacità di reagire è tipica della città. Proprio come il sistema immunitario di un organismo che reagisce a una malattia. Soprattutto di fronte a eventi devastanti quali un terremoto o una guerra. Abbiamo nei nostri occhi le immagini di città aggredite da catastrofi naturali, come alluvioni o tornado, capaci tuttavia di rispondere con immediatezza ed efficacia sorprendenti. Non a caso a Firenze la pandemia ha riportato alla mente di molti l'alluvione del novembre del 1966, quando la città è stata sommersa dall'acqua e dal fango e il suo inestimabile patrimonio culturale è stato aggredito come mai in precedenza. Gli "angeli del fango", i giovani accorsi da ogni angolo del mondo, sono stati protagonisti del primo grande soccorso globale a una città che la storia abbia visto. Una mobilitazione di persone, soprattutto giovani, che a mani nude hanno consentito a Firenze e al suo patrimonio di salvarsi. Dopo quei giorni nulla è più stato come prima: Firenze e il mondo intero hanno dato vita a una nuova cultura della prevenzione, della difesa e del restauro dei beni culturali che senza quel trauma probabilmente non sarebbe nata.

Dalle difficoltà si impara reagendo. Questo è il dato di fondo della risposta delle città al Covid-19. Tra le tante frasi pronunciate in quei mesi indimenticabili, ne ricordo una di papa Francesco che descriveva con inimitabile efficacia la sfida di fronte a noi: "Peggio della pandemia c'è solo il rischio di sprecarla." Con gli stessi concetti si esprimeva anche il sindaco di Lisbona, Fernando Medina, in un'intervista al Guardian: "Il virus non ci ha chiesto il permesso di entrare, ma abbiamo la capacità di usare questo tempo per pensare e vedere come possiamo muoverci in una direzione per correggere le cose e metterle sulla strada giusta."

Firenze, come tutte le altre città europee, aveva di fronte questa impressionante prova. Reagire alla pandemia, adattarsi ai cambiamenti e utilizzare l'esperienza vissuta per migliorare e innovare. Una minaccia carica di incognite e di paure, ma forse anche di promesse, come ci aveva indicato saggiamente Sua Santità. Nei giorni fatali della quarantena, del tempo sospeso, nel lungo inverno della pandemia, il giornalista Umberto Cecchi aveva scritto su *La Nazione*, lo storico quotidiano della nostra città, un commento ad alcune foto strepitose, affascinanti e angoscianti al tempo stesso, di una Firenze notturna completamente deserta, come mai si era vista prima. In quell'articolo il giornalista fiorentino si chiedeva se Firenze, in quelle notti desolate, avesse perso il suo animo.

Sindaci in prima linea

In Italia sono state le comunità e chi le guida – la rete di sindaci dei 7.904 comuni italiani – a reggere l'urto. La sera del 9 marzo 2020, alla vigilia della conferenza stampa in cui l'allora presidente del consiglio Giuseppe Conte avrebbe annunciato il lockdown, la chat dei sindaci civici e di centrosinistra creata dal primo cittadino di Pesaro, Matteo Ricci, era in fibrillazione. Con il crescere dell'allarme, i gruppi WhatsApp dei sindaci si moltiplicavano. Con gli altri sindaci di tutta Italia cercavamo di confrontarci, di condividere criticità, informazioni, esperienze. Nascevano task force comunali.

A ventiquattro ore dal primo decreto di emergenza nazionale, il 15 marzo del 2020, si cominciava a prendere coscienza che quella pandemia era una maratona, non una corsa di cento metri piani.

Nel libro *Diario di bordo dei sindaci. Le città nella pandemia*, la giornalista Giovanna Casadio ha raccolto testimonianze di primi cittadini, istantanee di città scattate in momenti differenti, dall'immagine shock di Bergamo con i camion colmi di bare in fila alle acque tornate finalmente limpide dei canali di Venezia, passando dalle chiusure totali alle riaperture prudenti, dalla speranza di poter archiviare per sempre questa brutta vicenda alla paura di essere ricacciati dentro il "lungo inverno".

Un'incredibile esperienza collettiva nella quale a "tenere" sono state le città, le comunità locali e chi le guida.

Nella pandemia i sindaci sono stati il volto dello stato, si sono trovati in prima linea nella veste di soccorritori istituzionali, accanto ai medici e agli infermieri, agli assistenti sociali, agli agenti delle forze dell'ordine, agli educatori, ai cassieri dei supermercati e delle farmacie, e così facendo hanno reso possibile la tenuta del paese. Dopo quel febbraio del 2020 la vita delle città si era come congelata. Per i sindaci le priorità di lavoro erano ribaltate, totalmente. Non ci si doveva preoccupare più del traffico, della pulizia delle strade, dei cantieri da portare avanti, del problema della microcriminalità, della gestione delle orde di turisti nei centri storici. Ogni momento era dedicato agli appelli per il rispetto delle regole di isolamento, a informare i cittadini sui comportamenti da tenere durante il lockdown, a coordinare gli interventi dei volontari per assistere anziani e disabili, a cercare risorse economiche per comprare mascherine e respiratori, a collaborare con gli ospedali e le strutture sanitarie territoriali per ricavare nuovi posti letto per i sintomatici.

Gli amministratori locali hanno giocato un ruolo di grande responsabilità, sono rimasti al loro posto, tenendo accesa la luce dei loro uffici nel pieno di un'emergenza sfiancante. Hanno fronteggiato la paura, propria e altrui, e da quella paura hanno saputo trarre la forza per indicare la strada alle loro comunità, facendo ricorso alle proprie risorse in termini di conoscenza del territorio, umanità, equilibrio politico e senso di responsabilità per superare ostacoli giudicati talvolta insormontabili.

Da marzo a luglio 2020 il potere di fare ordinanze era stato congelato. Eravamo stati noi stessi a chiedere al governo italiano di assumere la guida delle azioni di emergenza, di verticalizzare la catena di comando, di centralizzare le decisioni evitando così di lasciare ai singoli enti territoriali l'iniziativa autonoma, con il rischio di generare un caos ingestibile di migliaia di ordinanze comunali tra di loro sovrapposte e incoerenti. La competenza in materia sanitaria spettava alle regioni, ma i sindaci rispondevano della salute delle loro comunità. I primi cittadini si sono scoperti i più esposti nell'emergenza sul territorio, ma gli ultimi nella catena istituzionale delle decisioni, schiacciati tra il centralismo statale e i microcentralismi regionali. La lettera inviata dal presidente dell'ANCI, Antonio Decaro, al premier Conte e al ministro dell'economia Roberto Gualtieri aveva messo nero su bianco le richieste dei sindaci, poi ribadite negli incontri online.

Si susseguivano Dpcm e ordinanze. Gli atti legislativi e amministrativi agivano da scudo per fronteggiare l'emergenza, garantendo misure immediate. Toccava ai sindaci tradurre in concreto quelle misure, quei provvedimenti. Toccava a loro spiegare, interpretare, muoversi in un'infinità di regole.

Il 4 marzo veniva emanato il Dpcm conosciuto come "Scuole chiuse". Ma i provvedimenti cruciali arrivarono nell'arco di settantadue ore, tra l'8 e l'11 marzo, e cambiarono la nostra vita. Con il Dpcm del 9 marzo tutta l'Italia diventava zona protetta. Il governo lanciava l'hashtag #iorestoacasa. Il Dpcm dell'11 chiudeva le attività commerciali tranne i negozi di generi alimentari e di prima necessità, le farmacie, le parafarmacie, le edicole e i tabaccai. Venivano sospese le attività di ristorazione, eccetto la consegna a domicilio.

Per la prima volta nella storia repubblicana, lo stato poneva dei limiti alla libertà delle persone. La vita non era più come prima. Non c'erano più i turisti ad affollare le strade, le vetrine non attiravano più i passanti. La vita urbana era in tilt. Era saltato tutto. Con il lockdown i riti di comunità (matrimoni, funerali, battesimi...) scomparivano, ma scompariva anche la tassa di soggiorno. Come si può chiedere agli esercenti di pagare la tassa sui rifiuti e quella per l'occupazione di spazi e aree pubbliche, quando non ci sono più mercati, tavolini di bar e ristoranti? L'SOS dei sindaci è stato tempestivo e drammatico: per gli enti locali urgevano iniezioni di liquidità, dallo stato centrale e dall'Europa. A Firenze, Venezia, Roma, Milano era la tassa di soggiorno a sostenere il bilancio comunale.

Nel giugno del 2020, in un'intervista al quotidiano francese *Le Monde*, sottolineavo con forza la priorità di aiutare l'intera classe media italiana, seriamente esposta al pericolo di scivolare nella precarietà totale. I comuni rischiavano tuttavia il *default*, ormai non più in condizione di far funzionare i servizi sociali, a cominciare dall'assistenza domiciliare ad anziani e disabili, di fare la manutenzione delle strade, del verde pubblico, degli edifici scolastici, di occuparsi della pulizia della città, di avere denaro per asili nido e scuole dell'infanzia. A Firenze mi ero trovato a minacciare di spegnere l'illuminazione pubblica perché il bilancio era completamente a terra.

Firenze è una città che vive di eventi, di cultura, di export e di turismo, settori che si fondano sulle relazioni. Ha inoltre una delle più alte concentrazioni di università straniere in Italia. Il silenzio della città deserta, durante il lockdown, suonava come un grido di dolore.

Mi sono sentito impotente. Non dormivo per l'ansia. Però, ho messo da parte l'angoscia e ho cercato di essere lucido. Da sindaco, non potevo permettermi di abbandonare il campo. Essere sindaco vuol dire mettersi al servizio. Il sindaco è il punto di riferimento, il timoniere. Papa Francesco, incontrandoci, ci aveva detto che i sindaci mostrano una dimensione spirituale nel prendersi cura delle comunità. Per questo il 4 aprile 2020 abbiamo organizzato una preghiera interreligiosa in piazza della Signoria, alla presenza dell'arcivescovo di Firenze, Sua Eminenza Giuseppe Betori, del rabbino Gad Fernando Piperno e dell'imam Izzedin Elzir. Per me è stato il momento della speranza, della resilienza.

In tanti mi hanno chiesto quali sono stati i miei sentimenti nelle fasi più drammatiche dell'epidemia. Li ho ritrovati nelle parole della sindaca di Torino, Chiara Appendino: "Riconoscenza, empatia, speranza e determinazione. Riconoscenza per tutte le persone – a partire dal personale sanitario, dalle forze dell'ordine, da chi garantiva i servizi essenziali. Empatia per tutte quelle persone che sono state colpite dai lutti, hanno avuto a che fare con la malattia, con la perdita del lavoro, con la solitudine. Speranza, perché non ho mai smesso di pensare che, insieme, avremmo potuto superare i momenti drammatici. Determinazione, perché lo avremmo potuto fare solo lavorando duramente. E così abbiamo fatto."

Da subito mi è stato chiaro che occorreva rispettare le regole, ma anche esercitare empatia e ascolto, e che ne saremmo usciti solo attraverso la solidarietà. Per lunghi mesi, sono andato in giro per la città a controllare che i servizi pubblici funzionassero, a confortare gli operatori che si prendevano cura degli ospiti delle RSA e coloro che garantivano la raccolta dei rifiuti o l'apertura dei supermercati.

Abbiamo dovuto innanzitutto fare i conti con un'emergenza economica e sociale che rischiava di esplodere. Persone che fino a poco prima si collocavano al limite della soglia di povertà, da un giorno all'altro si sono trovate senza nulla di cui vivere. Come amministrazione siamo intervenuti subito con dispositivi di aiuto, consegnando generi alimentari e beni di prima necessità a chi ne aveva più bisogno, istituendo un fondo *ad hoc*. Chi poteva dava il suo contributo. Abbiamo assistito a una straordinaria prova di solidarietà, con la partecipazione di aziende, istituzioni, realtà del terzo settore e cittadini per aiutare chi era in difficoltà.

Grazie a questa rete organizzativa, a fine marzo i sindaci italiani avevano convinto il governo a lanciare una massiccia operazione di aiuti per fronteggiare l'emergenza alimentare scaturita dalla pandemia. In quei giorni, infatti, un'ordinanza della Protezione civile stabiliva le modalità con cui i comuni avrebbero utilizzato uno stanziamento straordinario da parte dello stato di quattrocento milioni di euro da dare alle popolazioni locali sotto forma di buoni spesa. L'ottanta per cento del fondo doveva essere distribuito in base alla popolazione, il restante venti per cento si doveva destinare alle zone più povere in base al parametro di differenza tra reddito pro capite del comune e reddito medio nazionale. Ci eravamo presi la totale responsabilità contabile e amministrativa nell'attuare il piano. In due settimane i sindaci italiani di ogni singolo comune avevano distribuito quasi mezzo miliardo di aiuti alimentari ai loro cittadini. Nessun ritardo, non un singolo scandalo, un'irregolarità, una polemica. I comuni italiani avevano realizzato in piena emergenza un piccolo miracolo. Nessun altro, non lo stato, non le regioni o la Protezione Civile, ci sarebbe riuscito.

Se devo pensare al momento per me più commovente, capace di riassumere quei mesi drammatici e al contempo la capacità di resilienza e solidarietà delle città, mi torna in mente una telefonata dell'aprile 2020 del sindaco di Bergamo, Giorgio Gori. "Dario, non abbiamo più spazio per la cremazione dei nostri morti, sono troppi. I forni crematori di tutta la Lombardia non bastano più, nonostante siano attivi anche la notte. Abbiamo bisogno dell'aiuto di altre città." Non ho esitato un attimo. Pochi giorni dopo una colonna di camion militari con cinquanta bare, simile a quelle che tutto il mondo si era abituato a veder circolare nelle notti di Bergamo, arrivava al cimitero di Trespiano, alle porte di Firenze, dove il forno crematorio era stato attrezzato per poter funzionare ventiquattro ore al giorno. Il ricordo di quelle bare scortate nel silenzio mi commuove ancora e mi accompagnerà per tutta la vita.

Non era stato l'unico gesto di solidarietà che Firenze aveva compiuto per aiutare le città più esposte al virus. Ricordo la donazione di ecografi polmonari agli Ospedali Riuniti di Brescia, acquistati grazie al contributo di un importante gruppo finanziario americano legato alla nostra città, o la collaborazione con Cremona per accogliere altre bare da cremare. Noi eravamo stati a nostra volta aiutati da altri. Come nel caso di Nanchino, nostra città gemella sin dal 1980, che alla fine di aprile aveva donato alle nostre strutture pubbliche centocinquantamila mascherine. La solidarietà tra città non è mai a senso unico, riguarda tutte indistintamente, città ricche e povere, grandi e piccole: è la cosa più straordinaria cui abbia mai assistito nella mia vita.

L'emergenza sanitaria ha fatto venire i nodi al pettine, ha messo a nudo le condizioni di fragilità del sistema. L'esperienza della pandemia ha però fatto emergere anche aspetti positivi, come la straordinaria collaborazione e resilienza dei cittadini, a Bergamo come a Firenze, a Roma come a Venezia e nelle altre città del mondo.

Si è manifestata nel picco dell'emergenza una straordinaria coesione nel gestire la pandemia, tutte le istituzioni si sono mosse in sintonia, senza distinzione di parti politiche. La pandemia ha fatto emergere una rete internazionale di solidarietà tra le città. In quei mesi ha preso corpo un movimento spontaneo di sindaci che in Italia come nel resto d'Europa hanno condiviso l'emergenza e la resilienza, con al centro un grande senso di umanità. I valori della fratellanza, dell'europeismo, della solidarietà sono diventati il collante di quella rete.

Rialzarsi

Con il Covid-19 i sindaci si sono trovati a adottare misure impopolari ma necessarie, accollandosi scelte difficili che li hanno esposti a critiche, come decidere di posticipare il rientro a scuola in presenza per evitare i contagi. Hanno fronteggiato il disagio sociale, i no vax e i no green pass nelle piazze. Come a Firenze, il 30 ottobre 2021, quando la rabbia di piazza è esplosa in una manifestazione con scontri e feriti in pieno centro storico. Le città si sono scoperte, così, vulnerabili. Non c'era solo l'emergenza sanitaria da fronteggiare (con la tenuta del sistema sanitario a rischio, i protocolli spesso tardivi, una comunità scientifica divisa, che ha finito suo malgrado per generare un cortocircuito informativo e comunicativo, continui scontri di competenze), c'era il timore del collasso sociale ed economico del paese da arginare, il lavoro che si era fermato, le tasse che non venivano incassate, il numero dei nuovi poveri che cresceva. Da un lato avevamo l'emergenza sanitaria e sociale, dall'altro l'emergenza economica.

Noi primi cittadini abbiamo fatto tutto quello che era in nostro potere per gestire una situazione senza precedenti, a cui nessuno era preparato. Abbiamo cercato, con gli strumenti a nostra disposizione, di inventarci soluzioni di emergenza per portare in salvo la comunità, provando però a non perdere di vista il futuro. Ci siamo impegnati senza sosta per convincere i nostri concittadini a rispettare le regole, abbiamo messo in piedi la macchina degli aiuti, fatto appello ai donatori, fronteggiato l'emotività delle persone, attrezzato le nostre città per la campagna vaccinale. Ma prima ancora delle misure, è stato necessario comunicare, spiegare, rispondere alle domande dei cittadini, a chi chiedeva istruzioni, a chi ci sottoponeva problemi immediati e richieste pressanti, mettendo d'accordo le diverse esigenze e le diverse opinioni.

Nelle città europee si respirava lo stesso clima. Ricordo una telefonata di quei giorni con la sindaca di Parigi Anne Hidalgo, a cui avevo mandato un video di Firenze completamente vuota, scrivendole a corredo: "Florence belle et triste." Mi aveva risposto: "Caro Dario, pareil à Paris," come a dire che in tutte le città la situazione era identica. Avevamo parlato del rinvio dei ballottaggi delle elezioni amministrative a giugno. In quei giorni mi giungeva il messaggio del rettore dell'Accademia di Parigi, Gilles Pécout, attuale ambasciatore di Francia in Austria, un grande studioso della storia e della letteratura italiana: "Anche noi siamo sul cammino dell'isolamento che avete tracciato in Italia. Ci hanno ispirato coraggio i nostri amici italiani vicini. Speriamo presto di rinascere insieme italiani e francesi."

Alla fine del 2020 abbiamo compreso che il virus ci avrebbe accompagnato per molto tempo. A settembre affermavo in un'intervista al quotidiano francese *Les Échos* che Firenze, seppure in ginocchio, sarebbe presto rinata. Successivamente ho colto l'occasione degli auguri di fine anno ai miei cittadini per dire loro che quel capodanno non avremmo organizzato i soliti concerti che avevano sempre riempito di musica e gioia le piazze, ma avremmo ugualmente promosso un evento con grandi artisti, trasmesso via internet da Palazzo Vecchio. Avevamo scelto il titolo di "Futura", un omaggio al grande cantautore Lucio Dalla e alla voglia di un domani più felice. "Chi crede nel futuro crede nell'uomo e crede nella capacità dell'umanità di costruire progresso tenendo insieme tecnologia e valori," avevo scritto. "Firenze è riconosciuta ovunque come la capitale dell'Umanesimo e oggi – di fronte a questa sfida inedita – può vivere una nuova stagione di protagonismo mondiale."

Dopo le prime due ondate pandemiche le città di tutta Europa avevano di fronte tre grandi sfide: la riapertura delle scuole, la distribuzione dei vaccini e la ripresa dell'economia e del lavoro.

Sulle scuole le città italiane sono sempre state in prima fila, pronte a supportare studenti e famiglie in quello che per il settore dell'educazione era il momento più drammatico dalla seconda guerra mondiale. Mai così tanti giorni di chiusura erano stati imposti alle scuole di tutto il mondo. "I nostri dati mostrano una situazione senza precedenti nella storia," aveva osservato Stefania Giannini, vicedirettore generale per l'educazione dell'UNESCO ed ex ministra dell'istruzione in Italia: "Nel 2020 più della metà dell'anno scolastico è andato perso in media nel mondo a causa della pandemia e della conseguente chiusura delle scuole. Senza un cambio radicale di prospettiva, le conseguenze saranno gravi e colpiranno i più deboli. Chiudere le scuole deve essere l'extrema ratio e riaprire le scuole in sicurezza una priorità assoluta."

L'Italia è stato uno dei paesi con il maggior numero di giorni di chiusura, sesto su trentadue paesi europei in un'indagine a tutto campo sulla chiusura delle scuole promossa dal *Corriere della Sera*. Ma era stata solo sedicesima su trentadue paesi per casi di Covid-19 registrati (41.151 casi per milione di abitanti alla fine di gennaio 2021). "L'arbitraggio fra generazioni ha preferito dare la priorità relativa alla difesa della vita di questi ultimi," cioè gli anziani, si leggeva. Quella scelta aveva contribuito a ridurre la penetrazione del contagio che si era rivelato fatale per i padri e i nonni, ma aveva anche comportato un costo, più elevato che altrove, per il futuro di figli e nipoti, come hanno poi dimostrato le statistiche e le analisi di educatori e psicologi nei mesi e nell'anno successivo.

La preoccupazione di non sacrificare oltre il dovuto la popolazione scolastica aveva portato Firenze a essere tra le prime città italiane a riaprire le scuole con la didattica in presenza. Senza trascurare le cautele del caso, non appena era stato possibile, avevamo lanciato un esperimento-pilota con tamponi a tappeto grazie al contributo di Fondazione CR Firenze, la fondazione di origine bancaria della città, e alla massiccia presenza di volontari. Il piano aveva avuto successo ed era stato replicato in molte altre realtà italiane: così, gran parte della popolazione studentesca era tracciata, con la possibilità di intervenire tempestivamente in caso di contagio, lavorando sulla prevenzione e isolando la singola classe senza dover compromettere la funzionalità dell'intero plesso scolastico.

In numerose interviste e riunioni avevo chiesto con insistenza la riapertura delle scuole, convinto che, specie per i più piccoli, la relazione pedagogica fosse indispensabile all'apprendimento, alla socialità, al corretto sviluppo psicofisico, anche in un momento così difficile. Se ripenso ai bambini bloccati in casa per mesi, mi accorgo che la voce delle famiglie, del sistema educativo, non ha avuto la stessa attenzione del mondo produttivo. E allora mi trovo a sottoscrivere quanto dichiarato da Luigi De Magistris, allora sindaco di Napoli: "Il momento più brutto di questo periodo? Non c'è più la voce dei bambini. Una Napoli senza ''e voci re criature', senza sentirli giocare a pallone in piazza Municipio, per strada, è struggente. Quando torneranno le voci dei bambini, Napoli si sarà rialzata."

Anche il fronte dei vaccini si era rivelato difficile. Ero convinto che la mia città non dovesse prestarsi all'inutile polemica sull'obbligatorietà o meno, ma dovesse concentrarsi sulla loro efficiente distribuzione. "A che serve litigare se ancora le dosi sono minime e non possono arrivare a tutti? I no vax si battono con gli argomenti, con la trasparenza e con la concretezza dei risultati," avevo ripetuto in più occasioni. In quel momento di sforzo estremo occorreva raccogliere le energie per organizzare al meglio la distribuzione e per convincere i cittadini della necessità di vaccinarsi.

L'Europa avrebbe fatto la sua parte. E così è stato. La decisione degli stati membri e della Commissione Europea di unificare le procedure di acquisto dei vaccini e di generare massa critica, con un unico negoziatore in rappresentanza dei ventisette paesi, ha consentito ai popoli europei di avere grandi quantità dei migliori vaccini disponibili prima di altri e a condizioni economiche migliori.

Si diceva che sarebbero occorsi un anno e mezzo o due prima che la scienza rendesse disponibile il vaccino. Dopo appena dieci mesi dal primo contagio, il 27 dicembre, il V-Day italiano, arrivavano all'Ospedale di Careggi le prime seicentoventi dosi del siero Pfizer-BioNTech, scortate dai militari dell'esercito. Ero lì con il presidente della regione Eugenio Giani, in quello che è stato ribattezzato il giorno della "speranza e dell'orgoglio". Da quella data è stato un crescendo continuo di arrivi.

In tutte le città i sindaci, con il supporto delle autorità sanitarie, hanno cominciato ad allestire e organizzare centri vaccinali, utilizzando palestre, centri congressi, strutture di ogni tipo che rispondessero agli standard richiesti. Firenze e la Toscana avevano concentrato tutte le proprie risorse nell'allestimento del palazzetto dello sport, il Mandela Forum, divenuto così il più grande hub vaccinale della regione, il secondo del paese con 819.000 dosi somministrate in tredici mesi. Ho capito che ce l'avremmo fatta quando ho visto le file interminabili agli hub vaccinali. La mia comunità, constatavo con emozione e orgoglio, era stata tra le prime in Italia a rialzarsi.

La pandemia cambierà per sempre le città

Quando dicevamo "niente sarà più come prima" guardavamo anche all'impatto del virus sulle città nel loro insieme, dai modelli economici e produttivi al lavoro, dalla transizione digitale al tema ambientale. La pandemia ha quasi azzerato i livelli di inquinamento, imprimendo un cambiamento dei modelli di consumo destinato a durare, ma ha soprattutto comportato un'inattesa accelerazione nella rigenerazione urbana basata sulla sostenibilità e sull'innovazione digitale. Ha inoltre portato a un ripensamento delle modalità lavorative.

In quel periodo drammatico occorreva più che mai appellarsi allo spirito di squadra e alla collaborazione tra società civile e istituzioni. Alla fine del 2020, a Firenze, avevo radunato a Palazzo Vecchio le associazioni delle imprese per affrontare il 2021 con tutta la forza possibile, adottando un piano di misure per la rinascita, in attesa degli interventi di sostegno e ristoro previsti dallo stato. Avevamo chiesto al governo una strategia coraggiosa per sostenere la rinascita del paese, a partire dalle città d'arte e turistiche. Subito dopo avevamo chiamato a raccolta tutte le forze sociali e produttive del territorio: imprese, sindacati, mondo bancario e finanziario, sindaci, al fine di siglare un "patto metropolitano per lo sviluppo". Per usare una metafora calcistica, invece di chiuderci in difesa, di fronte all'emergenza avevamo premuto l'acceleratore sui nostri progetti e puntato sull'unità.

La pandemia ha messo a nudo le fragilità dei centri storici. Le attività legate al settore del commercio e della ristorazione, nel cuore cittadino, sono entrate subito in crisi, a causa di un'economia gravitante interamente sul turismo. Il virus ha impresso una selezione quasi "darwiniana" alle imprese di questo comparto, premiando quelle più solide e incentrate su prodotti e servizi di qualità.

Anche nel modo di lavorare abbiamo affrontato con spirito resiliente una vera e propria rivoluzione, dettata inizialmente dall'emergenza e dall'impossibilità di muoversi. Subito dopo il lockdown, nel comune di Firenze abbiamo creato una piattaforma che ci consentisse di far lavorare quasi metà dei quattromila dipendenti da casa, cosa che non avremmo mai realizzato in situazioni ordinarie. Abbiamo cambiato il modo di redigere gli atti amministrativi, di organizzare le riunioni interne, di condividere il lavoro. E abbiamo cominciato ad apprezzare i benefici di quel cambiamento che, da misura emergenziale, attraverso la capacità di adattamento, è diventato piano piano un mutamento strutturale. Del resto, adattarsi vuol dire cambiare, cambiare pelle, metodi, quindi innanzitutto modelli di lavoro e processi di produzione. D'ora in poi si lavorerà molto di più a distanza, si utilizzeranno molto di più le tecnologie, le videoconferenze, i documenti saranno digitalizzati e conservati in cloud.

Questo non significa che si ridurranno le relazioni interpersonali: non verrà meno l'abitudine di incontrarsi con i colleghi alla macchinetta del caffè, così come la voglia di ritrovarsi, di ascoltare i concerti dal vivo, di partecipare alle manifestazioni collettive. Tutto questo ci sarà sempre, però vivremo diversamente. È come quando vieni toccato da un'esperienza traumatica che ti resta dentro per tutta la vita, ma allo stesso tempo ti rimane anche la lezione che questo shock ti ha insegnato, e lo superi solo se ne esci più forte, se cresci, se dal trauma impari qualcosa.

Il telelavoro in molti settori dell'economia era quasi sconosciuto, perfino sgradito. Molte aziende hanno cominciato tuttavia a comprendere come questa innovazione "forzata" potesse significare risparmi considerevoli, anche a vantaggio dei lavoratori. Il lockdown ha rappresentato per molte organizzazioni un banco di prova importante, un'occasione di apprendimento rapido. I momenti difficili, del resto, offrono l'opportunità di cambiare e migliorarsi, come racconta la "metafora dell'aragosta", che a ogni fase di crescita abbandona il vecchio guscio per crearne uno nuovo e più adatto. A regime, lo *smart working*, se ben organizzato, può produrre benefici al lavoratore dal punto di vista della qualità della vita e alla collettività in termini di sostenibilità.

Finita l'emergenza, in molti ambiti, sia pubblici sia privati, sono infatti rimasti modelli organizzativi basati sul telelavoro con vantaggi evidenti per le persone. Pensiamo alle donne chiamate a conciliare i tempi del lavoro e quelli della famiglia, poiché il concetto di *smart working* non richiama solo il lavoro a distanza, da remoto, ma implica anche maggiore flessibilità e un focus sul risultato atteso. Pensiamo a paesi di grandi dimensioni come gli Stati Uniti, dove le città distano tra loro migliaia di chilometri: il beneficio di partecipare a un incontro di lavoro online di due ore, anziché sobbarcarsi il disagio di un volo di sei ore per partecipare a una riunione in presenza è evidente, anche dal punto di vista ambientale.

Se guardiamo inoltre alla pubblica amministrazione, è palese che la pandemia abbia accelerato i processi di digitalizzazione. Firenze, non a caso, nei due anni dell'emergenza ha scalato tutte le classifiche fino a diventare la prima *smart city* d'Italia, anche grazie a una crescita esponenziale dei servizi digitali al cittadino. Se guardiamo infatti le richieste di contatto digitale da parte dei cittadini con la pubblica amministrazione durante la pandemia, osserviamo che il numero di accessi esterni alla rete civica del comune di Firenze è passato da 1.923.142 sessioni nel 2019 a 2.379.074 nel 2020 (con un aumento del 23,7 per cento) e a 3.544.953 sessioni nel 2021 (con un aumento del 49 per cento). Pensando a questi dati, tornano alla mente le riflessioni quasi profetiche di Domenico De Masi nel suo libro *Lo Stato necessario* (edito negli stessi giorni in cui il virus entrava in Europa). Partendo dalle criticità storiche della pubblica amministrazione, De Masi indica fra le soluzioni più efficaci per uscire dalla crisi l'uso della tecnologia e la sperimentazione dello *smart working*.

In effetti, la pandemia ci ha mostrato come la digitalizzazione sia una chiave straordinaria di semplificazione nel rapporto fra pubblica amministrazione e cittadino, e di efficienza nel rapporto di lavoro.

A chi governa una città non sfugge tuttavia come cambiamenti di questa portata trascinino con sé ulteriori trasformazioni, anche critiche, ad esempio nel settore del commercio e della ristorazione o in quello della rigenerazione urbana. L'introduzione del telelavoro e del lavoro flessibile ha infatti indotto le persone a trascorrere più tempo a casa, a ripensare radicalmente i propri ritmi di vita. "Gli esercizi commerciali venderanno sempre meno oggetti e sempre più esperienze," ha osservato a tal proposito l'economista Edward Glaeser in un'intervista rilasciata al *Corriere della Sera* alla fine del 2021. Prima di allora, in una mia intervista del gennaio 2021 all'*Het Financieele Dagblad*, il principale quotidiano economico olandese, alla domanda del giornalista che mi chiedeva come stessero reagendo gli artigiani fiorentini di fronte al crollo del turismo e agli effetti della pandemia, avevo risposto che molti artigiani avevano investito di più sull'*e-commerce* per intercettare nuovi mercati e proteggere il loro sapere secolare.

Le città che hanno basato il proprio sviluppo su parametri edilizi e abitativi più flessibili e confortevoli si sono trovate ad avere un vantaggio competitivo rilevante. Ecco allora la necessità di ripensare radicalmente gli standard medi di grandezza degli appartamenti a favore di spazi più ampi, così da consentire lo svolgimento di attività lavorative e familiari in ambienti separati della casa.

Nelle grandi città si riconosce sempre maggiore importanza al "fattore tempo", al fine di ridurre la durata degli spostamenti e aumentare la mobilità sostenibile. Si fa infatti strada sempre di più il concetto di "città dei quindici minuti", ovvero un modello di città sostenibile in cui ogni cittadino può trovare tutto ciò che gli serve (lavoro, negozi, strutture sanitarie, scuole, impianti sportivi, spazi culturali, luoghi di aggregazione) in un lasso di tempo di un quarto d'ora.

Come nella burocrazia che si rinnova, anche nella mobilità il tempo è fondamentale, in quanto risorsa per sua natura finita e insostituibile. La città modello del "futuro prossimo" non potrà che costruirsi sul "fattore tempo". Del resto la nostra esistenza ha un tempo finito; se una città ruba una quota importante di tempo a un cittadino, gli ruba un pezzo di vita. Ecco allora che le soluzioni di mobilità nell'epoca postpandemia diventano sempre più un modo per regalare, o meglio, restituire tempo alle persone, tempo per amare, per andare a un concerto, per stare con gli amici.

La mobilità cittadina, inoltre, ha la forza di incarnare modelli educativi: non usare più l'auto per spostarsi, muoversi sulle piste ciclabili, preferire il mezzo pubblico diventano scelte sempre più dettate dalla consapevolezza, dalla cultura, dal desiderio di migliorare il proprio stile di vita. "Il concetto di 'prossimità' deve diventare uno degli strumenti della sostenibilità, dobbiamo pensare a centri urbani con infrastrutture diffuse e un forte orientamento pedonale," ha dichiarato ancora Edward Glaeser, che ha ricordato come "l'adattamento della mobilità all'emergenza pandemica" sia stato una "sfida enorme", a partire dal tracollo dell'uso dei mezzi pubblici per il timore di contagiarsi.

La trasformazione innescata dalla pandemia ha riguardato e riguarderà ovviamente anche l'ambiente. Durante il lockdown, in ogni città del mondo, ci siamo resi conto dell'importanza di avere sotto casa aree verdi e spazi pubblici. La sensibilità dei cittadini verso l'ambiente e il verde pubblico nel proprio quartiere è aumentata a dismisura.

Nei lunghi mesi dell'isolamento i canali di Venezia sono tornati trasparenti e bellissimi, a Firenze le emissioni di CO_2 sono crollate del sessanta per cento. In tutte le città il biossido di carbonio prodotto dai motori diesel è sceso verticalmente per l'assenza di auto circolanti. Molti cittadini hanno cominciato a credere che un mondo diverso sarebbe stato possibile dal punto di vista ambientale. Tutto questo è bastato a indurre immediatamente i governi cittadini a ripensare la progettazione urbana, dando sempre più rilievo alla presenza di spazi pubblici e verdi intorno alle abitazioni.

Nel caso del Covid-19 – concordano gli esperti – vi è inoltre un legame tra inquinamento e letalità: nelle città più inquinate il tasso di mortalità da Covid-19 è stato più alto, basti vedere i dati della pianura padana, la regione europea più colpita in assoluto dal punto di vista della mortalità. Del resto oggi sappiamo con certezza che la pandemia ha avuto origine dalla nostra sconsiderata aggressione all'ambiente. Lo testimonia lo studio di altri virus trasmessi dall'animale all'uomo (come quello dell'Ebola o l'HIV). La rivista *Lancet* ha ricordato come il settantacinque per cento delle malattie umane derivi dagli animali. Ciò avviene ad esempio quando distruggiamo un ambiente intoccato, quando tagliamo pezzi di foresta e al loro posto introduciamo realtà urbane. Entriamo in contatto con un ambiente che era in equilibrio e lo portiamo al disequilibrio, generando un legame privo di filtri tra mondo animale e mondo umano.

Tutto questo ci porta a dire che le città non saranno mai più come prima del Covid-19. Esse assorbono come spugne tutto ciò che subiscono e affrontano per poi elaborarlo e trasformarlo in un formidabile processo di innovazione. Per non tornare mai più indietro.

Una comunità di destino

Il virus, soprattutto nelle città, ha offerto numerose lezioni. La prima è che quando non puoi muoverti, l'ambiente intorno a te assume una fondamentale rilevanza. La seconda è l'importanza delle comunità. Se non ti puoi muovere, ciò che ti permette di sopravvivere è la comunità, ovvero chi ti sta intorno. Se sei chiuso in casa, il tuo vicino di casa diventa molto più importante. Ecco che alcuni valori come quello del civismo saranno elementi chiave del nostro futuro. Tutto ciò ha un fondamento biologico, ci ricorda Stefano Mancuso: "Noi pensiamo che nella competizione il più bravo e il più forte vince sempre. Questo è vero quando gli ambienti sono stabili e c'è grande disponibilità di risorse. Ma quando gli ambienti iniziano a essere instabili e le risorse diminuiscono, la comunità diventa un fattore cruciale di efficienza." Il terzo insegnamento riguarda la comunicazione: nel momento in cui stai fermo, come mantieni i legami nella comunità? Se ci riflettiamo, paradossalmente ognuno di noi ha comunicato di più durante il lockdown.

La pandemia ci ha insegnato che siamo una comunità di destino, che tutto è collegato, come recita anche il primo principio dell'ecologia. Che si tratti di cambiamento climatico o della pandemia – fenomeni che prescindono dai confini nazionali – tutti dipendiamo da tutti, perché i comportamenti dei singoli hanno un enorme riverbero sulle vite di ognuno. Per superare l'emergenza, ci vuole una visione complessiva, uno sguardo lungo capace di penetrare la complessità. Abbiamo bisogno di sostenibilità ambientale, economica e sociale. La salute, il welfare, la formazione e il lavoro, l'ambiente e il verde, i trasporti, la qualità abitativa e la cultura: i sindaci hanno molto da dire in proposito.

Se "prossimità" e "comunitarismo" sono le (nuove) parole chiave, comuni e amministratori locali possono giocare un ruolo centrale, un nuovo protagonismo istituzionale, in quanto capaci di portare concretezza, affidabilità, radicamento territoriale, prossimità ai bisogni della persona e della comunità.

Dopo la terribile esperienza del Covid-19 posso affermare senza ombra di dubbio che le città non solo rimarranno al centro della nostra esistenza, ma svilupperanno sempre meglio e sempre di più la capacità di assorbire il trauma trasformandolo in cambiamento e rigenerazione. Il virus in realtà non ha fermato le città, anzi ha dato loro una spinta mai vista prima. Anche sul piano culturale abbiamo vissuto la voglia di un vero e proprio Rinascimento, senza cadere nell'uso stereotipato del termine, ma guardando al significato profondo della rinascita, che è ben più di una semplice ripartenza. Con questo spirito, a Firenze abbiamo progettato le celebrazioni del settecentenario dantesco previste nel 2021, con il pensiero rivolto al celebre verso finale dell'ultimo canto dell'*Inferno*, "E quindi uscimmo a riveder le stelle", così incredibilmente adatto al sentimento che ci univa in quel periodo.

Insomma, la pandemia ci ha lasciato più di una lezione. E chissà che, come suggerisce Giovanna Casadio a conclusione del suo *Diario di bordo dei sindaci*, proprio partendo da una politica in grado di prendersi cura delle comunità, non si possa curare la politica. Del resto "curare la democrazia" è la ricetta su cui, da presidente del Parlamento Europeo, ha sempre insistito il compianto David Sassoli.

5. La diplomazia delle città e la guerra

La storia di Firenze e la sua costante proiezione nello scenario politico e culturale internazionale mi ha sempre affascinato. La forza universale della città ha fatto da cornice a numerosi eventi politici di rilievo mondiale lungo tutto il secondo dopoguerra e fino ai giorni nostri. Ho avuto il privilegio di osservare da vicino come Firenze sia stata meta di missioni e visite da parte delle più diverse delegazioni del mondo politico e culturale e abbia ospitato significativi vertici internazionali.

Tra i molti appuntamenti, ricordo di aver assistito, ancora studente, al summit mondiale dei leader democratici nel novembre del 1999. Le principali potenze economiche erano allora guidate da governi progressisti e socialdemocratici, chiamati alla sfida di un nuovo ordine globale. Bill Clinton, Tony Blair, Romano Prodi, Massimo D'Alema, Gerhard Schröder, Lionel Jospin, Fernando Cardoso erano seduti tutti allo stesso tavolo, nel magnifico Salone dei Cinquecento, circondati dagli affreschi di Giorgio Vasari. Non era mai successo, nella storia recente, che i principali leader mondiali provenissero dalla stessa area politico-culturale. Vederli tutti insieme, impegnati in uno sforzo comune di costruzione del futuro, dava il senso di una svolta politica internazionale nel nome di una nuova idea di sviluppo del pianeta, sull'onda della crescita economica registrata alla fine del Novecento e del grande impatto economico e sociale della globalizzazione.

Un anno dopo, in ottobre, sempre Firenze ospitava il Comitato dei ministri del Consiglio d'Europa che in quella sede aveva firmato la Convenzione europea del paesaggio, ratificata successivamente da ben quaranta stati. Per la prima volta si dava vita a un trattato internazionale interamente dedicato alla tutela e alla valorizzazione del paesaggio europeo, in un contesto di principi generali condivisi come la promozione della democrazia e dei diritti dell'uomo, la ricerca di soluzioni comuni ai grandi problemi sociali, lo sviluppo di una nuova cultura del territorio per migliorare la qualità di vita dei cittadini.

Nel 2002 è stata la volta del Social Forum. Movimenti pacifisti, intellettuali, associazioni non governative, istituzioni si sono dati appuntamento nell'affascinante contesto architettonico della Fortezza da Basso per lanciare al mondo un grande messaggio di pace e di solidarietà. Per cinque giorni la città è stata invasa da giovani di tutte le nazionalità che hanno dato vita a una stagione piena di fermento politico e culturale dalla quale sono scaturite alcune delle prime istanze ambientaliste del nuovo millennio. La manifestazione ha toccato in seguito grandi capitali europee come Parigi, Londra, Atene e Istanbul.

Le nuove generazioni europee avevano trovato una cornice nella quale coltivare l'ambizione di costruire una società più giusta, centrata sullo sviluppo dell'essere umano, prima che sulla logica del profitto. Da quei convegni sono emerse proposte e idee che hanno influenzato in modo rilevante la trasformazione sociale delle città del continente: sono nati nuovi modelli di partecipazione democratica, iniziative inedite di tutela dell'ambiente, laboratori di inclusione sociale.

Il Social Forum era la risposta a una visione acritica della globalizzazione e a un'idea politica miope di crescita economica, disattenta ai problemi dell'inclusione sociale e della sostenibilità ambientale.

Diplomazia pubblica e culturale: la capitale del soft power

Quella tensione politica internazionale si è manifestata in seguito soprattutto in ambito culturale. Ero sindaco da pochi mesi quando, nell'ottobre 2014, la città ha ospitato il terzo Forum Mondiale dell'UNESCO, con oltre trecento partecipanti da tutto il mondo, centoquaranta giornalisti, venti incontri, novanta interventi, due tavole rotonde e una mostra in sole settantadue ore. Sono stati giorni esaltanti per Firenze e per l'Italia, che si sono trovate a essere il cuore di una riflessione globale sui temi chiave della cultura, della creatività e dello sviluppo sostenibile; una grande elaborazione che sarebbe confluita l'anno successivo nell'agenda di sviluppo per il post 2015 discussa nell'Assemblea generale delle Nazioni Unite.

L'incontro preparatorio con la direttrice generale dell'UNESCO, la bulgara Irina Bokova, si era tenuto nel mio ufficio di Palazzo Vecchio, la magnifica Sala di Clemente VII, dedicata al papa Medici che nella prima metà del Cinquecento era stato l'artefice della riconquista di Firenze a favore della propria casata, dopo il lungo assedio del 1529-1530. La bellezza degli affreschi di Giorgio Vasari e della sua bottega, che accompagnano da otto anni il mio lavoro quotidiano a Palazzo Vecchio, avevano lasciato stupefatta la direttrice dell'UNESCO che, poco dopo, di fronte ai ministri della cultura di tutto il mondo aveva attinto alla loro bellezza senza tempo esaltandone la forza narrativa e innovativa. "Vitalità culturale è sinonimo di innovazione e diversità," aveva chiosato con fermezza, "la cultura crea posti di lavoro, genera ricavi e stimola la creatività: è un vettore multiforme di valori e identità, nonché una leva che promuove l'inclusione sociale e il dialogo."

L'eco del Forum Mondiale dell'UNESCO è risuonata tre anni dopo nelle sale di Palazzo Vecchio e di Palazzo Pitti in occasione del G7 Cultura, che ha preso il via il 30 marzo 2017, presieduto dal ministro della cultura Dario Franceschini, all'esordio della presidenza italiana del G7. Grazie alla determinazione del nostro paese, per la prima volta nella storia i grandi della Terra promuovevano un vertice tematico sulla cultura. Si faceva strada, insomma, la consapevolezza che il confronto sull'economia non fosse sufficiente a comprendere i grandi processi globali e a definire le strategie per il futuro. Era l'affermazione di un modo non certo nuovo, ma più consapevole di promuovere le relazioni internazionali, basato sulla diplomazia pubblica e culturale. Mentre in piazza della Signoria campeggiava come simbolo di rinascita e di speranza una copia dell'Arco di Palmira sfregiato nel 2015 dall'ISIS, Franceschini aveva ammonito come "rispetto ai rischi di questo tempo, la reciproca conoscenza è il miglior antidoto" e motivato la scelta di Firenze quale sede dell'incontro in virtù del suo patrimonio culturale e dei danni subiti dallo stesso nel corso della storia, a causa sia del terrorismo sia delle calamità naturali.

In questi anni vissuti da sindaco ho avuto il privilegio di assistere a molteplici occasioni di confronto politico di respiro internazionale che hanno fatto da contrappunto alla vita locale di una città via via più dinamica e desiderosa di svolgere un ruolo da protagonista nel contesto mondiale. Firenze ha mostrato al mondo la forza della diplomazia delle città, che si dispiega non solo negli appuntamenti politici, anche in quelli religiosi e culturali. È il cuore del concetto di *soft power* nato dalla teoria delle relazioni internazionali e affermatosi nei tempi più recenti. La leadership si afferma nell'azione di convincere, persuadere, influenzare, grazie alla sapiente combinazione di valori, cultura e strumenti politici. La diplomazia delle città, nel tempo che viviamo, è diventata un tratto fondamentale del *soft power* e chi lo ha capito per primo ne ha beneficiato. È il caso di Matteo Renzi che, da presidente del consiglio, tra il 2014 e il 2016 aveva promosso nel capoluogo toscano i vertici bilaterali con Germania, Israele, Giappone ed Emirati Arabi. Da sindaco, Renzi aveva ben compreso la forza attrattiva e politica di Firenze, tanto da sfruttare sapientemente alcune iniziative di amministrazione locale, come la pedonalizzazione di piazza del Duomo, trasformandole in vere e proprie campagne politiche e comunicative. Una volta salito a Palazzo Chigi ha utilizzato lo stesso metodo per impressionare e influenzare i propri interlocutori adoperando i valori e la bellezza incarnati da Firenze e inaugurando una serie di vertici internazionali in città. Il più importante è stato quello del gennaio del 2015 con la cancelliera tedesca Angela Merkel, in un momento decisivo per le relazioni tra le due nazioni. Il premier italiano voleva mostrare alla partner tedesca, la quale si era ritagliata un ruolo di guida di tutta l'Europa sempre più forte, l'efficacia delle numerose riforme avviate nel primo anno di governo. Il vertice era iniziato con la visita della cancelliera a Palazzo Vecchio. Merkel, entrando accompagnata da Renzi nella Sala di Clemente VII, dove li attendevo per darle il benvenuto della città, aveva esclamato: "Signor sindaco ma come fa a concentrarsi quando lavora in un luogo così pieno di bellezza?" Le avevo risposto, accennando un sorriso, che a mio avviso c'erano due modi diversi di "reagire" a così tanta arte: uno era quello di lasciarsi sopraffare dalla bellezza e limitarsi a conservarla e onorarla nella sua fissità storica, l'altro era quello di lasciarsi ispirare dalla bellezza per produrre nuova arte e continuare a innovare. "La bellezza del *David* rappresenta quello che può essere l'Europa nel mondo, un sistema di valori e ideali," aveva commentato il premier Renzi durante la conferenza stampa conclusiva tenutasi nella Galleria dell'Accademia, ai piedi del capolavoro di Michelangelo: un'abile scelta che aveva mostrato al mondo la forza politica del messaggio culturale incarnato da un simbolo universale, quello di David che vince contro la forza bruta di Golia.

Le città e il dialogo interreligioso

La forza di Firenze è ancora più sorprendente quando il messaggio politico si salda a quello spirituale, quando il confronto assume una dimensione escatologica e si guarda alla città come fonte di ispirazione per iniziative volte a dare un futuro più giusto all'umanità. Da questo punto di vista il 2015 è stato, per Firenze e per il mondo intero, un anno denso di incontri e di momenti di ispirazione. Lo ha dimostrato la storica visita pastorale di papa Francesco, il 10 novembre 2015, in occasione dell'incontro con i rappresentanti della chiesa italiana dal titolo "In Gesù Cristo, il nuovo umanesimo". "Cari fratelli e sorelle, nella cupola di questa bellissima cattedrale è rappresentato il Giudizio universale," ha esordito il santo padre ai piedi della magnifica cupola del Brunelleschi, pronunciando un discorso talmente importante da essere stato definito "quasi una enciclica". "Al centro c'è Gesù, nostra luce," ha continuato il papa, con lo sguardo rivoltò all'insù, verso gli affreschi del ciclo pittorico eseguito alla fine del Cinquecento da Giorgio Vasari e da Federico Zuccari. "L'iscrizione che si legge all'apice dell'affresco," ha precisato, di fronte a una platea silenziosa, ammirata, e mai così numerosa, "è *Ecce Homo*." Il pontefice ha poi proseguito dicendo: "Non voglio qui disegnare in astratto un 'nuovo Umanesimo', una certa idea dell'uomo, ma presentare con semplicità alcuni tratti dell'Umanesimo cristiano che è quello dei 'sentimenti di Cristo Gesù'. Essi non sono astratte sensazioni provvisorie dell'animo, ma rappresentano la calda forza interiore che ci rende capaci di vivere e di prendere decisioni." Quell'Umanesimo universale di Firenze, declinato nel messaggio cristiano, ha concluso il papa: "afferma radicalmente la dignità di ogni persona come figlio di Dio, stabilisce tra ogni essere umano una fondamentale fraternità, insegna a comprendere il lavoro, ad abitare il creato come casa comune, fornisce ragioni per l'allegria e l'umorismo, anche nel mezzo di una vita tante volte molto dura."

Il linguaggio della fraternità riecheggia in molti degli altri appuntamenti religiosi di prim'ordine che hanno punteggiato la vita della città, come il Festival delle Religioni, un'occasione di approfondimento sul nostro tempo che ha visto avvicendarsi leader di tutte le confessioni religiose in un costante dialogo con intellettuali e politici. Tra gli ospiti ha destato particolare interesse la visita del papa della chiesa orientale copta, Teodoro II, che – a pochi mesi dall'arrivo di papa Francesco – ha pronunciato parole illuminate su un tema "caldo" in Europa e nei paesi del Mediterraneo come quello del terrorismo islamico, colpevole di aver causato innumerevoli vittime in Francia e in molti altri paesi che affacciano su questo mare. "Dobbiamo cooperare per esaltare la diversità a favore di una convivenza rispettosa e amichevole. Bisogna promuovere una civiltà più umana," ha esortato il papa copto a Firenze. "Il nostro desiderio è far recuperare all'essere umano il suo ruolo e un processo educativo con un pensiero razionale che si concretizzi nel dialogo contro l'oppressione. Bisogna promuovere un'analisi critica contro il conservatorismo e il confronto di un'idea con un'altra idea. Inoltre, vanno incoraggiate le innovazioni umane e l'arte che nutre l'uomo contro il degrado materiale e morale."

Quei concetti sono stati ripresi non a caso dal Dalai Lama che, nel settembre del 2017, al Mandela Forum, ha pronunciato un discorso denso di riferimenti al dialogo interreligioso e alla multiculturalità. Anche la massima autorità spirituale buddhista si è soffermata sul terrorismo di matrice religiosa, affermando con forza: "È terribile che le religioni siano fonte di conflitto. Chi è terrorista non è religioso."

Nel 2015 è venuto per la prima volta a Firenze anche il grande imam di al-Azhar del Cairo, Ahmad Muhammad al-Tayyeb, una delle più importanti, se non la più importante, figura del mondo islamico. Abbiamo organizzato un incontro a Palazzo Vecchio con la Comunità di Sant'Egidio, che si è rivelato profetico per il dialogo religioso universale, per aprire nuovi sentieri di pace. "Stupiti dalla bellezza di questa città, siamo venuti qui con un gruppo di saggi di Oriente per incontrare i saggi di Occidente e cercare insieme di capire come possiamo superare questa fase così delicata nei rapporti tra Est e Ovest. Insieme speriamo di poter gettare un seme. Il seme di un albero che sia forte e longevo come l'olivo, l'albero della pace." Con queste parole profetiche il grande imam di al-Azhar ha gettato le basi di una nuova diplomazia politico-religiosa che di lì a poco ha dato i suoi frutti. Pochi mesi dopo quel discorso, il 23 maggio del 2016, si è infatti svolto a Roma lo storico incontro tra al-Tayyeb e papa Francesco. I due leader religiosi hanno aperto un dialogo che è proseguito negli anni successivi, focalizzandosi su una visione critica della globalizzazione come modello uniformante delle culture e delle società. L'incontro delle due personalità, ispirato forse proprio dalle loro visite a Firenze, è stato letto da molti come una sfida per il futuro dell'Europa, che mai avrebbe immaginato cosa l'attendeva di lì a pochi anni. Vale a dire la sfida di una globalizzazione non appiattita da valori ed esperienze indistinte, ma fatta di sistemi complessi e aperti in cui riescono a convivere identità differenti, che non si chiudono dentro l'integralismo religioso e culturale. In poche parole, la sfida intrapresa dalle città europee già da alcuni anni per dare al Vecchio continente un futuro diverso. Città ricche di storia come Bari, che il 7 luglio del 2018 ha ospitato l'incontro di papa Francesco con i Capi delle chiese e delle comunità cristiane del Medio Oriente, un appuntamento ecumenico senza precedenti.

Uniti nella diversità

Negli stessi anni, ispirati da quella tensione spirituale e culturale, abbiamo deciso di promuovere a Palazzo Vecchio un meeting internazionale dal titolo "Unity in Diversity", con l'obiettivo di unire le forze delle città del mondo intero attraverso la leva della cooperazione culturale. La prima edizione, nel novembre 2015, ha chiamato a raccolta oltre sessanta sindaci da tutto il globo a discutere per quattro giorni sui temi del dialogo e della cultura, dei media e della democrazia, sul ruolo dell'arte, della scienza e della ricerca per una coesistenza pacifica, il tutto arricchito dalla presenza di artisti, giornalisti, studenti, premi Oscar, scienziati, premi Nobel e leader religiosi.

Al centro della manifestazione, una concezione delle città come luoghi in cui si costruisce la pace e dei sindaci come figure che pongono al primo posto il benessere dei propri cittadini. I sindaci, accorsi da tutto il mondo, alcuni anche da zone di guerra, si sono dati appuntamento per confrontarsi su obiettivi comuni e azioni concrete, ponendo le basi per un rilancio del dialogo fra i popoli e della cultura della pace. "La fiducia dell'unità nel rispetto delle differenze è un aspetto fondamentale per le città contemporanee," ha esordito, rivolgendosi alla platea dei sindaci, la principessa Haya Bint al-Hussein di Giordania, Messaggero di pace delle Nazioni Unite. "Credo sia impossibile affrontare le sfide di oggi senza avere come faro questo principio. Oggi l'immigrazione sta imprimendo dei cambiamenti molto forti alle città europee. Le vostre città cambiano come la sabbia del nostro deserto. Resistere a questi cambiamenti è impossibile: bisogna affrontarli con la visione giusta, con passione e leadership."

Dopo di lei, un'altra donna, ospite della conferenza, l'attivista e politica yemenita Tawakkul Karman, vincitrice del premio Nobel per la pace 2011, ha esortato i sindaci a lavorare sul rapporto tra cultura e pace: "La cultura è uno strumento fondamentale per raggiungere la pace. È un indicatore della qualità della vita, della libertà e della salute di una società. La cultura è la storia delle nostre differenze: averne cura vuol dire credere nell'unità del genere umano. La realizzazione dell'unità nelle differenze richiede un duro lavoro: è necessario superare l'idea che esistano culture, religioni e tradizioni migliori di altre. La nostra bussola deve essere la ricerca di libertà e diritti per tutti, contrapposta alle dittature e all'oscurantismo. Oggi, grazie alla rivoluzione tecnologica, le persone sono più vicine. Abbiamo il dovere di aiutare le popolazioni schiacciate dalla dittatura a far fiorire la loro cultura. È la bellezza di essere contro l'oppressione e il terrorismo, e credere nella libertà. La cultura deve essere strada e vittoria della pace."

In quei giorni i sindaci riuniti nel Salone dei Cinquecento, riconoscendo alla diplomazia delle città un ruolo chiave per la crescita delle comunità locali, si sono dati l'obiettivo di lavorare insieme sulla sfida delle città resilienti, attraverso politiche innovative in materia di sviluppo sostenibile, istruzione, conservazione del patrimonio culturale (sia materiale che immateriale), valorizzando la cultura, l'arte e l'istruzione come leve strategiche per la crescita sociale ed economica, per favorire il dialogo e prevenire i conflitti sociali e culturali.

Tra le tante testimonianze di primi cittadini, ricordo ancora con emozione quelle di due sindaci testimoni di conflitti terribili e persecuzioni sanguinose: il sindaco di Kobanê, in Siria, e la prima cittadina di Diyarbakir, città del Sud-Est della Turchia considerata la "capitale" del Kurdistan turco. "Nella regione accanto alla nostra città c'è una guerra sanguinaria," ha spiegato la sindaca turca, Gültan Kişanak. "Abbiamo accolto migliaia di rifugiati scappati dagli attacchi dell'ISIS e dalla guerra in Siria. Da oltre un anno e mezzo stiamo accogliendo anche moltissimi rifugiati iracheni e famiglie provenienti da Kobanê. Ci auguriamo che i nostri fratelli possano riavere le loro case ricostruite e farvi ritorno, un giorno." Molti di quei cittadini, a distanza di anni, non hanno ancora fatto ritorno nelle loro case. Gültan è una donna forte e serena, il suo sguardo trasmette calma nonostante una vita attraversata fin dalla giovinezza da esperienze drammatiche che ne hanno fatto una delle figure di riferimento per la causa curda. Dopo essersi iscritta alla facoltà di scienze dell'educazione – mi aveva raccontato durante il nostro incontro a Palazzo Vecchio, nel novembre del 2015 – la prima sindaca della più grande città del Sud-Est anatolico a maggioranza turca era stata costretta ad abbandonare l'università, era stata arrestata per il suo attivismo politico durante il periodo del golpe del 1980 e aveva passato così due anni e mezzo nel carcere militare di Diyarbakir, una delle prigioni più dure del mondo. Durante i sette anni come parlamentare alla Grande assemblea nazionale era stata una delle leader del Partito curdo BDP (Peace and Democracy), inserito nella rete dei partiti del socialismo internazionale e impegnato nel chiedere al vicino Partito dei lavoratori del Kurdistan (PKK) di rinunciare alla lotta armata per difendere i diritti delle minoranze curde in Turchia.

Un anno dopo l'incontro di Firenze è arrivata la notizia che i magistrati turchi avevano chiesto per la sindaca di Diyarbakir una pena detentiva di duecentotrenta anni! Il 26 ottobre la polizia turca aveva arrestato Kişanak insieme al co-sindaco Firat Anli, accusandoli di attività collegate al PKK. Dopo quell'arresto il governo turco aveva ordinato un blocco generale di internet per non far trapelare notizie sull'accaduto. Nonostante ciò migliaia di dimostranti si erano riversati nelle strade e nelle piazze di Diyarbakir chiedendo il rilascio della loro sindaca. In quei giorni decine di politici curdi, sindaci e parlamentari del Partito democratico dei popoli (HDP) e del partito della sindaca, il BDP, erano stati posti in detenzione per collegamenti con il PKK. Nel febbraio del 2019, Gültan Kişanak è stata definitivamente condannata a quattordici anni e tre mesi di carcere per terrorismo ed è tuttora reclusa nella prigione di massima sicurezza di Kandira, dove ha scritto un libro dal titolo *The Color Purple of Kurdish Politics*.

Sindaci vittime di terrorismi, altro che "terroristi"! Questo è il vero destino di centinaia di primi cittadini che ogni giorno cercano di far sentire la voce propria e quella delle loro comunità. È stato così anche per Mustafa Abdi, sindaco di Kobanê, città divenuta simbolo mondiale della resistenza al terrorismo. "DAESH ha cercato di annientare la nostra città," ha detto Abdi. "Con la resistenza abbiamo cercato di costruire un ponte tra i popoli e le culture. Il nostro modello di autonomia democratica prevede il riconoscimento di tutti i tipi di identità, nella convinzione che possano vivere insieme in condizioni di pace. Dopo la liberazione di Kobanê, abbiamo cominciato a dare vita alla ricostruzione della città. Parliamo di una città distrutta, anche fisicamente, che è diventata un simbolo per le persone che non vogliono lasciare le loro città. Se vogliamo frenare l'esodo dal Medio Oriente, dobbiamo lavorare insieme perché il sogno di Kobanê non diventi impossibile. Voi europei avete molta esperienza di guerra e ricostruzione, noi siamo ancora alle prime fasi, ma abbiamo sofferto e abbiamo capito. Insieme a voi, alla vostra esperienza, vogliamo andare avanti." Quel giorno le parole del sindaco di Kobanê hanno sferzato la platea dei primi cittadini e destato tanta emozione in chi le ha ascoltate al punto che il summit di Firenze si è chiuso con l'impegno di tutti i sindaci a contribuire concretamente alla ricostruzione della città, da poco liberata dall'occupazione dello stato islamico dopo una battaglia durata mesi, segnata da violenze e disperazione, con duemila vittime e quattrocentomila rifugiati.

La minaccia del terrorismo sta segnando questo nostro tempo come poche volte nel passato. Durante gli incontri di "Unity in Diversity" ci siamo soffermati più volte su come le città e i loro simboli culturali fossero diventati gli obiettivi prediletti del terrorismo islamico che ha macchiato di sangue quel 2015. Parigi, con gli attentati jihadisti alla sede di *Charlie Hebdo* e al Bataclan, rispettivamente a gennaio e novembre; Tunisi con l'attentato al museo nazionale del Bardo a marzo; il tempio di Baalshamin distrutto a Palmira in agosto. L'ISIS aveva deciso di colpire alcuni simboli dell'umanità per impressionare le nazioni e seminare il panico in Europa e nel mondo occidentale. Non era la prima volta che il terrorismo decideva di attaccare i luoghi della cultura, spesso nei centri cittadini: musei, teatri, monumenti. I simboli culturali erano (e restano) i bersagli prediletti di chi vuole mirare al cuore di una comunità locale o nazionale, perché la cultura richiama l'identità di un popolo e, colpendo quei simboli, si colpisce l'intera storia di quel popolo. Subito dopo l'attentato a *Charlie Hebdo* avevamo preso la decisione di compiere un gesto forte e intenso: abbiamo avvolto una fascia nera a lutto al braccio destro della statua gemella del David in piazza Signoria e posato una grande bandiera francese ai suoi piedi. La potenza comunicativa di quel simbolo universale di cultura e ribellione alla violenza aveva toccato il cuore dei francesi e del mondo intero, e aveva profondamente commosso Catherine Colonna, allora ambasciatrice a Roma poi divenuta nel maggio 2022 ministro per gli affari esteri francese, giunta a Palazzo Vecchio per una manifestazione di solidarietà della cittadinanza fiorentina.

Il terrorismo ha ferito anche Firenze, con la stessa logica, ma tanto tempo prima e in circostanze molto diverse. Tra il 1992 e il 1993 è stata la mafia a dichiarare una guerra senza precedenti allo stato, con una strategia del terrore che aveva come obiettivi una serie di città italiane, causando la morte di ventuno persone, tra cui i giudici Falcone e Borsellino, a Capaci e a Palermo. Nella notte del 27 maggio 1993 il terrorismo mafioso ha scelto come bersaglio il più importante museo del paese, uno tra i più famosi al mondo: la Galleria degli Uffizi. Solo per una serie fortuita di circostanze, l'autobomba, come è noto, è stata spostata a qualche decina di metri dal piazzale del museo e ha sventrato il palazzo storico dell'Accademia dei Georgofili, provocando la morte di cinque persone e il ferimento di quarantotto. "Un colpo al cuore di Firenze e al patrimonio culturale della nazione," si è ripetuto con costernazione in quelle ore. La mafia voleva impressionare l'Italia attaccando una delle sue città simbolo, mirando al cuore del suo patrimonio di bellezza e arte conosciuto in tutto il mondo.

La forza dei gemellaggi

Le città sono state, e sono tuttora, bersagli di violenza, guerre e terrore. Ma niente, né allora né oggi, può annientarle, perché sono l'emblema dell'umanità e della vittoria della pace sui conflitti. "Le città hanno una vita propria: hanno un loro proprio essere misterioso e profondo. Hanno un loro volto. Hanno, per così dire, una loro anima e un loro destino, non sono cumuli occasionali di pietre." È stato Giorgio La Pira a pronunciare queste icastiche parole in un discorso fatto a Ginevra, il 18 aprile 1954, nel corso di un convegno organizzato dalla Croce Rossa Internazionale sul tema delle città minacciate dai bombardamenti aerei. A Ginevra ha preso corpo, nel pensiero di La Pira, quella che il giornalista Riccardo Bigi ha definito la "metafisica della città". Dopo quell'appuntamento La Pira ha infatti deciso di mettere in pratica una grande iniziativa di pace che è partita dalle città. È stato così che il 2 ottobre del 1955 il sindaco visionario ha riunito a Palazzo Vecchio quarantaquattro primi cittadini delle più importanti capitali del mondo, dall'Asia agli Stati Uniti, dall'Europa all'Africa, per condividere un impegno globale per la pace. La cosa più sorprendente non è stata solo l'eccezionalità di un simposio che vedeva per la prima volta insieme sindaci di città ed esperienze politiche così diverse, quanto l'aver riunito nello stesso luogo e in piena guerra fredda i primi cittadini e leader comunisti di Mosca e Pechino assieme a quelli europei e americani, da Amsterdam a Filadelfia. È stato un evento storico, senza alcun dubbio, segnato anche dalla grande tensione spirituale che La Pira, con la sua visione, riusciva a imprimere a ogni appuntamento politico internazionale. L'immagine che più di ogni altra è riuscita a incarnare quella carica profetica, laica e spirituale allo stesso tempo, è stata la stretta di mano tra il cardinale fiorentino Elia Dalla Costa e il segretario del Soviet di Mosca (corrispondente al sindaco di oggi) Michail Jasnov. Un gesto che ha scosso le coscienze e mostrato a tutti la forza universale di Firenze, capitale della diplomazia in piena guerra fredda.

Dall'incontro delle capitali del 1955 è nata l'idea forte dei gemellaggi, di cui Giorgio La Pira è stato uno dei principali ideatori: Fez, Filadelfia, Kyoto, Edimburgo, Reims, e negli anni successivi Kiev, Nanchino, Dresda. Il sindaco fiorentino aveva gettato le basi per la diplomazia delle città, intuendo la forza di una rete mondiale che potesse unire le voci dei primi cittadini su questioni cruciali dell'umanità alle quali le nazioni non riuscivano a dare soluzioni. Questa intensa attività diplomatica e politica ha portato il "sindaco santo" ad assumere un ruolo centrale nella nascitura Federazione mondiale delle città gemellate, fin dal primo congresso del 1957, dove ha pronunciato uno dei suoi discorsi più famosi e ispirati. "Bisogna unire le città per unire le nazioni, ed è questo il senso dei gemellaggi," ha detto La Pira, indicando al mondo intero l'obiettivo di creare "un insieme di 'ponti' scientifici, tecnici, commerciali, politici, culturali e spirituali per unire in maniera organica, continente per continente, le città, grandi e piccole, di tutta la terra."

Un sogno che si realizza

L'opera di La Pira e l'esperienza di quei primi anni da sindaco mi hanno spinto a compiere un passo decisivo per la realizzazione di un evento memorabile per la città di Firenze e per la diplomazia internazionale. Da tempo Firenze, nonostante i molti appuntamenti internazionali, non riusciva a raccogliere e rilanciare appieno il messaggio di La Pira recuperando i valori fondanti della sua azione. Il disegno di La Pira doveva essere in tutti i modi completato e semmai riproposto in chiave contemporanea, in un mondo molto più globalizzato.

Era l'ottobre del 2020 quando mi sono deciso a incontrare il presidente della CEI (la Conferenza episcopale italiana), Sua Eminenza il cardinale Gualtiero Bassetti, per parlargli della mia idea. La CEI stava riflettendo sulla sede in cui organizzare il secondo appuntamento del forum internazionale "Mediterraneo frontiera di pace", la cui prima edizione si era tenuta a Bari con grande successo nel febbraio di quell'anno. In un Mediterraneo attraversato da guerre, migrazioni, catastrofi ambientali, a pochissimi giorni dall'esplosione della più terribile pandemia del nostro tempo, quel febbraio il papa, di fronte a esponenti religiosi accorsi da tutti i paesi del Mediterraneo, si era rivolto anzitutto alla città di Bari che aveva definito centro nevralgico di legami con il Medio Oriente e con il continente africano, "segno eloquente di quanto radicate siano le relazioni tra popoli e tradizioni diverse."

Ho proposto così al cardinale Bassetti di organizzare il secondo appuntamento proprio a Firenze, la città dove lui stesso era cresciuto. La scelta sarebbe stata nel segno di Giorgio La Pira e di Dante Alighieri, di cui ricorreva il settecentesimo anniversario della morte. La scommessa era però quella di invitare, contestualmente al convegno dei vescovi, altrettanti sindaci provenienti dai diversi paesi del Mediterraneo per dare vita a uno storico dialogo tra vescovi e primi cittadini, tra laici e cattolici.

Del resto il tema del Mediterraneo era stato al centro dell'intensa attività politica e diplomatica di Giorgio La Pira, che, oltre all'incontro dei sindaci delle capitali, aveva organizzato, proprio a Palazzo Vecchio, tra il 1958 e il 1963, i famosi "Colloqui mediterranei". L'idea di unire protagonisti politici, culturali e religiosi per affrontare i problemi del *Mare nostrum* era nata nella mente del sindaco siciliano durante l'incontro a Firenze nel 1957 con il re del Marocco Mohammed V, che aveva ispirato tra l'altro il gemellaggio tra Firenze e Fez, siglato quattro anni dopo a Palazzo Vecchio alla presenza del re successore, Hassan II, del presidente della repubblica Gronchi e del presidente del consiglio Fanfani.

Seppure i tempi siano cambiati, le sfide del Mediterraneo sono grandi e complesse come allora: nel secolo scorso la guerra fredda, oggi la guerra in Ucraina; allora il rischio del nucleare, oggi la battaglia contro il cambiamento climatico e la grande questione dei flussi migratori. Sfide diverse ma da affrontare ispirandosi agli stessi valori. Il motto "unire le città per unire le nazioni" è più attuale che mai. E oggi più di allora il Mediterraneo è al centro di sfide epocali e cruciali: dal terrorismo alle migrazioni, dalla desertificazione alle guerre tra gli stati e tra popoli fratelli all'interno degli stati.

Dopo l'incontro con il presidente della Conferenza episcopale italiana (CEI) non ho ricevuto più notizie e ho cominciato a pensare che quell'idea fosse davvero troppo ambiziosa per essere realizzata. Tuttavia, a marzo del 2021, l'arcivescovo di Firenze, Sua Eminenza il cardinale Giuseppe Betori, mi ha chiamato per dirmi che Gualtiero Bassetti voleva parlarmi con urgenza. Sono tornato a Roma con molta più speranza nel cuore. La pazienza e l'attesa sono state ripagate dalle parole del cardinale Bassetti: "Caro sindaco, il convegno dei vescovi e dei sindaci si farà, ne ho parlato anche al papa il quale non solo è d'accordo ma mi ha chiaramente detto che quell'idea gli piace molto." Il sogno si stava realizzando.

Senza l'entusiasmo e il sostegno di Gualtiero Bassetti e Giuseppe Betori non saremmo mai riusciti a organizzare quell'evento, ne ero consapevole più che mai. Con il cuore in gola per l'emozione, ho capito che avevamo davanti un lavoro difficilissimo da svolgere e un'occasione storica da vivere. Ci separava meno di un anno da quell'appuntamento e ci siamo messi subito al lavoro con l'aiuto del ministero degli esteri e delle ambasciate di venti paesi diversi. È stato l'evento più complesso e delicato dal punto di vista organizzativo e diplomatico che abbiamo mai promosso, anche a causa della concomitante pandemia che proprio in quei mesi stava vivendo una nuova e forte recrudescenza. La lista dei sindaci invitati era lunga e ambiziosa. Il riscontro è stato stupefacente: la quasi totalità dei primi cittadini ha accettato di partecipare all'incontro.

Nei mesi di preparazione abbiamo organizzato le cinque giornate fiorentine in modo che i due diversi consessi, quello dei vescovi e quello dei sindaci, potessero tenersi inizialmente in luoghi distinti. I vescovi avevano scelto il complesso storico di Santa Maria Novella per i loro lavori, che si sarebbero aperti mercoledì 23 febbraio 2022 con un saluto del presidente del consiglio di allora Mario Draghi. I sindaci si sarebbero incontrati invece a Palazzo Vecchio per affrontare i temi dell'ambiente, delle migrazioni, della cooperazione culturale e della pandemia, in un confronto con alcuni dei più importanti esperti provenienti dall'OMS, dall'UNHCR, dalla Croce Rossa Internazionale.

La giornata di sabato 26 febbraio era stata immaginata come momento di incontro tra le due platee, a conclusione dei rispettivi convegni, per condividere impegni comuni a favore del Mediterraneo e firmare tutti insieme una dichiarazione congiunta che avrebbe preso il nome di Carta di Firenze.

Sindaci e vescovi insieme per il Mediterraneo

La notizia, ufficializzata nell'autunno del 2021, che papa Francesco avrebbe partecipato al doppio convegno nella giornata finale a Palazzo Vecchio per poi concludere la sua visita con una messa nella chiesa di Santa Croce, ci aveva fatto capire che stavamo organizzando davvero qualcosa più grande di noi. L'annuncio della presenza del papa aveva inoltre facilitato il lavoro per ottenere la conferma della partecipazione di alcuni tra i sindaci più importanti. La promessa di un intervento alla presenza del sommo pontefice mi aveva infatti permesso di convincere il sindaco di Gerusalemme, Moshe Lion, del partito conservatore del Likud, a dialogare con il sindaco di Istanbul, Ekrem Imamoğlu, leader del partito repubblicano oppositore di Erdoğan. Ai due si era aggiunto il sindaco di Atene, il giovane Kostas Bakoyannis, da poco eletto nelle file del partito di centrodestra Nuova Democrazia. Tre sindaci, tre città simbolo della civiltà dell'uomo, appartenenti ad altrettanti paesi accomunati storicamente da difficili rapporti diplomatici, insieme davanti al papa per un unico messaggio di pace e cooperazione. Era questo il nostro obiettivo: osare per unire ciò che sembrava impossibile unire.

Quando ho cominciato a parlare di questo grande appuntamento, la prima cosa che i cittadini mi hanno detto, con la proverbiale ironia fiorentina, è stata: "Sindaco, lei parla di Mediterraneo ma a Firenze non c'è mica il mare!" Uno spunto che mi ha portato a riflettere: il Mediterraneo non è solo un luogo geografico; è anche un luogo dello spirito; un luogo di incontro delle civiltà. A ben vedere anche i destini della guerra in Ucraina sono legati a quelli del Mediterraneo.

Sono arrivati così i giorni del convegno e proprio mentre la Russia invadeva l'Ucraina gettando il mondo in un clima di angoscia e paura, nella città simbolo del Rinascimento, nella culla dell'arte e dell'architettura che aveva saputo proiettare l'umanità in una nuova epoca di bellezza e speranza, sessanta vescovi e altrettanti sindaci del Mediterraneo sono stati chiamati a lavorare, invece, per costruire un cammino di dialogo e di pace. Non era mai accaduto che sindaci di Gerusalemme e Istanbul, Atene e Roma, Sarajevo e Amman, Siviglia e Marsiglia, Beirut e Tripoli si ritrovassero insieme per condividere una strategia comune su temi come l'ambiente, le migrazioni, la cooperazione economica, la salute pubblica. Molti dei paesi d'origine hanno pessime relazioni politiche, alcuni sono perfino in guerra, eppure i sindaci erano lì nello stesso luogo e nello stesso momento, a ribadire che la diplomazia delle città poteva unire i popoli e le nazioni.

Nessuno di noi poteva immaginare che il summit dei sindaci e dei vescovi sarebbe stato concomitante con giornate drammatiche come quelle dell'invasione dell'Ucraina da parte dell'esercito russo. Le immagini che arrivavano da quei luoghi sono piombate durante quella settimana nei due consessi e ci hanno spinto a trasformare quei giorni di dialogo e confronto in uno sforzo comune e straordinario per la pace.

Ho pensato molto al paradosso di quei giorni. Nel momento in cui navi di profughi erano ferme nel Mediterraneo in attesa di un porto che le accogliesse, proprio nello stesso mare portaerei e navi cariche di missili della NATO e della Russia attendevano un comando, in una strategia della tensione che speravamo la storia avesse ormai superato. C'è stato un minuto di silenzio per le prime vittime di quella barbara invasione, cominciata proprio il giorno prima del mio intervento, giovedì 24 febbraio. Un lungo, interminabile minuto intriso di paura, incertezza e dolore.

Nel Salone dei Cinquecento riecheggiavano in quei giorni le parole del sindaco Giorgio La Pira, che proprio in occasione del primo Colloquio mediterraneo aveva detto: "Cooperare alla costruzione della pace nel Mediterraneo e nel mondo: ma come? Per risolvere questo problema occorre una cosa: piazzare questo colloquio nel vasto quadro e nella vasta prospettiva della crisi storica attuale, una crisi che, come sappiamo, riguarda la storia umana in tutte le sue dimensioni... I nostri popoli e le nostre nazioni sono portatori di una civiltà che, grazie alla incorruttibilità e alla universalità dei suoi componenti essenziali, costituisce un messaggio di verità, d'ordine e di bene, valido per tutti i tempi, per tutti i popoli e per tutte le nazioni."

I valori e la storia che uniscono le città e i popoli del Mediterraneo sono molti più di quelli che li dividono. Penso alle nostre comuni radici abramitiche. Penso alla costruzione del pensiero greco e arabo che si articola in una visione ordinata del mondo, che rappresenta l'essenza delle nostre civiltà. Penso infine alla strutturazione giuridica e politica elaborata dal pensiero romano. Radici comuni a cui oggi i sindaci attingono per costruire un futuro di pace e solidarietà.

I sindaci sono consapevoli della straordinaria e crescente importanza assunta dalle città come attori politici e istituzionali di assoluto rilievo sulla scena internazionale. In un mondo contraddistinto dalle difficoltà degli stati centrali a governare la sempre crescente complessità della globalizzazione, dovendo ricercare costantemente il giusto equilibrio tra ideologia e politica reale, sta infatti alle città e ai primi cittadini svolgere il compito di lavorare assieme con spirito di collaborazione e pragmatismo, superando quella “ragion di stato” e quelle contrapposizioni che troppo spesso limitano l’operatività delle nazioni.

L’epoca che stiamo attraversando impone a noi sindaci di essere coraggiosi, di assumerci la responsabilità di intervenire nel dibattito internazionale e nei processi decisionali, diventando protagonisti veri e attivi del dialogo mediterraneo. Dobbiamo però essere consapevoli che questo spazio non ci verrà dato se non saremo noi per primi a credere nell’enorme potenzialità che le città rivestono nel contesto mondiale.

Oggi più che mai il Mediterraneo è metafora di quel “lago di Tiberiade” di cui parlava Giorgio La Pira quando lo indicava come il cuore della politica internazionale. Eppure è anche un luogo dove ci sono morte, guerra, desertificazione, incendi. La cosa che più mi fa soffrire è l’indifferenza dell’Unione Europea, che dovrebbe invece fare del Mediterraneo la sua vera frontiera: non solo di pace, ma della politica con la P maiuscola. Sempre di più, abbiamo la sensazione che l’Europa, il più grande progetto politico di pace e di unità scaturito dai drammi e dagli orrori della seconda guerra mondiale, abbia smarrito la consapevolezza della storia e della forza di quest'area geografica che è il Mediterraneo. Senza una politica illuminata e un impegno concreto delle istituzioni europee a favore dello sviluppo e della coesione delle nazioni e dei popoli del Mediterraneo, l'Europa sarà più debole e più divisa.

Di fronte a problemi come le catastrofi ambientali, le migrazioni, le crisi politiche, le emergenze sanitarie, le disuguaglianze sociali crescenti dobbiamo chiedere con forza che l'Europa non rimanga ferma o indifferente ma si impegni insieme ai sindaci a definire un'agenda per il Mediterraneo fatta di scadenze e obblighi certi e verificabili, con la previsione di adeguati investimenti economici. Un Mediterraneo delle città: le città non costruiscono muri ma costruiscono ponti; i nostri porti sono fatti per promuovere scambi commerciali e culturali, per accogliere viaggiatori da tutto il mondo. Se si chiudono i porti si chiudono le città, e se si chiudono le città si ferma la civiltà.

La Carta di Firenze

Il summit dei sindaci e dei vescovi si è chiuso con la firma della Carta di Firenze, una dichiarazione piena di valori condivisi e di impegni concreti, come quello di dare vita a una Università del Mediterraneo, sulla falsariga del progetto illustrato da Romano Prodi ai primi cittadini proprio durante l'incontro di Palazzo Vecchio. Nella Carta, per la prima volta vescovi e sindaci riconoscono "la diversità del patrimonio e delle tradizioni dell'area mediterranea come patrimonio condiviso per tutta l'umanità. Tutti i valori naturali, ambientali, culturali, linguistici e religiosi del Mediterraneo, materiali e immateriali, sono visti come fonti di dialogo e unità tra i nostri popoli e dovrebbero essere protetti e trasmessi alle generazioni presenti e future; l'importanza di un impegno educativo che parta dai bisogni primari, comuni a tutti gli esseri umani, e che possa guidare i giovani nel cammino che conduce al desiderio del bene, dell'amore, della giustizia e della libertà." Risalta inoltre nella Carta "il ruolo chiave della diplomazia a livello urbano nella promozione di uno sviluppo umano integrale e sostenibile basato sul rispetto della dignità e dei diritti fondamentali di ogni essere umano" e la richiesta "che i governi di tutti i paesi mediterranei stabiliscano una consultazione regolare con i sindaci, con tutti i competenti rappresentanti delle comunità religiose, degli enti locali, delle istituzioni culturali, delle università e della società civile sulle questioni discusse in questa conferenza" perché "le città rivendicano il loro diritto a partecipare alle decisioni che influiscono sul loro futuro."

In quei giorni di ascolto e dialogo era come se il mar Mediterraneo si fosse ritrovato tutto insieme a Firenze, in quel Palazzo Vecchio che da sette secoli rappresenta la vita pubblica della città e raffigura il cuore del Rinascimento italiano ed europeo. Tutti noi adesso, dopo quelle giornate, siamo più consapevoli di avere alle spalle la forza della nostra storia e della bellezza delle nostre città. È una forza che non possiamo disperdere e che ci permette di costruire il futuro. Un futuro per i nostri giovani. Un futuro per le nostre comunità. Un futuro fatto di civiltà e di pace. Il futuro del Mediterraneo e dell'Europa.

Pensando all'Europa, il summit dei sindaci ha rivolto un ricordo speciale al presidente del Parlamento Europeo, David Sassoli, scomparso poche settimane prima. Abbiamo voluto ricordarlo assieme ai vescovi e ai sindaci del Mediterraneo, non solo in quanto figura di spicco della città di Firenze – in cui era nato – ma perché credeva profondamente nel ruolo di questa città e di tutte le città. Nella mia funzione di presidente di Eurocities, l'associazione che raccoglie più di duecento sindaci europei di centri con più di duecentocinquantamila abitanti, ho sempre trovato in David Sassoli una personalità politica sensibile e attenta alle città. Oggi più che mai avremmo bisogno di lui, della sua voce, del suo entusiasmo, dell'autorevolezza con cui, da presidente del Parlamento Europeo, sapeva parlare non solo all'Europa ma ai popoli di tutto il mondo. Ci manca, anche perché non c'è nessuno, in questo momento, in grado di incarnare la passione, la visione, la tenacia che caratterizzavano la sua vita, la sua opera e il suo modo di comunicare. Spero ci siano giovani capaci di crescere nel suo esempio.

David era in mezzo a noi in quei giorni. Mi commuovo profondamente al pensiero che nello stesso salone di Palazzo Vecchio, esattamente due anni prima, il 19 ottobre del 2019, nel ricevere le Chiavi della città di Firenze, aveva pronunciato un discorso profetico, denso di visione e passione, dedicato a Firenze e all'Europa. "Quando saremo arrivati al termine della costruzione europea, perché siamo ancora dentro un cantiere e dobbiamo mandarlo avanti," aveva esclamato Sassoli, "dobbiamo scriverci un bel cartello 'Lavori in corso'. Quando alla fine la costruzione europea sarà terminata e tanti muri saranno crollati e tanto spirito nazionalista svanirà per fare emergere quanto è bello sentirsi italiani, ma senza questo spirito nazionalista che ti fa essere separato e diverso e diviso dagli altri, cosa ci sarà alla fine? Ci sarà che l'Europa saranno le nostre città e Firenze si troverà avvantaggiata, perché ha avuto una ricchezza di esperienze e di saperi. E saprà da che punto prendere il mondo e aiutarlo a crescere. E a vivere in pace."

La guerra

Nessuno avrebbe mai immaginato che dopo la terribile pandemia, proprio mentre le città cominciavano a rialzarsi dalla crisi che ne conseguiva, sarebbe scoppiata una guerra nel cuore dell'Europa.

La mia generazione è nata e cresciuta in tempo di pace, con la convinzione che l'Europa non avrebbe mai dovuto rivivere un conflitto in casa propria. Eppure, come per il Covid-19, anche con la guerra ci siamo ritrovati in un incubo. "Incubo": è questa la parola che ha usato il sindaco di Kiev, Vitali Klitschko, in un messaggio audio inviatomi nella notte tra il 23 e il 24 febbraio, proprio mentre i carri armati di Putin cominciavano l'invasione dell'Ucraina, quella che il governo russo ha chiamato "operazione militare speciale", quasi a voler disumanizzare quel gesto atroce, derubricandolo a una semplice operazione tecnica e di breve periodo. "Quello che ci sta succedendo è un incubo. Siamo un popolo pacifico, vogliamo la pace!" mi ripeteva il sindaco, in quelle ore armato e nascosto assieme al fratello, come lui ex campione mondiale di pugilato. Il tono di voce era chiaramente carico di angoscia. I respiri intervallavano le sue frasi in inglese.

Firenze e Kiev hanno una lunga storia di amicizia, segnata da un gemellaggio che dura ininterrottamente dal 1967, voluto dall'allora sindaco Piero Bargellini, il "sindaco dell'alluvione". Quel gesto nasceva proprio dalla volontà di affermare l'amicizia tra città dell'Est e dell'Ovest per superare i muri che dividevano il mondo in due, in piena guerra fredda. Mentre guardavo le prime immagini della guerra sui siti internet pensavo che appena un anno prima, nel marzo 2021, in mezzo alla pandemia, avevamo accolto una delegazione della città gemella guidata dal suo sindaco, che ci aveva fatto dono di una statua del poeta ucraino Taras Shevchenko, collocata nel chiostro principale del complesso monumentale delle Oblate, sede della biblioteca cittadina. In quell'occasione avevamo voluto entrambi affermare che dalla crisi pandemica saremmo usciti attraverso la cultura e l'unione dei popoli.

Vitali posava accanto a me per i molti fotografi accorsi, la sua mole mi sovrastava di almeno trenta centimetri, il suo sorriso smagliante per quel gesto di così grande significato. Firenze, capitale mondiale della cultura, accoglieva nel suo cuore una statua in bronzo raffigurante il padre della lingua ucraina, e dunque il simbolo dell'identità di quella giovanissima nazione, così disperatamente bisognosa di utilizzare la propria cultura per affrancarsi da secoli di dominio politico e linguistico russo. Firenze ricambiava con amicizia il gesto con cui nel 2015 la capitale ucraina aveva accolto una statua del padre della lingua italiana, Dante Alighieri, in un parco del centro storico. Ripensando a quello scambio culturale, è incredibile come il mito della lingua sia allo stesso tempo ciò che unisce un popolo e ciò che scatena guerre tra popoli diversi. "Una popolazione di centoventi milioni di persone di origine tedesca sarà una forza contro la quale nessuno al mondo potrà opporsi," ha affermato Adolf Hitler, riferendosi alla riunificazione dei popoli di lingua germanica. Putin voleva riprendersi tutta l'Ucraina russofona, considerandola di diritto un pezzo della "grande madre Russia", in una visione imperiale che mescola la storia zarista con quella dell'Unione Sovietica.

In quei giorni ho avuto più volte occasione di sentire il primo cittadino della capitale, che mi raccontava la cronaca di una nazione assalita ma non rinunciataria, preoccupata ma non intimorita. Gli ho mandato le foto delle prime manifestazioni di pace nelle città italiane del 26 febbraio, con un messaggio in inglese che recitava "Resisti amico mio, tutte le città italiane sono con Kiev!". Il giorno successivo a Firenze si concludeva il summit sul Mediterraneo e in quell'occasione abbiamo deciso con un po' di sindaci rimasti in città di convocare a tamburo battente una manifestazione per la pace in piazza della Signoria, all'ombra della copia del David di Michelangelo. In poche ore si erano radunate migliaia di persone, con bandiere della pace e dell'Ucraina. C'era anche una comunità della Georgia, con una grande bandiera ai piedi degli scalini della Loggia dei Lanzi: un luogo paradossale, di bellezza e di arte che nei secoli aveva assistito a tante violenze, come la vendetta furiosa di Lorenzo il Magnifico, che dispose in quel posto l'impiccagione di Francesco de' Pazzi e Francesco Salviati, i principali artefici della Congiura dei Pazzi del 26 aprile del 1478.

Ma quella piazza era diventata una delle tante piazze di pace, fatta di donne e uomini, nonni e bambini accorsi per chiedere di fermare la barbarie. Sull'arengario di Palazzo Vecchio, accanto a me il vescovo di Firenze, l'imam e il rabbino, il presidente della regione e i rappresentanti dei sindacati. C'era anche il giovane sindaco di Atene, Kostas Bakoyannis. Aveva preso la parola anche lui, tra gli applausi, per urlare con forza l'impegno di tutte le città per bloccare quella guerra folle e terribile. Firenze e Atene insieme. Le due culle della civiltà classica e moderna, le prime due capitali europee della cultura, erano lì insieme, rappresentate dai loro primi cittadini, in mezzo a una folla impressionante ed emozionante.

Il giorno successivo il bollettino di guerra parlava di centoventinove vittime ucraine. L'Unione Europea annunciava i primi aiuti militari ed economici, mentre il presidente americano Biden evocava "scenari di guerra mondiale". Nelle stesse ore si dava notizia della prima telefonata tra il presidente ucraino Volodymyr Zelensky e il santo padre. Ma l'annuncio più preoccupante è stato quello del primo pesante bombardamento di Kiev da parte dei russi. Alla fine della giornata, in piena notte, mentre rientravo a casa dopo lunghe ore di lavoro, il sindaco Klitschko mi ha chiamato al cellulare. Voleva semplicemente ringraziarmi per quello che l'Italia stava facendo e per la bella manifestazione di solidarietà del giorno precedente. Aveva la voce molto stanca, quasi fioca. Ho chiesto di fermare l'auto per poterlo ascoltare bene, non volevo perdere la connessione. Gli ho domandato innanzitutto della famiglia, di come stavano. Mi ha risposto che erano in una località nascosta, al sicuro. La sua riflessione era lucida e chiara, anche se tradiva ogni tanto un certo sconforto. Mi parlava da un luogo segreto e protetto. "I russi vogliono annientarci," mi ha detto senza mezzi termini. "Abbiamo bisogno di tutto, Dario!" ha aggiunto. "Armi, cibo, vestiti, tutto." Mi aveva riferito degli attacchi alla periferia urbana della capitale e già allora, a pochi giorni dall'inizio del conflitto, osservava che la guerra sarebbe durata a lungo e che loro non si sarebbero mai arresi. Tornato a casa, ancora scosso, ho riferito di quella conversazione con due messaggi al ministro degli affari esteri Luigi Di Maio e al ministro della difesa Lorenzo Guerini. Quella notte non ho chiuso occhio: mai avrei immaginato di vivere un'esperienza del genere.

Città in guerra

Kiev, Kharkiv, Odessa, Leopoli, Mariupol, Melitopol: i nomi delle città ucraine sono entrati prepotentemente nel nostro vocabolario quotidiano, diventando geografia terribilmente familiare.

"Le città non possono morire," disse Giorgio La Pira settant'anni prima di questa guerra. Aveva ragione. Le città rinascono sempre. Cadono e si rialzano, nello stesso posto. I regni cambiano nel tempo, i loro confini si allargano e si restringono talvolta di migliaia di chilometri. Le città no. Sono sempre al loro posto. Aleppo, una delle più antiche città della storia dell'umanità, abitata ininterrottamente dal II millennio a.C., è stata attaccata più e più volte. Ha attraversato almeno sette guerre, l'ultima, la "battaglia di Aleppo", conclusasi nel 2016. Eppure non muore.

E come non ricordare i nomi delle città della ex Jugoslavia, devastate e assediate dalla guerra esplosa nella regione tra l'inizio degli anni novanta e l'inizio dei duemila? Anche in quegli anni ci siamo trovati a familiarizzare con nomi di città assediate e massacrate: Sarajevo, Srebrenica, Mostar... Ho incontrato la giovane sindaca di Sarajevo a Firenze, per un triste scherzo del destino, il giorno stesso dell'invasione russa dell'Ucraina. Benjamina Karić, lo sguardo dolce, i modi garbati, raccontava con le lacrime agli occhi al pubblico presente il dolore di una ferita ancora aperta. Quella dell'assedio di Sarajevo, per il quale si apprestava a celebrare il trentesimo anniversario dell'inizio. L'emozione si è intensificata quando sul palco ha preso la parola il sovrintendente del Teatro del Maggio Musicale Fiorentino, Alexander Pereira, per ricordare il famoso concerto dell'estate del 1997 eseguito nel centro di Sarajevo dall'orchestra e dal coro del Teatro alla Scala diretti dal maestro Riccardo Muti. Ci eravamo accordati in due minuti che subito dopo avremmo annunciato un nuovo concerto, a distanza di trent'anni dalla presenza della nostra orchestra nella capitale bosniaca, per ricordare proprio che le città non muoiono.

Così, la storia si ripete e le città tornano a essere bersagli di bombe, massacri e assedi. Come Mariupol, la città affacciata sul mar d'Azov, la decima dell'Ucraina per popolazione. A due mesi dall'inizio del conflitto, nella città ormai stremata e caduta sotto i colpi dei soldati russi, si contavano più di ventimila vittime, una cifra impressionante. "Più delle vittime fatte dai nazisti durante la seconda guerra mondiale," ha affermato il sindaco Vadym Boychenko, il quale constatava con profondo dolore come tra queste vi fossero centinaia di bambini, alcuni uccisi dalla fame, e come la maggior parte dei cadaveri fosse stata portata in crematori mobili per evitare un'emergenza sanitaria.

Il 27 marzo, dopo più di un mese di guerra, mentre l'esercito russo attacca Leopoli e Kharkiv, dichiarando l'obiettivo di voler "liberare" tutta la regione del Donbass, il sindaco di Kiev accoglie il nostro invito e si collega in diretta con il consiglio comunale di Firenze. "Non abbiamo il numero esatto di quanti morti ci sono, non possiamo raggiungere determinati luoghi in queste città. Secondo le ultime stime si tratta di migliaia di persone o addirittura decine di migliaia di persone. Per le strade possiamo osservare un gran numero di cadaveri. Sono notizie molto scioccanti anche per me. Negli ultimi giorni circa settanta tonnellate di cadaveri sono state trasferite e portate in Russia." Le parole di Vitali Klitschko risuonano come pietre nel Salone dei Dugento di Palazzo Vecchio, tra gli sguardi sconvolti e tesi dei consiglieri comunali. "Mi sono sempre chiesto perché il conto avviene sui cadaveri, sulle persone morte," ha aggiunto. "La risposta è stata molto cruda, perché si tratta non di cadaveri interi: per questo motivo oggi non contiamo il numero dei defunti ma il peso dei cadaveri. È terribile quando incontriamo un bambino e ci sentiamo dire dove sono la mamma e il papà, e il bambino non ha ancora preso la consapevolezza che i genitori non ci sono più. È terribile vedere i cadaveri delle persone che bruciano sotto gli edifici distrutti."

I sindaci sono diventati i volti dell'eroismo e del martirio in questa guerra, come mai era avvenuto prima d'ora. Amministratori locali rapiti, torturati, utilizzati come "merce di scambio" dai russi per liberare i loro militari catturati. Uomini divenuti simbolo della resistenza ucraina, come Yuri Illich Prylypko, sindaco di Gostomel, una cittadina alle porte della capitale, ucciso dai soldati russi mentre distribuiva cibo e medicinali ai civili che accorrevano al centro aiuti.

Lo stesso giorno del collegamento di Klitschko con il consiglio comunale di Firenze, il *Corriere della Sera* ha dedicato due pagine intere ai sindaci e agli amministratori locali ucraini, con quattordici foto dei loro volti. Erano i quattordici funzionari locali rapiti fino a quel giorno, divenuti poi sedici subito dopo. La verità, ha osservato un alto funzionario del governo ucraino, era che dall'inizio della guerra i soldati russi avevano rapito decine di sindaci, vicesindaci e funzionari locali con l'intenzione di colpire al cuore le loro comunità. Nonostante sia ben noto che la cattura di civili costituisce una violazione del diritto umanitario internazionale, i russi puntano a questi rapimenti al fine di utilizzare gli amministratori locali come merce di scambio per liberare i loro soldati catturati. Tra i nomi, mi aveva colpito quello dell'unica donna rapita fino ad allora, Tetyana Bezlyudna, vicesindaco della cittadina di Andriyivka, nella regione di Chernihiv. Non aveva una particolare visibilità o importanza, e la sua comunità era molto piccola. Ma è bastato essere un'amministratrice locale per finire nella terribile rete dei soldati russi. Stessa sorte è toccata al vicesindaco di Enerhodar, città di circa cinquantamila abitanti dell'Ucraina sud-orientale, Ivan Samoidjuc. Il sindaco è stato il primo a denunciarne la cattura invitando tutti i suoi colleghi ucraini a non utilizzare telefoni e a non rivelare i propri spostamenti.

Ivan Fedorov è diventato il simbolo dei sindaci ucraini in prima linea, rapiti, uccisi o scomparsi, inghiottiti da una guerra atroce, combattuta strada per strada in ogni città, grande o piccola. La sua città, Melitopol, centocinquantamila abitanti, nell'*oblast'* di Zaporizhzhia, Ucraina sud-orientale, era stata attaccata appena due giorni dopo l'inizio della guerra, e occupata il primo di marzo. Fedorov continuava a nascondersi per poter aiutare i civili inermi, ma una settimana dopo viene rapito da un commando di nove russi e portato via incappucciato con un sacchetto di plastica. La notizia aveva scosso tutti, tanto che la sindaca di Parigi, Hidalgo, mi aveva chiamato per propormi di sottoscrivere con lei e il sindaco di Varsavia un appello pubblico per liberare Fedorov e il suo collega sindaco di Dniprorudne, anch'egli rapito lo stesso giorno. L'appello aveva fatto il giro dell'Europa ed era stato rilanciato da migliaia di altri primi cittadini. Fedorov era diventato il simbolo della resistenza ucraina, tutto il mondo si stava adoperando per la sua liberazione. Dopo cinque giorni di dura prigionia, il sindaco di Melitopol era stato rilasciato con un'operazione speciale che aveva portato alla liberazione di nove soldati russi catturati dagli ucraini. Dopo la sua liberazione, non potendo rientrare nella città ancora occupata, Fedorov si è recato a Parigi per testimoniare la sua terribile esperienza e chiedere aiuto ai paesi europei. È stato allora che ho deciso di contattarlo, con l'aiuto dell'ambasciatore ucraino a Roma, Yaroslav Melnyk, per invitarlo a Firenze. Durante la nostra prima telefonata il sindaco si trovava in una località segreta a cento chilometri da Melitopol. Gli avevo chiesto di inviarmi una nota personale con tutto ciò che potesse servire a lui e alla sua comunità. Subito dopo mi è arrivato sul cellulare un suo messaggio con un lungo elenco di beni necessari, a partire da medicinali, cibo e mezzi di trasporto, cui però aveva fatto seguito una lista dettagliata di armi per la loro difesa. Che cosa insolita per un sindaco, avevo pensato, trascurando il fatto che questi erano davvero sindaci in trincea.

Il lunedì di Pasquetta, Ivan Fedorov è arrivato a Firenze accompagnato dall'ambasciatore Melnyk. Li ho ricevuti, molto emozionato, in un Palazzo Vecchio semideserto. Alto e magro, con la tipica tuta verde, simile a quella indossata dal presidente Zelensky e divenuta uno dei simboli di quella guerra, il suo volto era ancora emaciato, lo sguardo sereno e concentrato. "Siamo una città russofona," mi ha spiegato seduto al tavolo ottagonale della Sala di Clemente VII davanti a una tazza di caffè. "Ma non abbiamo creduto ai militari russi che ci raccontavano di volerci liberare dai 'nazisti'. Purtroppo noi, russofoni, ci siamo resi conto che i nazisti erano proprio i militari russi. Pensavano di trovare una comunità in giubilo pronta ad accoglierli a braccia aperte. Invece hanno trovato una città fiera della propria indipendenza e libertà che molto presto li scaccerà via." Mi ha raccontato che in quel momento vi erano più di cinquanta amministratori locali, sindaci, vicesindaci e assessori nelle mani dei russi. Gli ho chiesto di quei terribili giorni di prigionia. "Sono stati infiniti. Mi hanno portato in un carcere della città, ma non so quale, e mi hanno imprigionato in una cella dopo avermi interrogato per ore. Volevano da me nomi di ufficiali ucraini e obiettivi militari strategici. Tutte informazioni di cui non disponevo," mi ha detto parlando in inglese, davanti all'ambasciatore che ascoltava in silenzio. "A un certo punto mi hanno richiamato dalla cella per portarmi in una stanza con sei militari con le armi in pugno, per chiedermi di firmare un documento in cui mi dimettevo da sindaco. Ho spiegato loro che non era possibile per la legge, ma non è servito, così ho dovuto firmare." La sua voce era pacata e bassa. "Per cinque giorni mi hanno tenuto chiuso senza avere alcuna notizia dei miei familiari e della città, fino al momento in cui mi hanno rilasciato. Solo dopo ho capito il perché, ma fino ad allora ero certo che mi avrebbero ucciso."

Fedorov è venuto a Firenze e poi a Roma per chiedere al nostro paese di contribuire da subito alla ricostruzione delle loro città. Durante l'incontro abbiamo discusso di come avviare uno scambio di informazioni sulle criticità principali delle città e di come intavolare un piano di collaborazione con le città europee. Era molto organizzato, con documenti e una lista di edifici da ricostruire a Melitopol e in molti altri centri. Ci siamo lasciati con l'obiettivo di portare a Firenze un vertice tra delegazioni di sindaci europei e ucraini, dopodiché ho chiamato al telefono il segretario del PD Enrico Letta perché potesse riceverlo a Roma il giorno dopo con una delegazione di parlamentari ucraini, come poi è avvenuto.

Le piazze d'Europa per la pace

Primo marzo. A poco più di una settimana dall'inizio della guerra, mentre scendevo dall'aereo atterrato a Marsiglia dove mi sono recato per il Vertice europeo delle regioni e delle città, ho ricevuto un messaggio sul cellulare. Era Walter Veltroni, voleva parlarmi di un'idea. "Perché non pensate, voi sindaci, a organizzare una grande manifestazione?" mi ha detto al telefono. Dopo quel momento ho cominciato a consultarmi con i sindaci dell'associazione di cui sono presidente, Eurocities, presenti in quell'occasione, e con Enrico Letta, che mi ha subito esortato ad andare avanti per organizzare qualcosa di importante in tutto il continente e in Italia. Il giorno dopo, con il sindaco di Marsiglia, il giovane socialista Benoît Payan, abbiamo annunciato l'intenzione di organizzare per sabato 12 marzo in cento città europee altrettante dimostrazioni di piazza per esprimere solidarietà all'Ucraina e chiedere il cessate il fuoco e la pace, con lo slogan "*Cities Stand with Ukraine*". Avevamo dieci giorni appena, dovevamo fare presto.

Nei giorni successivi si sono susseguiti contatti, riunioni, dichiarazioni pubbliche. Il progetto cominciava a suscitare interesse e a crescere di giorno in giorno. Arrivavano le adesioni dei diversi sindaci, da Zagabria ad Atene, da Oslo a Varsavia, da Bologna a Napoli. Dopo il viaggio a Marsiglia mi sono sentito nuovamente con Letta; ci siamo detti di provarci fino in fondo e trasformare Firenze nella piazza principale delle manifestazioni europee lanciate da Eurocities. È da allora che mi sono convinto che avremmo potuto realizzare qualcosa di straordinario. L'Italia era attraversata da un dibattito molto acceso tra chi si schierava a favore dell'Ucraina e del sostegno, anche militare, alla sua azione di difesa e chi, invece, si riteneva "equidistante" rispetto alle due nazioni in conflitto. Noi dovevamo dare un segnale chiaro al mondo intero: l'Italia, l'Europa, stanno con l'Ucraina, ingiustamente invasa dall'esercito russo con un'operazione inaccettabile e disumana.

Era stata scelta per la manifestazione di Firenze piazza Santa Croce, dove il 14 maggio 1865 fu inaugurata la statua a Dante Alighieri alla presenza del re d'Italia Vittorio Emanuele II e di centinaia di sindaci per commemorare il sesto centenario della nascita del Divino Poeta. L'obiettivo era quello di chiamare a raccolta tutte le forze politiche, sindacali e culturali del paese. Con l'aiuto del mio staff ho cominciato a convocare personalmente tutti i protagonisti: i sindaci delle città più importanti, i leader di tutti i partiti e i segretari confederali dei sindacati. Con l'aiuto del PD siamo riusciti a convincere tutti che quella piazza sarebbe stata la piazza dell'unità per dire no alla guerra e per esprimere vicinanza all'Ucraina. Durante i preparativi abbiamo avuto l'idea di invitare a collegarsi alla manifestazione di Firenze e delle altre città il presidente ucraino, Volodymyr Zelensky in persona. Pochi giorni prima del 12 marzo, l'ambasciatore ucraino Melnyk, con cui avevamo avuto una fitta serie di telefonate, mi ha chiamato per darmi la notizia: "Il presidente Zelensky ha accettato di parlare davanti alla piazza di Firenze e alle altre piazze, in collegamento streaming." Non aveva mai fatto una cosa del genere prima di quel momento. La guerra era iniziata da poco, ma già infuriava in tutta la sua violenza. Kiev era sotto attacco. I russi stavano mettendo a ferro e fuoco decine di città ucraine senza risparmiare i civili. In quel preciso istante avevo capito che stavamo realizzando qualcosa di epocale, che probabilmente avrebbe lasciato il segno per molto tempo.

Il nostro obiettivo era quello di mostrare al mondo una piazza con una voce; sapevo che in quel momento era molto più facile dividere che unire le opinioni sulla guerra e sulle responsabilità dei russi. Ma dovevamo fare ogni sforzo per tenere la piazza unita e chiamare tutti. Quel sabato era arrivato e piazza Santa Croce era più gremita che mai: attendevamo diecimila persone, ne sono arrivate più del doppio. Famiglie, cittadini comuni, militanti, una distesa immensa di persone e di colori, con bandiere di ogni tipo, tra le quali svettavano quelle multicolori della pace e un immenso drappo blu e giallo, i colori dell'Ucraina. Da Madrid a Parigi, da Danzica a Zagabria, da Torino a Napoli, cento città europee si erano collegate nello stesso giorno per esprimere vicinanza a quel popolo aggredito con manifestazioni di ogni tipo: flash mob, meeting, striscioni, concerti. Firenze ne era l'epicentro. I ventimila di piazza Santa Croce hanno ascoltato commossi, in silenzio, il messaggio struggente di David Sassoli, registrato qualche anno prima a Firenze, e quello della nuova presidente del Parlamento Europeo Roberta Metsola, le testimonianze degli altri sindaci europei, quella emozionante del grande calciatore ucraino Shevchenko. Sul sagrato della maestosa chiesa, le note dell'*Ave Verum Corpus* di Mozart suonato dall'orchestra del Maggio Musicale Fiorentino, diretta dal maestro Daniele Gatti.

Nella piazza sventolavano le bandiere di tutti i sindacati, CGIL, CISL e UIL, che poche settimane prima si erano invece divisi sullo sciopero generale contro il governo. Unirli sulla vicenda della guerra appariva un compito davvero arduo. Mi sono quindi accordato con Enrico Letta per chiamarli insieme. Lui avrebbe contattato per primo Maurizio Landini, segretario della CGIL, io mi sarei concentrato su Luigi Sbarra, il segretario della CISL, avendo già acquisito il via libera del segretario della UIL, Pierpaolo Bombardieri. A tre giorni dalla manifestazione li ho richiamati a uno a uno per avere la loro adesione definitiva: "Veniamo in piazza." Il mondo del lavoro si era riunificato.

Nella piazza di Santa Croce, quel pomeriggio hanno sventolato anche le bandiere dei partiti e dei movimenti politici: dal PD a Forza Italia, da Azione ad Articolo Uno, da Italia Viva a Sinistra Italiana. Mancavano solo la Lega e Fratelli d'Italia. C'era una delegazione del Movimento 5 Stelle, ma mancava Giuseppe Conte, che aveva deciso di manifestare a Napoli. La piazza ha poi ascoltato tra gli applausi gli interventi dei sindaci di Roma, Bologna, Arezzo, Bergamo e Assisi, in rappresentanza delle centinaia di amministratori presenti con la fascia tricolore indosso. L'emozione era palpabile. Nella piazza si distinguevano le presenze dei presidenti delle regioni dell'Emilia-Romagna, del Lazio e della Toscana, Bonaccini, Zingaretti e Giani; del ministro del lavoro Andrea Orlando e di quello della salute, Roberto Speranza. C'erano leader politici, da Carlo Calenda a Pier Ferdinando Casini, arrivato con la figlia; c'erano numerosi intellettuali ed esponenti della società civile, come i firmatari dell'appello per l'Ucraina guidati da Mauro Magatti e Marco Bentivogli.

Infine, in diretta con tutte le televisioni d'Italia e del mondo, è arrivato l'atteso collegamento con il presidente Zelensky. Fino a quel momento non credevo ce l'avremmo fatta: "Questa è una guerra contro i valori che ci uniscono. Contro il nostro modo di vivere." Ha parlato dalla sua Ucraina bombardata, ma indomita, Volodymyr Zelensky. Da una città sotto attacco, ha parlato agli europei da europeo: "Dobbiamo stare insieme nella Comunità Europea, è importante per l'Ucraina."

Il giorno successivo ci siamo resi conto di aver scritto una pagina di storia. Le televisioni e i giornali di settantanove paesi del mondo avevano raccontato ciò che era successo quel giorno a Firenze e nell'Europa intera. Quella sera Enrico Letta mi ha inviato un messaggio molto bello di congratulazioni ed entusiasmo. La mattina successiva mi è arrivato anche un messaggio del leader di Sinistra Italiana, Nicola Fratoianni: "Caro sindaco hai evitato che Firenze venisse utilizzata contro altre piazze pacifiste. Per quel che vale ci tenevo a dirtelo." Una piazza, una voce. Ci siamo riusciti.

Lo spirito di Santa Croce

Piazza Santa Croce è stata una piazza matura e coraggiosa che ha parlato all'Italia e all'Europa intera. Questa piazza può essere lo spartiacque della politica italiana e in particolare della sinistra che, di fronte a eventi drammatici come la guerra, si è sempre dilaniata e divisa.

Quel sabato 12 marzo, le diverse forze politiche e sindacali hanno mostrato la maturità di una classe dirigente che mette in secondo piano le ragioni di parte a favore di un sentire comune dettato dalla gravità della situazione internazionale e dalla posta in gioco per l'Italia. Il primo risultato, non scontato, di questo *rassemblement* è stato il superamento di un'ambigua equidistanza evocata da taluni rispetto a Ucraina e Russia: essere in quella piazza ha significato per ciascuno riconoscere la differenza inequivocabile tra aggressore e aggredito. A partire da questo punto condiviso è comprensibile e perfino scontato che vi fosse un dibattito sul "come" e non sul "se" supportare l'Ucraina e contrastare l'aggressore. Pur consapevoli di essere di fronte alla guerra di un governo autoritario contro un popolo e non di un popolo contro un altro.

All'indomani della manifestazione mi sono dunque chiesto: come dare un seguito politico a quanto avvenuto a Firenze senza lasciar cadere l'opportunità di una riunificazione delle forze europeiste e democratiche? La strada è ancora una volta quella dell'Europa, così come David Sassoli l'aveva immaginata. Costruire un'Europa più forte che vada ben oltre l'unità monetaria e finanziaria con l'accelerazione della costituzione di una difesa comune europea, una vera politica estera comune, un sistema di tutele sociali e civili senza distinzioni tra paesi membri, il pieno coinvolgimento delle comunità locali e di chi le governa nei luoghi dove si prendono le decisioni. Su questa base diventa possibile dar vita a quel campo largo democratico di cui si parla da anni e che ha preso forma a Firenze e favorire una nuova unità sindacale, presupposto necessario per affrontare le durissime sfide sociali che il paese si troverà a vivere nei prossimi mesi, dalla crisi energetica e industriale all'emergenza umanitaria in atto.

Il protagonismo delle città, motori di una solidarietà internazionale e di un attivismo politico e diplomatico che contrasta dal basso i sovranismi nazionali, ha offerto alle sinistre democratiche una nuova visione strategica dell'Europa, più concreta e più vicina al sentire comune dei popoli; insomma, una nuova identità.

È proprio la consapevolezza di essere europei che ci rende esigenti e critici, senza rigidità ideologiche, rispetto agli errori e alle debolezze di un Occidente chiamato a costruire un nuovo equilibrio mondiale.

Sta alla politica italiana ed europea far crescere lo "spirito di Santa Croce" e la spinta delle cento città che hanno manifestato, dimostrando ai governi nazionali che si può parlare con una sola voce.

Ricostruire le città

La guerra in Ucraina ha messo nuovamente in luce la grande forza della solidarietà internazionale e ha ridato respiro al concetto di *soft power* di cui la *city diplomacy* è una componente fondamentale. La cooperazione tra città si è rivelata preziosa, per non dire fondamentale, nella gestione difficile e delicata della guerra e delle sue immediate conseguenze. Il ruolo delle comunità è servito ad accogliere migliaia di profughi, come nel caso di Varsavia, che si è trovata in poche settimane a ospitare duecentomila rifugiati ucraini, tra cui più di ventimila bambini; oppure come Danzica, che ha promosso un appello di centinaia di sindaci europei per aiutare le città ucraine. O piccole comunità come Przemysl (la cittadina del sindaco Wojciech Bukan che aveva sventolato davanti al segretario della Lega Matteo Salvini la maglietta con la faccia di Putin stampata), dove è stato allestito uno dei primi centri di accoglienza, tra i più grandi del paese, al confine polacco.

Tutte le città europee, piccole e grandi, si sono attivate senza sosta accogliendo in poche settimane milioni di rifugiati ucraini e inviando cibo, vestiti e medicinali nel paese aggredito. In pochi giorni si è innescata una poderosa macchina della solidarietà che ha fronteggiato la più grande emergenza umanitaria dalla seconda guerra mondiale. Firenze, con una comunità ucraina preesistente già superiore a duemila persone, è stata tra le città italiane più esposte all'emergenza, insieme a Milano, Napoli, Roma e Bologna. Nelle prime settimane di guerra la comunità è letteralmente raddoppiata. Dopo due mesi è arrivata a superare le cinquemila persone.

Le città italiane si sono organizzare in una rete di solidarietà coordinata dal governo e dalla Protezione Civile, con il ruolo rilevante delle regioni. Dopo le prime difficoltà logistiche, la tenacia dei sindaci, supportata dall'azione dei prefetti, ha avuto la meglio nello svolgimento di operazioni assai complesse: l'inserimento di migliaia di bambini ucraini nelle scuole dell'obbligo, il controllo e la selezione delle famiglie ospitanti in accordo con i tribunali, il reperimento di alberghi e strutture di accoglienza in coordinamento con le altre autorità. Sono state alcune delle principali attività che hanno visto piccole e grandi comunità aprirsi al flusso imprevedibile di persone disperate scappate da persecuzioni, violenze e fame.

L'attività di solidarietà si è concentrata anche nell'organizzazione di spedizioni di beni di prima necessità verso le città colpite dalla guerra. A Firenze, il 2 marzo, è stata lanciata dal comune e dalla Croce Rossa una raccolta fondi per sostenere l'attività della Croce Rossa Internazionale direttamente nei teatri di guerra, Kiev *in primis*. In poco meno di un mese sono stati raccolti centomila euro: contributi provenienti da singoli cittadini, famiglie, studenti e pensionati. Un mese dopo, grazie alla disponibilità della compagnia aerea ITA Airwais e all'operato congiunto della Misericordia e dell'amministrazione comunale, partiva da Milano alla volta di Lublino, a trenta chilometri dal confine con l'Ucraina, un aereo cargo con dodici tonnellate di aiuti, per poi tornare con una decina di famiglie di rifugiati. Negli stessi giorni, l'Istituto degli Innocenti – il primo luogo al mondo di accoglienza per l'infanzia abbandonata fondato nel 1419 – ospitava ventuno bambini orfani, scappati dalla guerra, dando loro accoglienza, assistenza medica, psicologica e tantissimo amore.

L'associazione Eurocities ha avviato la creazione di una database di tutte le 1.250 città europee aderenti per monitorare giorno dopo giorno i flussi di rifugiati e confrontare le diverse azioni messe in campo in ciascuna comunità, incoraggiando cooperazione e mutualità. La notizia era arrivata fino a Bruxelles, tanto che la commissaria europea per gli affari interni, Ylva Johansson, mi aveva chiamato per propormi una collaborazione tra la rete delle città e la Commissione. Ci siamo ritrovati nel suo ufficio pochi giorni dopo, a fine aprile, per avviare il piano congiunto. Abbiamo condiviso la necessità di raccogliere dati e coordinare le diverse azioni, nonché di monitorare il fenomeno della tratta di donne e minori tra Ucraina ed Europa, cresciuto di pari passo con l'arrivo dei rifugiati. Non era mai accaduta una cosa del genere prima d'ora nella storia dell'UE: città e istituzioni europee impegnate nella definizione di una piattaforma comune per la gestione di un'emergenza sociale e umanitaria.

Tra il 5 e il 6 maggio, in occasione di The State of the Union e del Festival d'Europa, due appuntamenti dedicati all'Europa che si svolgono ogni anno a Firenze su iniziativa dell'Istituto universitario europeo, abbiamo avuto ospite a Palazzo Vecchio l'alto rappresentante per gli affari esteri e la politica di sicurezza dell'UE, l'amico Josep Borrell, il quale ci aveva espresso la sua opinione sul fatto che la guerra sarebbe durata ancora molto a lungo e che l'Europa avrebbe dovuto giocare un ruolo ancora più incisivo sia sulle sanzioni economiche contro la Russia, sia sul negoziato di pace. In quei giorni siamo riusciti a realizzare ciò che apparivа impossibile fino a poche settimane prima. Il presidente Zelensky aveva accolto la proposta mia e del sindaco Fedorov di dare vita a un incontro tra delegazioni di sindaci in rappresentanza di UE e Ucraina. Ma la cosa più sorprendente è stata che a capo della delegazione dei primi cittadini ucraini vi fosse il sindaco di Bucha, Anatoliy Fedoruk. Vederlo entrare in Palazzo Vecchio, nella Sala di Cosimo il Vecchio splendidamente affrescata da Giorgio Vasari, con il gonfalone della città di Firenze, accompagnato dal collega di Melitopol, mi ha provocato un tuffo al cuore. Bucha è il simbolo del martirio dell'Ucraina, è il teatro dei massacri perpetrati dai soldati russi durante gli attacchi alla periferia nord di Kiev, nella fase iniziale della guerra. Quattrocento persone rinvenute in fosse comuni, decine e decine di cadaveri di civili indifesi lasciati sulle strade durante la frettolosa ritirata dei soldati russi. Immagini strazianti, rimaste impresse nella mente di tutti noi. "A Bucha è andata in frantumi l'umanità," aveva detto la presidente della Commissione Europea, Ursula von der Leyen.

Per la prima volta dall'inizio della guerra, il sindaco di Bucha era uscito dall'Ucraina, per venire a Firenze. Con lui, oltre a Fedorov, il segretario generale dell'associazione dei sindaci ucraini. L'ho guardato negli occhi senza proferire parola, dopo qualche attimo l'unica cosa che mi è venuta in mente di fare è stata di abbracciarlo. Un abbraccio lungo, intenso, commovente. Fedoruk parla solo russo. Il suo collega traduceva per lui. Non ho voluto chiedergli dei crimini di guerra consumati nella sua cittadina, non me la sentivo di costringerlo a ricordare per l'ennesima volta l'incubo che lo avrebbe perseguitato per tutta la vita. Ci è bastato guardarci negli occhi per capire tutto. Ai giornalisti ha poi raccontato di alcune scene strazianti, come l'esecuzione a freddo di una donna incinta e di suo marito. Nessuna pietà da parte dei soldati russi, accaniti sui civili inermi con violenza inaudita e in spregio a tutte le leggi di guerra e ai principi umani. Scene poi confermate da un video diffuso dal *New York Times* nel quale si vedono civili di Bucha spinti al patibolo dai russi con le armi puntate.

La delegazione di sindaci ucraini era venuta principalmente per lavorare alla ricostruzione delle loro città. Quando lo riferivo ai giornalisti mi veniva detto "Ma quale ricostruzione? C'è ancora la guerra che infuria!" Con un sorriso rispondevo che se non sei sindaco non puoi capire. Per il leader di una comunità non è mai troppo presto per cominciare la ricostruzione, anche se la guerra è in corso. "Caro Dario, dobbiamo metterci al lavoro subito per pianificare una serie di aiuti delle città europee, sia per la progettazione che per la costruzione delle scuole, degli ospedali, delle biblioteche e delle case incendiate e rase al suolo dalle bombe." Era questa la premura di Anatoliy Fedoruk. Mi risuonavano nella mente le stesse parole pronunciate dal suo collega, il sindaco di Kiev, che soltanto a pochi giorni dall'invasione russa, con una certa mia meraviglia, mi parlava della necessità di adoperarsi per ricostruire gli edifici distrutti. Sono commoventi e sorprendenti la tenacia e la passione di questi sindaci. In loro ho trovato l'essenza profonda della missione di chi guida una comunità; la capacità di non lasciare alcuno spazio alla rinuncia o alla disperazione per indicare una strada. "Questi uomini non molleranno mai, mai!" ho pensato tra me e me.

L'incontro delle delegazioni si è tenuto nella Sala della Musica del complesso di San Firenze, un raro esempio di Barocco fiorentino, una volta sede dell'aula principale del tribunale della città. Per l'UE, oltre alla delegazione di Eurocities, costituita dai sindaci di Firenze, Varsavia, Lipsia, Danzica, Oslo, Milano, Bari, Vienna, Braga e Barcellona, erano presenti la commissaria europea per la coesione e le riforme, la portoghese Elisa Ferreira, e l'attuale presidente del Comitato delle regioni, Vasco Cordeiro. In rappresentanza del governo italiano partecipava la ministra Mara Carfagna e per l'ANCI era presente Enzo Bianco. Sono state quattro ore intense ed emotivamente pesanti. I colleghi ucraini erano ben preparati e ci hanno presentato un dossier completo, con i numeri degli edifici distrutti e delle necessità più impellenti. Più di 1.200 tra piccole e grandi comunità colpite dall'invasione con danni minimi, parziali o addirittura totali come nel caso di Mariupol, con il novanta per cento degli edifici e delle infrastrutture distrutti.

È stata la prima vera riunione operativa dedicata alla ricostruzione delle città ucraine, ancora in piena guerra. Ma noi sapevamo che la ricostruzione prima o poi sarebbe partita e che occorreva dare vita a un gemellaggio collettivo con quello scopo. Così, ci siamo messi al lavoro per redigere un primo documento di intenti tra le due delegazioni e avviare la rinascita delle città ucraine. Perché le città non muoiono mai.

I sindaci e Zelensky

Nella mia esperienza di sindaco ho imparato che la tenacia e la fiducia sono una fonte di energia inesauribile. Per questo durante quella terribile primavera di guerra avevo nella mia testa un obiettivo fisso: dovevamo andare a Kiev e incontrare Zelensky per firmare il patto della ricostruzione dell'Ucraina. Subito dopo l'incontro con i sindaci di Melitopol e Bucha ci siamo messi al lavoro con il team di Eurocities per prendere contatto con lo staff del presidente ucraino.

Grazie anche all'intercessione dell'ambasciatore a Roma, Yaroslav Melnyk, siamo riusciti a ottenere una data per l'incontro. La delegazione da me guidata era costituita dal sindaco di Oslo, Raymond Johansen, il sindaco di Atene, Kostas Bakoyannis, il sindaco di Marsiglia, Benoît Payan, il sindaco di Tirana, Erion Veliaj, il sindaco di Lione, Grégory

Doucet, il sindaco di Helsinki, Juhana Vartiainen e il sindaco di Riga, Mārtiņš Staķis. Il viaggio si annunciava lungo e scomodo. Dopo aver raggiunto Cracovia in aereo, nella mattinata del 18 agosto, ci siamo trasferiti in bus a Przemysl, sul confine polacco, dove le delegazioni degli otto sindaci si sono riunite. Dalla cittadina polacca siamo partiti in serata alla volta di Kiev sull'unico treno che collegava l'Ucraina all'Europa, lo stesso che due mesi prima aveva accompagnato Draghi, Macron e Scholz. Durante il viaggio, in piena notte, il treno si è fermato nei pressi di Leopoli, dove le sirene antiaeree ci hanno preso di soprassalto. I russi avevano lanciato un missile nei dintorni della città, ci aveva detto il responsabile della carrozza cuccette che ci ospitava. Non ricordo altri momenti particolari per il resto della notte se non la difficoltà a dormire per l'emozione di una missione delicata e importante che mi avrebbe portato nel cuore del conflitto a tu per tu con l'uomo al centro dell'attenzione del mondo intero.

La mattina del 19 agosto, alle 9.00 siamo arrivati nella capitale ucraina, dopo un viaggio durato complessivamente ventiquattro ore. Kiev appariva in quel periodo come una città tutto sommato tranquilla. La vita era lentamente ripresa. I negozi aperti, le persone per strada, gli autobus, davano la sensazione di una certa normalità se non fosse stato per i racconti dell'autista del pullman scortato dai militari ucraini che ci stava portando nella zona a nordest dell'*oblast'* di Kiev. "Il traffico prima della guerra nella capitale era dieci volte più di ora" aveva osservato quasi con dolore.

Le immagini di case, scuole, negozi sventrati dai bombardamenti nelle cittadine di Borodyanka, Bucha e Irpin' erano strazianti. Mi avevano riportato alla mente gli edifici squartati dal terremoto dell'Irpinia del 1980, quando vivevo ancora a Portici, nella provincia napoletana. Il tempo in quei paesi devastati dalla furia dell'esercito russo si era fermato. In alcuni edifici si vedevano chiaramente gli interni delle abitazioni. La mia attenzione era stata catturata da alcuni pupazzi nascosti tra le macerie di una camera al secondo piano di un palazzo bombardato a Irpin'. Doveva essere la cameretta di un bambino o una bambina, strappata via dai genitori nel cuore della notte durante un attacco, ho pensato. Un nodo alla gola e una pressione al petto mi impedivano di parlare con gli altri. Eravamo tutti scioccati da quelle immagini e dai racconti dei sindaci delle località che via via abbiamo visitato. L'incontro con una donna alla quale avevano ucciso il figlio, durante un bombardamento di Bucha il 10 marzo, mi aveva fortemente impressionato, quasi svuotato di ogni energia interna. Poco dopo, il sindaco della cittadina, Anatoliy Fedoruk, che poche settimane prima avevo accolto a Palazzo Vecchio a Firenze con le lacrime agli occhi, ci ha accompagnato a vedere le fosse comuni nei pressi della chiesa di Sant'Andrea. Quel posto fatto di terrore, ripreso dalle televisioni di tutto il mondo era sotto i miei occhi e quelli dei miei colleghi. Le fosse erano state quasi tutte ricoperte dopo la rimozione dei corpi. I soldati ucraini e il sindaco avevano posizionato ai bordi della zona una piccola lapide con ai piedi un lumino acceso, dei fiori e alcuni giocattoli. Era stata eretta in ricordo dei trentotto bambini uccisi dagli attacchi nella periferia di Kiev in quelle drammatiche settimane a cavallo tra febbraio e marzo del 2022.

Con quelle immagini negli occhi siamo giunti, alla fine della giornata, all'ingresso del palazzo presidenziale, nascosto tra gli edifici del centro della capitale, dopo aver passato una decina di posti blocco. Una volta lasciati i cellulari a bordo del pullman, all'interno del palazzo siamo stati controllati tre volte da gruppi di soldati armati fino ai denti. Alle finestre sacchi di sabbia ammassati. Le luci spente in tutte le sale. Mitragliatrici e armi pesanti a tutti gli ingressi. Sembrava il set di un film di guerra, ma non lo era affatto. Ci trovavamo nel quartier generale del presidente ucraino Volodymyr Zelensky. Una volta raggiunta la sala presidenziale delle riunioni, per noi già familiare dopo averla vista decine di volte in TV, Zelensky ci ha accolto con i suoi più stretti collaboratori, tra cui il ministro degli esteri Dmytro Kuleba, il capo dell'ufficio del presidente, Andrii Yermak, il sindaco di Melitopol, nostro accompagnatore, Ivan Fedorov, e il responsabile dell'associazione nazionale ucraina delle municipalità.

In quell'incontro, durato più di un'ora, mi sono reso conto di avere di fronte un uomo profondamente trasformato, nel corpo e nello spirito, da quella orrenda guerra. Nonostante la stanchezza visibile sul volto, il presidente ha parlato con lucidità e consapevolezza dimostrando la statura di un politico tutt'altro che ordinario. Lo avevano descritto come una persona inesperta, un semplice comunicatore, un attore prestato inconsapevolmente alla politica. Al contrario, ho avuto la chiara sensazione di un politico maturo, coraggioso e perfettamente cosciente della situazione.

In quel momento la guerra sembrava in una situazione di stallo. Il giorno prima il presidente ucraino aveva incontrato a Leopoli l'omologo turco, Erdoğan, e il presidente dell'ONU, Guterres, per discutere l'accordo raggiunto con Mosca per l'esportazione del grano dai porti del mar Nero. Nelle stesse ore del nostro incontro avevamo ricevuto la notizia che i soldati russi che avevano occupato la centrale nucleare di Zaporizhzhia si apprestavano a spegnere gli alimentatori della centrale per interrompere l'approvvigionamento di elettricità nei territori ucraini. Il rischio di un incidente nucleare, inoltre, era più reale che mai. Zelensky ci aveva illustrato nel dettaglio la difficile situazione di quei giorni, sia per la crisi economica che attanagliava il paese, sia per i progressi dell'esercito russo a sud del paese, giunto ormai alle porte di Nikolaev, ultima grande città a ovest, prima di Odessa. I russi tentavano di raggiungere la grande città marittima dall'interno e questo preoccupava fortemente gli ucraini.

Ciò che più interessava al presidente, seduto al tavolo di fronte a me con la sua consueta maglia color verde militare, era riaccendere l'attenzione del mondo su una guerra che cominciava a stancare e di cui si parlava sempre meno. "La guerra continua come sempre ma i media non ne parlano più," ci aveva detto con una certa preoccupazione. "Voi sindaci, che siete così vicini alle persone e svolgete un ruolo così importante nei vostri paesi dovete parlare e raccontare, perché il mondo ci sta dimenticando, mentre continuano a morire molti civili." Zelensky era convinto della centralità della comunicazione nella strategia di guerra e aveva dimostrato fin dall'inizio di essere un abile comunicatore. "Anche se in molte città combattiamo, dobbiamo pensare alla ricostruzione, per questo siamo onorati di ricevervi a Kiev," aveva aggiunto. Da quelle parole e dalla volontà di accelerare la ricostruzione avevo compreso che il presidente ucraino avesse ben chiara la necessità di chiudere la guerra con un possibile accordo di pace. Tuttavia egli era altrettanto persuaso che qualunque accordo di pace avrebbe dovuto basarsi sul ripristino della situazione al 23 febbraio del 2022, ovvero prima del conflitto. "Gli ucraini combatteranno fino alla fine, fino all'ultimo uomo. Voi non fareste lo stesso per difendere il vostro paese, le vostre città e le vostre famiglie?" mi aveva confidato alla fine della riunione, dopo esserci trattenuti pochi minuti a parlare, tra l'altro, delle imminenti elezioni italiane e dell'impatto che queste avrebbero avuto sulla posizione italiana ed europea sulla guerra.

Alla fine dell'incontro, la firma dell'accordo tra Eurocities e l'associazione nazionale dei sindaci ucraini per contribuire alla ricostruzione di scuole, ospedali, biblioteche, teatri nelle centinaia di città ucraine. Si è trattato del primo impegno di ricostruzione delle città ucraine bombardate sulla base della cooperazione locale. Mai un progetto del genere era stato promosso dalle città europee a favore di un paese non europeo in guerra. Era l'inizio di un lungo e difficile cammino di speranza e rinascita. Un cammino destinato a coinvolgere centinaia di comunità locali, migliaia di persone. Una nuova dimostrazione di come le città possano favorire una pace duratura e concreta attraverso la collaborazione e l'amicizia. Poche volte nella mia vita mi sono sentito così orgoglioso di vivere un momento di tale responsabilità e significato. Eravamo nel cuore della storia e stavamo contribuendo a scriverla.

6. Riformare l'Europa a partire dalle città

Nonostante la loro importanza nello sviluppo economico e sociale del territorio europeo, le città hanno svolto un ruolo politico e istituzionale piuttosto limitato nella definizione, gestione e attuazione della politica del processo di integrazione europea. La competenza delle autorità regionali e nazionali, in Italia come negli altri paesi, ha tagliato fuori i governi locali da un rapporto diretto con l'Unione Europea nella programmazione dei fondi di coesione, centrali per lo sviluppo delle aree urbane. In alcuni casi, soprattutto negli ultimi anni, è stato possibile assistere a un maggiore coinvolgimento delle autorità cittadine, grazie anche all'avvento delle città metropolitane, che, soprattutto attraverso processi di negoziazione *soft*, sono riuscite a influenzare l'agenda europea.

Con l'avvento del virus è diventata evidente a tutti la necessità di far compiere all'Europa uno scatto, un salto di qualità. Il Covid-19 ha scosso sin nelle fondamenta le istituzioni europee, facendo temere a ciascuno di noi che la pandemia avrebbe innescato una pericolosa regressione del progetto politico europeo: la sospensione dell'accordo di Schengen, con la chiusura di fatto delle frontiere dei paesi europei, è stata una delle conferme più evidenti di quei timori. Proprio in quel momento avevamo bisogno di più Europa, non di meno Europa! La capacità di reagire si è tradotta nel varo del più ambizioso piano di rilancio economico del continente. L'Europa aveva reagito alla pandemia con altrettanto vigore lanciando il Next Generation EU, un piano senza precedenti per la rinascita del continente che, per la prima volta, si basava anche sulla realizzazione di un debito comune europeo per affrontare la crisi. Avevamo l'opportunità storica di dare vita ai progetti finanziati dal Piano nazionale di ripresa e resilienza, che derivava dal più generale piano europeo, di utilizzare i fondi europei con intelligenza e responsabilità. Era chiaro che da quelle opportunità poteva nascere un'Italia più forte, capace di guardare avanti con fiducia dopo questo lungo inverno di ignoto e di paure.

Il piano Next Generation EU, tuttavia, non ha registrato significativi passi avanti nel processo di coinvolgimento dei governi locali, nonostante l'affermazione di modelli di *governance* multilivello: troppo spesso i sindaci europei non sono stati sufficientemente coinvolti dalla Commissione UE e dai governi nazionali in questi processi (il governo italiano, a dire il vero, è stato uno dei più sensibili).

Oggi esiste un evidente disallineamento tra il ruolo reale delle città nella costruzione e nello sviluppo dell'integrazione europea e il loro riconoscimento quali attori istituzionali nella definizione e nell'attuazione delle politiche. Basti pensare che in Italia, per la firma del governo dell'Accordo di partenariato della politica di coesione europea per il settennato (che riguarda l'uso dei fondi europei per tutti i principali obiettivi di crescita del paese) è prevista la partecipazione delle regioni, ma non quella delle città!

Le amministrazioni locali, tuttavia, sono la prima linea delle istituzioni nel rapporto con i cittadini impegnata nella difesa dei valori europei, anche nei paesi in cui la sensibilità politica sui valori dell'Europa è minore. È su questi presupposti che negli ultimi anni è stata fondata l'azione dei sindaci di tutte le città europee nel confronto con i governi nazionali e con le istituzioni dell'UE.

Il Recovery Plan

A Bruxelles sono molti i documenti che riconoscono un ruolo centrale alle politiche urbane; eppure, il peso che le città hanno in Europa non è ancora forte come i sindaci e gli stessi cittadini vorrebbero. Malgrado il 2020 abbia mostrato come le comunità locali siano state in prima linea contro il virus in termini di risposte sanitarie, sociali, educative, di sostegno economico e di welfare, i governi centrali hanno stentato a coinvolgerle in una fase, quella della ricostruzione e dei fondi di *recovery*, dove invece avrebbero molto da proporre. All'inizio del 2021, l'associazione Eurocities ha realizzato un sondaggio tra i suoi membri dal quale è emerso che il settanta per cento delle città europee giudicavano insufficiente il loro coinvolgimento da parte degli stati nella redazione dei piani nazionali di *recovery* e *resilience* e solo un sindaco su dieci riteneva che le proprie proposte fossero state effettivamente inserite in questi piani. Il paradosso è che il trentasette per cento delle risorse dei piani a livello europeo deve essere destinato all'ambiente e che la quasi totalità di questa percentuale interessa la vita delle città e i loro progetti di trasformazione, indirizzati e attuati dai governi locali. A questo si aggiunge tutta la parte riguardante la transizione digitale, i progetti di *smart cities*, le infrastrutture dei trasporti. Insomma quasi l'ottanta per cento delle risorse complessive sono destinate a realizzare opere che impattano sulle città.

Lo studio di Eurocities era un dato allarmante sul quale i sindaci europei hanno chiesto a gran voce a Commissione e Parlamento europei di intervenire. Senza le città, il *Recovery and Resilience Plan* avrebbe rischiato il fallimento. L'impatto della pandemia e della crisi era evidente in tutte le città e regioni del continente. Nelle città, durante e dopo la pandemia, i poveri hanno continuato ad aumentare, i tassi di disoccupazione sono cresciuti e le aziende locali continuano a lottare per sopravvivere con il sostegno dei programmi governativi. Con la guerra in Ucraina, i timidi segnali di ripresa sono stati rapidamente assorbiti dall'incertezza e dalla crisi energetica europea.

I nostri welfare pubblici sono fondamentali per proteggere le persone vulnerabili e limitare la diffusione del virus, ma sono al limite della pressione. Per la maggior parte dei sindaci è stata una priorità assoluta impegnarsi nelle discussioni sui piani nazionali di ripresa. La maggior parte di noi ha lavorato attivamente per un coinvolgimento diretto nello sviluppo di questi programmi. A ciò si aggiunge l'essere stati in prima linea ventiquattr'ore su ventiquattro, sette giorni su sette per limitare la diffusione del virus nelle nostre città e per sostenere l'emergenza umanitaria generata dalla guerra in Ucraina, supportando con grande dispendio di energie le azioni dei governi nazionali nei loro sforzi.

Per far fronte alla sfida del Next Generation EU era chiaro a noi sindaci che si dovesse in primo luogo sviluppare un dialogo strutturato e diretto tra la *task force* sul *Recovery Fund* della Commissione Europea e le città, al fine di monitorare il coinvolgimento delle autorità locali nei piani nazionali di ripresa e per seguire le modalità di attuazione dei programmi a livello locale. In secondo luogo, serviva una collaborazione intensa e diretta con la presidenza portoghese per garantire che il coinvolgimento dei governi locali fosse preso in considerazione dai ministri e che gli effetti della crisi a livello urbano, e in particolare sui settori della produzione creativa del turismo, venissero trattati con priorità.

L'Europa si è trovata di fronte a una sfida epocale: combinare l'uscita definitiva dalla pandemia con un altrettanto auspicato successo economico e sociale, per il quale l'utilizzo adeguato dei fondi del Next Generation EU è divenuto dirimente.

Cinque mosse per il Next Generation EU

Le decisioni dei governi nazionali nella scrittura e attuazione dei piani di *recovery* sono state cruciali per l'impostazione del modello di rinascita dei paesi europei ed è su questo che anche gli enti locali hanno voluto giocare un ruolo importante.

Nel marzo del 2022, in occasione di un vertice con la commissaria europea per la coesione e le riforme, Elisa Ferreira, ho avanzato a nome dei sindaci europei una proposta basata – per usare il gergo scacchistico – su cinque mosse per arrivare velocemente a uno scacco matto difficile ma non impossibile sul successo del Next Generation EU, con il pieno coinvolgimento delle comunità locali.

Per prima cosa i *Recovery Plans* dovevano contenere progetti chiari e innovativi, non i soliti, classici vecchi piani dimenticati nei cassetti dei ministeri e improvvisamente tirati fuori e riproposti. Il Next Generation EU e i suoi strumenti servono per rilanciare l'economia e aiutare la ripresa postpandemia ma non significano contributi e sussidi a pioggia: i progetti dovevano essere concreti e sostenibili dal punto di vista ambientale e tecnologico, e puntare sulle capacità di innovazione e di creazione di nuovo lavoro preferibilmente stabile.

I fondi, in particolare, dovevano essere dirottati su interventi che avessero la capacità e la concretezza di produrre lavoro nel futuro. I piani di *recovery* non dovevano prevedere quindi contributi che servono ad allungare la vita ad aziende decotte o a sostenere attività non più richieste, ma supportare quelle realtà che siano adatte a creare nuovo lavoro o promuovere progetti che servano per investire nel cambiamento dei servizi e/o dei prodotti realizzati per rilanciarsi in settori non esausti ma competitivi.

Per noi sindaci, inoltre, appariva del tutto necessario che i piani unissero al finanziamento di progetti per lavori e servizi una messa in campo di riforme necessarie a modificare e ammodernare le medesime attività interessate dai lavori e/o dai servizi. Per fare un esempio: un finanziamento che preveda un ammodernamento delle dotazioni informatiche di uffici pubblici dovrebbe essere accompagnato da un processo di semplificazione delle procedure interne e verso l'esterno degli uffici stessi, ma anche da una riforma delle norme che definiscono tempistiche, procedure e modalità di resa dei servizi.

Seconda mossa: assegnare ai sindaci delle città metropolitane il venti per cento dei finanziamenti europei. Le città metropolitane hanno le giuste caratteristiche per seguire progetti di media dimensione e sono già organizzate per la gestione e rendicontazione dei progetti comunitari. Gli interventi vanno realizzati non centralmente ma dagli enti che sono sul territorio, che lo conoscono meglio di enti sovraordinati e che hanno una dimensione adeguata per gestire i finanziamenti seguendo gli indirizzi comunitari e per appaltare velocemente gli interventi.

In terzo luogo i sindaci hanno chiesto di semplificare urgentemente il sistema delle assunzioni prevedendo nuova forza lavoro, anche a tempo determinato, per seguire la progettazione degli appalti e i cantieri, sbloccando i limiti attuali. Occorreva liberare la possibilità di introdurre le professionalità necessarie nelle stazioni appaltanti chiamate a gestire i fondi di *recovery*, ovvero la possibilità di assunzioni immediate di personale qualificato: professionisti tecnici e amministrativi che devono essere reperiti e messi in condizione di lavorare con tempi rapidissimi e procedure *ad hoc*, imparando da coloro che negli enti locali hanno già svolto attività di progettazione, gestione e rendicontazione di progetti comunitari

Il quarto punto è stato la richiesta urgente di nuove norme per modificare alcune parti del sistema degli appalti. Anzi, per l'Italia mi sono spinto oltre: per le modalità di appalto e realizzazione dei lavori relativi alla realizzazione dei progetti dei piani di *recovery* si doveva fare riferimento solo a regole comunitarie, finendo dunque per abbandonare totalmente il codice degli appalti. Non avevamo tempo per i vincoli che sono posti dalle normative nazionali. Per la realizzazione dei progetti di ripresa basta rispettare vincoli e indirizzi a livello comunitario bypassando procedure farraginose non necessarie in questo momento.

Quinto e ultimo punto, che è un corollario di tutti i precedenti: individuare i comuni sopra una certa soglia di abitanti come stazioni appaltanti principali. In Italia questa soglia potrebbe essere rappresentata dalle città metropolitane e dai comuni capoluogo di provincia. Questi enti hanno tra le mani le capacità di appaltare finanziamenti comunitari e rispettare le regole che impone la Comunità Europea. I soldi del Next Generation EU non sono gratis e non sono senza condizionalità. Per spendere denaro subito e creare lavoro era necessario coinvolgere una pluralità di soggetti sparsi sul territorio che fossero in grado di gestire la grande mole di risorse che avevano particolari condizioni di spesa per quanto riguarda appalti, rendicontazioni e tempistiche.

Non mi sono mai stancato di ripetere che una delle priorità in quel momento di crisi globale fosse rafforzare il coinvolgimento delle città nel processo decisionale. Era ed è tuttora opportuno che le città si siedano ai tavoli dove vengono prese le decisioni che implicano anche conseguenze per il futuro dei territori, dato che sono proprio i governi locali i più vicini ai bisogni dei cittadini. Le città devono essere tra i protagonisti della ripresa postpandemica e postguerra.

Costruire l'Europa sociale

"È vero anche che la macchina democratica e l'organizzazione spirituale e culturale girerebbero a vuoto se la struttura politica non aprisse le sue porte ai rappresentanti degli interessi generali e in primo luogo a quelli del lavoro." Era questa l'idea della nuova Europa che Alcide De Gasperi aveva delineato davanti alla conferenza parlamentare europea il 21 aprile del 1954. Un'Europa capace di rappresentare gli interessi generali e innanzitutto quelli del mondo del lavoro. A distanza di quasi settanta anni rimane tutta intera la sfida di una trasformazione dell'Europa della finanza e della moneta in un'Europa politica, che abbia nella dimensione sociale e culturale la sua nuova base.

Con questi obiettivi il premier portoghese António Costa ha lanciato, di concerto con la Commissione Europea, il Social Summit di Porto, il 7 e 8 maggio del 2021, durante il semestre di presidenza portoghese. Un'occasione per tornare a discutere in presenza dopo la prima ondata di pandemia; un'occasione per mettere le città e le persone al centro del dibattito pubblico europeo. Due mesi prima ci eravamo trovati con il primo ministro portoghese in una *videocall* per definire la partecipazione dei sindaci al Social Summit. In quella circostanza avevo spiegato a Costa che nessun obiettivo di welfare, dal lavoro all'inclusione sociale, dall'immigrazione al sistema educativo, sarebbe stato raggiunto senza il pieno coinvolgimento dei governi locali. António Costa conosceva bene il mestiere di sindaco e le peculiarità dell'amministrazione locale, avendo guidato Lisbona dal 2007 al 2015, e sapeva quanto fosse importante inaugurare una nuova alleanza tra città e Unione Europea per costruire la nuova Europa del lavoro e dei diritti sociali. Per questo aveva accolto con convinzione la nostra richiesta di prevedere, per la prima volta, la partecipazione dell'associazione dei sindaci europei a un summit europeo ufficiale. Circa il settantacinque per cento della popolazione europea vive nelle città e queste sono responsabili dell'attuazione di più della metà delle politiche sociali e occupazionali dell'UE. Le città erano state i nodi focali della pandemia ma anche della ripartenza, eppure così poco consultate nella stesura dei piani di *recovery*.

Per questi motivi avevamo deciso, come associazione Eurocities, di organizzare alla vigilia dell'evento portoghese un Cities Social Summit: un incontro virtuale per mettere a punto proposte concrete da sottoporre alle istituzioni europee e ai leader degli stati membri. Alla fine di quel confronto preparatorio avevamo raggiunto alcuni obiettivi davvero significativi: sessantasei città europee avevano sottoscritto un impegno comune per realizzare centomila appartamenti per famiglie bisognose come prima forte risposta all'emergenza sociale determinata dal Covid-19. Era la prima volta che i sindaci si alleavano per un obiettivo di questa portata nella storia d'Europa, con un impegno economico complessivo di quindici miliardi di euro. Nello stesso momento i sindaci europei hanno lanciato la Mayors Alliance for Green Deals, per monitorare gli impatti concreti del *Recovery Plan* europeo sulle città in termini sociali e ambientali. Al meeting conclusivo del Cities Social Summit avevano partecipato tra gli altri Ada Colau, sindaca di Barcellona; Katrin Habenschaden, sindaca di Monaco; Anne Hidalgo, sindaca di Parigi; Rui Moreira, sindaco di Porto; Ahmed Aboutaleb, sindaco di Rotterdam. Nel mio discorso conclusivo ho usato queste parole: "Come leader delle città abbiamo reso più forti le nostre responsabilità per attuare politiche sociali e garantire gli investimenti sociali pubblici degli ultimi dodici mesi, in piena pandemia, ma nonostante i molteplici appelli, molte città non sono state ancora consultate nei piani nazionali di ripresa. È un'opportunità persa che l'UE non può permettersi in questo momento e che smorzerà la sua capacità di riprendersi. Senza le città, le prospettive di una ripresa sostenibile e inclusiva appaiono cupe."

Al termine dei lavori, i sindaci hanno sostenuto la necessità di una serie di riforme e investimenti da affiancare al perseguimento degli obiettivi sociali dell'UE per il 2030: in primo luogo, un maggior rilievo della dimensione sociale nell'Accordo verde europeo (*European Green Deal*); in secondo luogo, l'istituzione di un vertice sociale annuale, con una forte partecipazione delle città, sul piano d'azione del Pilastro europeo dei diritti sociali (*European Pillar of Social Rights*); infine, un livello ambizioso di investimenti, che comprenda anche la creazione di alloggi popolari e a prezzi accessibili, per far fronte alle disuguaglianze e assicurare una ripresa che sia il più possibile inclusiva. Proposte concrete, che ci permettevano di dare una vera e propria scossa all'Europa sui temi sociali. Noi sindaci eravamo pronti a fare ancora di più e a lavorare fianco a fianco all'Unione Europea e agli stati membri, ma a nostra volta ci aspettavamo che i leader europei ci coinvolgessero come partner chiave nell'agenda UE per il rilancio.

Il Social Summit europeo di Porto

Portare la voce dei sindaci tra i leader europei è stato per me un privilegio e un'opportunità straordinaria. A Porto sedevo accanto ai capi di stato e di governo, ai rappresentanti delle istituzioni dell'UE, alle parti sociali e agli altri *stake-*

holders chiave. Ero gomito a gomito con il presidente francese Macron, il presidente spagnolo Sánchez, la presidente della Commissione Europea von der Leyen, il rappresentante della Confederazione europea dei sindacati, l'italiano Luca Visentini. Avevo avuto modo di fermarmi a discutere con David Sassoli sugli impegni futuri che ci avrebbero visti insieme, come città di Firenze e Parlamento Europeo. Era stato lui a introdurmi alla presidente von der Leyen, con la quale avevamo deciso di programmare un incontro a tre proprio per condividere le priorità delle città nell'agenda europea. Sassoli era stato per me il più prezioso alleato, sempre attento e pronto a sostenere le posizioni dei sindaci nei consessi importanti; il nostro gioco di sponda era efficacissimo.

Nei due giorni del summit abbiamo discusso su come rafforzare la dimensione sociale dell'Europa per trovare soluzioni efficaci per il cambiamento climatico e la transizione digitale, senza mai perdere di vista l'obiettivo politico e sociale della garanzia delle pari opportunità per tutti, senza lasciare nessuno indietro. Il Social Summit serviva anche a gettare le basi del piano d'azione della Commissione Europea per attuare il Pilastro europeo dei diritti sociali, che sarebbe stato presentato nelle settimane successive. Questo inoltre anticipava di appena un giorno le celebrazioni della Festa dell'Europa, nella ricorrenza della Dichiarazione Schuman del 9 maggio 1950 che diede origine all'embrione della prima comunità europea. Proprio quel giorno è iniziata la Conferenza sul futuro dell'Europa, rimandata l'anno precedente a causa della pandemia, con il compito arduo di affrontare sfide cruciali come la recessione, i cambiamenti climatici e il tema dell'unanimità delle decisioni.

Il vertice di Porto era stato trasmesso in diretta streaming quasi per intero, per consentire a tutti i cittadini europei di ascoltare le discussioni che avrebbero avuto un impatto diretto sulla loro vita quotidiana, su temi come l'occupazione, le condizioni di lavoro eque, le pari opportunità, una migliore assistenza sanitaria e la protezione sociale.

Nel presentare la Conferenza sul futuro dell'Europa la presidente Ursula von der Leyen aveva sostenuto che "le persone devono essere al centro di tutte le nostre politiche" e che "abbiamo bisogno di una nuova forma di solidarietà e giustizia sociale tra le generazioni." Concetti molto simili a quello espresso solo due giorni prima all'inaugurazione (virtuale) della prima giornata di The State of the Union 2021 a Firenze. In quell'occasione la stessa presidente della Commissione Europea, parlando della storia dell'Europa come di "una storia di Rinascimenti", aveva utilizzato a sorpresa alcune parole di don Lorenzo Milani, il prete che negli anni sessanta da Barbiana, sulle colline fiorentine, lanciò un nuovo modello di scuola e di fede, ma anche di politica, nel senso più ampio del termine, scomodo per la società e le leggi di allora: "A pochi chilometri da Firenze c'è un paesino, Barbiana, dove don Lorenzo Milani sul muro della scuola scrisse in inglese '*I care*'. Lui disse agli studenti che quelle erano le due parole più importanti da imparare. '*I care*' significa assumere responsabilità. Gli europei hanno dimostrato con le loro azioni cosa significa. Questo deve essere il motto dell'Europa. '*We care*'." Don Milani metteva in contrapposizione "*I care*" con il "me ne frego" fascista. E sosteneva anche che "il problema degli altri è uguale al mio. Sortirne tutti insieme è politica. Sortirne da soli è avarizia." Messaggi assai attuali, che sono perfettamente applicabili anche al futuro della nostra Unione.

Una parte dei lavori del summit di Porto era stata organizzata in seminari tematici. Così mi sono trovato a partecipare alla stessa riunione nella quale è intervenuto il presidente del consiglio Draghi, alla sua prima volta in un summit europeo in presenza da rappresentante del governo. Draghi era stato molto coraggioso nel chiedere di inserire i "pilastri sociali" nei parametri del semestre europeo, l'insieme dei criteri con cui Bruxelles monitora le politiche economiche degli stati. In quel momento infatti si discuteva di SURE, il programma della Commissione Europea a sostegno dell'occupazione: il premier italiano si era spinto a chiedere che quel programma fosse rinnovato fino a diventare strutturale. SURE, con i suoi cento miliardi di euro, è una specie di precursore del Next Generation EU. Entrambi sono basati su bond comuni emessi dalla Commissione Europea.

Draghi aveva chiesto ai colleghi europei e alla Commissione "di non ritirare troppo presto le misure di supporto fiscale e assicuriamoci che il programma SURE resti al suo posto" dopo essersi incontrato a margine della riunione con il presidente Macron, il quale, per parte sua, aveva richiesto "più fondi europei e nazionali affinché anche gli stati si occupino di formazione professionale, non possiamo lasciarla solo ai privati."

Nel mio intervento a Porto ho evidenziato con forza quanto fosse necessario garantire investimenti nelle riforme "verdi" e digitali, creare nuovi posti di lavoro di qualità e un mercato del lavoro inclusivo, anche per i più vulnerabili. La ripresa richiedeva un livello senza precedenti di investimenti nei servizi locali e nelle infrastrutture sociali. "Le città sono pronte a sfruttare le opportunità del *Green Deal* europeo per sostenere la creazione di nuovi posti di lavoro. Non può esserci una transizione verde o digitale senza un'occupazione inclusiva," avevo detto. Dentro Eurocities si stava infatti creando proprio un'alleanza dei sindaci per il *Green Deal* europeo che riuniva ambiziose azioni locali in cui clima, ambiente, occupazione e obiettivi sociali vanno di pari passo.

In quei due giorni con i partner europei ci siamo concentrati su posti di lavoro, competenze, lotta alla povertà e riduzione dell'esclusione sociale e abbiamo sottoscritto i tre obiettivi principali per il 2030: il settantotto per cento della popolazione di età compresa tra i venti e i sessantaquattro anni dovrebbe avere un'occupazione entro il 2030; almeno il sessanta per cento di tutti gli adulti dovrebbe partecipare alla formazione ogni anno; le persone a rischio di povertà o esclusione sociale dovrebbero essere ridotte di almeno quindici milioni entro il 2030.

Purtroppo, malgrado queste premesse, i temi sociali restano ancora un fanalino di coda nelle agende europee. Abbiamo impiegato anni a costruire l'Europa monetaria e finanziaria senza pensare ai bisogni più vicini alle persone. Il *dumping* fiscale – tanto per fare un esempio – tra i paesi dell'Unione è la rovina di molte realtà economiche. Ed è inammissibile che grandi aziende o multinazionali siano lasciate libere di chiudere e aprire impianti e fabbriche in paesi diversi dove la convenienza è maggiore.

A nome dei sindaci europei ho proposto in quei giorni al primo ministro Costa, in qualità di presidente di turno del Consiglio dell'UE, di organizzare ogni anno un'edizione del Social Summit per monitorare a livello europeo il progresso delle azioni sui fronti del lavoro, dei diritti sociali e della transizione ecologica. Solo così potremo tenere alta l'attenzione su temi che sono in contatto diretto con i cittadini europei e che toccano da vicino la vita quotidiana delle persone.

Uno dei frutti più importanti del vertice di Porto è stata senza dubbio la direttiva del 7 giugno 2022, che stabilisce procedure precise per l'adeguatezza del salario minimo legale in tutti i paesi europei. La direttiva è stata raggiunta dopo un lungo negoziato e, infine, un accordo siglato tra Parlamento, Commissione Europea e stati membri. Un accordo di grande importanza, che segna un cambio di rotta dell'Europa dagli obiettivi di "moderazione salariale" al concetto di "salario equo". Una grande occasione per riflettere sulle politiche di tutti gli stati al fine di raggiungere gli obiettivi di riduzione della povertà e delle disuguaglianze salariali.

La Conferenza sul futuro dell'Europa: un pacchetto in tre proposte per le città

Il 9 maggio del 2022, a Strasburgo, si è conclusa la Conferenza sul futuro dell'Europa, con la partecipazione dei vertici della Commissione, del Parlamento e del Consiglio Europeo e della presidenza di turno dell'Unione, rappresentata da Emmanuel Macron, da poco riconfermato presidente della repubblica francese dopo un difficile ballottaggio con la leader del Rassemblement National, Marine Le Pen.

La Conferenza si è conclusa in un contesto politico molto complicato e con risultati a tratti deludenti, con un anno di posticipo, una pandemia ancora da derubricare e una guerra in atto.

Durante la cerimonia di chiusura il presidente francese,

in un discorso ispirato, ha commentato: "L'Europa è cambiata. Dobbiamo perseguire questa evoluzione e garantire che l'Unione sia all'altezza delle aspirazioni e delle aspettative espresse dai cittadini. La Conferenza sul futuro dell'Europa che chiudiamo oggi è un esercizio unico e senza precedenti nella sua portata, una boccata d'aria fresca per il nostro continente. Le sue conclusioni costituiscono una fonte di proposte molto ricca che ogni istituzione deve esaminare nel quadro delle sue competenze. Il Consiglio avrà l'opportunità di esprimersi nelle prossime settimane."

Nonostante la Conferenza sia stata effettivamente un processo unico e innovativo nella storia d'Europa, con un grande sforzo di coinvolgimento dei cittadini, essa è stata superata dai fatti, ovvero dagli effetti economici e sociali della pandemia, con il Next Generation EU e le misure connesse, ma ancor più dalla guerra in Ucraina che ha imposto sullo scenario globale ed europeo il problema cruciale della crisi energetica e quello della costruzione di una difesa comune europea.

Non è un caso che durante i mesi di dibattito intorno alla Conferenza sia stata richiamata a più riprese la necessità di riformare i trattati e le istituzioni, per dare vita a un nuovo progetto politico europeo. Le stesse vicende della guerra in Ucraina hanno messo in luce tutti i limiti del principio dell'unanimità relativo alle decisioni più importanti che gli stati membri sono chiamati a prendere, come è emerso con le difficoltà dell'UE di varare sanzioni economiche contro l'esportazione di gas e petrolio da parte della Russia, ritenuta l'unica responsabile del conflitto bellico con l'Ucraina. Tra le voci più autorevoli che si sono sollevate nel dibattito, ricordo quella di Romano Prodi, già presidente della Commissione Europea, che in un'intervista del dicembre 2021 ha detto: "Ho sempre ritenuto l'unanimità una disgrazia. Confermo che con l'unanimità non si può più governare. Non possiamo più sopportare di non avere una politica estera, di avere Turchia e Russia che comandano in Libia, di non sapere che decisioni prendere perché le dobbiamo prendere tutte all'unanimità, dalla guerra in Iraq in poi. Sono convinto che alcuni paesi europei stiano capendo questo aspetto e, se si potesse creare un primo legame su questo con Germania, Francia, Italia, e Spagna, si troverebbe un nucleo che può fare finalmente il salto in avanti nella politica europea."

La presidente von der Leyen, e con lei altri leader europei come Draghi e Macron, hanno chiesto a più riprese di considerare la possibilità di riformare i trattati e superare il principio assoluto dell'unanimità per non frenare quel processo di innovazione delle istituzioni europee che era stato avviato proprio per dare continuità e profondità alla spinta grande innovatrice che la pandemia aveva innescato, con la decisione di creare per la prima volta un debito comune per sostenere la crescita e affrontare la crisi.

L'esigenza di una nuova azione riformista in Europa è

stata infatti raccolta con lungimiranza dal Parlamento Europeo che, nella sua risoluzione sui risultati della Conferenza sul futuro dell'Europa, ha espresso sostegno alle conclusioni della Conferenza e riconosciuto che le proposte richiedono modifiche ai trattati. I deputati hanno infatti chiesto alla Commissione parlamentare per gli affari costituzionali di preparare delle proposte di riforma dei trattati dell'UE, attraverso la convocazione di una Convenzione, e attivare la procedura di revisione dei trattati in base all'articolo 48 del Trattato sull'Unione europea. È stato il primo vero, importante passo formale di un percorso tutto da costruire e irto di ostacoli.

I dubbi sugli esiti della Conferenza sul futuro dell'Europa e le richieste pressanti di uno scatto nel settore delle riforme, hanno reso ancora più impellente la questione del ruolo delle autonomie locali nella nuova impalcatura istituzionale dell'UE. La domanda di fondo che non è più accettabile eludere è chiara. "Come è possibile che le città, le vere protagoniste della trasformazione europea, con le loro comunità, non abbiano ancora alcuna rappresentanza formale effettiva nelle istituzioni europee?" È vero che esiste il Comitato europeo delle regioni, ma si tratta pur sempre di un organo consultivo e non deliberativo, nel cui consesso – come suggerisce la stessa intitolazione – le città hanno una rappresentanza minoritaria.

La verità è che oggi non esiste, né in Europa né negli

stati nazionali, se vogliamo dirla tutta, una forma istituzionale che recepisca la grande novità delle città come motori di cambiamento economico, sociale e culturale.

In attesa di una sempre più necessaria riforma complessiva dei trattati, non possiamo comunque rinunciare a dare una spinta effettiva all'innovazione istituzionale, dando più voce alle città nei processi decisionali europei; un pacchetto attuabile "a trattati invariati" e, dunque, senza evocare la complessa procedura di revisione.

Tra aprile e maggio 2022 sono riuscito così a incontrare, tra Bruxelles e Firenze, il primo vicepresidente della Commissione, Frans Timmermans, la sua collega commissaria, Dubravka Šuica (ex sindaco di Dubrovnik dal 2001 al 2009) e la presidente del Parlamento Europeo Roberta Metsola. A tutti loro ho illustrato le tre idee di fondo, modulabili e cumulabili, che costituiscono il pacchetto di riforme che si possono adottare a trattati invariati per riconoscere più attenzione alle comunità locali e rilanciare una cornice istituzionale in cui dare sistematicità al rapporto tra le città e le istituzioni europee.

La prima proposta consiste nella definizione di un accordo quadro interistituzionale tra Commissione Europea, Eurocities e Comitato delle regioni, per agire sulla fase ascendente della definizione delle politiche europee nel rispetto del principio di sussidiarietà e delle diversità costituzionali dei paesi membri. L'accordo mira a definire forme stabili di consultazione reciproca; il coinvolgimento permanente dei governi locali nella definizione strategica degli obiettivi europei come, ad esempio, la programmazione settennale; la definizione e realizzazione di una conferenza annuale o biennale (l'European Civic Forum) promossa dalla Commissione Europea di intesa con gli altri soggetti firmatari dell'accordo per verificare e implementare le azioni comuni. L'accordo dovrebbe individuare, inoltre, gli obiettivi generali sui quali la Commissione stimola i governi degli stati membri a valorizzare il ruolo delle città e il loro apporto nella definizione attuativa a livello nazionale delle politiche europee.

La seconda proposta prevede l'istituzione presso l'Ufficio del presidente o del primo vicepresidente della Commissione Europea di un "Segretariato per le città europee". Il Segretariato può nascere sulla base dell'accordo interistituzionale di cui sopra, tra la Commissione, Eurocities e il Comitato delle regioni. Compiti del Segretariato sono: a) sensibilizzare e ispirare il dibattito sulle politiche della Commissione muovendo dal valore aggiunto delle città e delle aree urbane sia nella fase di progettazione sia nell'attuazione delle politiche stesse; b) promuovere una consultazione permanente dei sindaci europei per un maggiore coinvolgimento delle città nelle attività della Commissione; c) elaborare un rapporto annuale per la Commissione sullo stato delle città e sul livello di apporto che la vita delle aree urbane fornisce al benessere europeo e al raggiungimento degli obiettivi strategici della Commissione; d) sollecitare forme di sperimentazione di politiche urbane corrispondenti alle priorità strategiche della Commissione in settori come ambiente, welfare e transizione digitale. Il progetto si inserirebbe all'interno della proposta sui metodi di lavoro della Commissione von der Leyen e in particolare il gruppo di riflessione IDEA (Inspire, Debate, Engage and Accelerate Action).

La terza e ultima proposta riguarda l'istituzione di una commissione permanente sulle città e sulle aree urbane, in seno al Parlamento Europeo o, in alternativa, una sottocommissione presso la Direzione generale della Politica regionale e urbana (REGIO) dedicata ai temi specifici delle città: la "Commissione CIVITAS". Questa nuova sede servirebbe a dare risalto ai temi urbani e delle città nei lavori del Parlamento, nonché a coordinare gli interventi nei diversi campi di interesse che incidono direttamente sulla vita delle città. In questo modo, all'interno dello stesso Parlamento Europeo, si darebbe pieno riconoscimento e risalto alla soggettività giuridica e all'autonomia amministrativa che le città hanno in qualsiasi ordinamento degli stati europei e che le rendono per questo diverse dalle regioni (ovvero da enti simili) alle quali è dedicata la quasi totalità del lavoro della Direzione generale REGIO.

Ma il deficit di rappresentanza politico-istituzionale delle città non è un fenomeno che riguarda solo l'istituzione europea.

Se ci soffermiamo sul caso italiano vediamo che lo sforzo di riconoscere una funzione formale e strutturata delle autonomie locali nel processo riformatore dell'Europa chiama in causa, a dire il vero, anche la necessità di completare la riforma delle autonomie locali italiane. Negli anni i comuni, le province, le città metropolitane e le regioni sono stati oggetto di riforme disorganiche e intermittenti. I governi e i parlamenti che si sono succeduti nell'ultimo ventennio da un lato non sono stati in grado di attuare completamente la famosa riforma del 2001 del Titolo V della Parte II della Costituzione, dall'altro non hanno neanche messo a punto le opportune migliorie alla stessa Carta repubblicana.

Alla base di tutto risiede il limite del "modello unico" dei comuni che, fin dalla nascita del sistema delle autonomie, non ha mai realmente differenziato le forme e gli strumenti di funzionamento delle città in base alla loro grandezza e natura, come più volte aveva fatto notare già don Luigi Sturzo (che per quindici anni è stato prosindaco della sua città, Caltagirone, e dal 1915 al 1924 è stato vicepresidente dell'ANCI). Il politico cattolico aveva visto nei comuni quei "corpi intermedi" tra il singolo individuo e lo stato, accentratore e burocratico, capaci di giocare un ruolo attivo e dinamico nella società accanto alle famiglie, alle associazioni e ai partiti politici di massa. Egli aveva inoltre ben chiaro, tuttavia, come i comuni costituissero una realtà estremamente variegata, e per questo bisognosa di una molteplicità di modelli, non potendo essere tutti "imprigionati" in un solo modello unificante. Del resto non sfugge a nessuno l'inefficienza e illogicità di un sistema che, di fatto, parifica la *governance* e l'ordinamento giuridico del più piccolo comune italiano, Morterone, trentuno abitanti in provincia di Lecco, con quelli del comune di Milano.

Dopo la legge che ha introdotto l'elezione diretta dei sindaci, la n. 81 del 1993, modificando così il modello politico del governo comunale, purtroppo non sono intervenute ulteriori modifiche strutturali che mirassero a cambiare profondamente l'assetto delle competenze degli enti locali, adeguandole al nuovo sistema elettorale e differenziandole anche in base alla grandezza. Da una parte, infatti, la legge n. 142 del 1990, che ha portato la prima riforma dei comuni, è diventata subito vecchia con l'avvento dell'elezione diretta dei sindaci: è stato, di fatto, come mettere un pilota di Formula 1 alla guida di un'utilitaria. Dall'altra parte la seconda importante riforma, quella del Testo unico degli enti locali del 2000, ha di fatto lasciato irrisolti tutti i punti problematici del sistema dei comuni italiani e, anche in quel caso, è stata subito superata dalla successiva riforma costituzionale del Titolo V della Costituzione che ha modificato l'assetto delle competenze delle regioni italiane.

Questa totale sfasatura di riforme ha tarpato le ali a quella che poteva essere una svolta profonda e duratura del sistema politico italiano a cavallo tra i due secoli. A distanza di più di vent'anni i tentativi di riforma delle autonomie locali sono stati sporadici e slegati tra loro. Tra questi ricordo bene la legge sulle città metropolitane, votata nel 2014 quando ero in parlamento. Le città metropolitane erano già presenti come ente giuridico nella Costituzione, ma prive di una legge attuativa che le facesse entrare effettivamente in funzione. Il ministro Graziano Delrio ha avuto il compito, nel governo Renzi, di mettere mano a questa riforma attesa da anni. L'obiettivo in quel momento coincideva anche con quello di svuotare le province italiane delle proprie funzioni per preparare il campo alla riforma costituzionale che da lì a poco avrebbe abolito questi enti.

La nascita delle città metropolitane risponde proprio al bisogno di allineare l'Italia al resto dei paesi europei, che già da tempo hanno riconosciuto alle grandi aree urbane uno *status* specifico e una serie di poteri più adeguati alla loro dimensione e complessità. La legge ha così introdotto in Italia quattordici città metropolitane, che sono andate a sostituire le vecchie province nelle rispettive aree urbane, con lo scopo di agire sul territorio come enti di scala intermedia tra gli enti locali e le regioni, in grado di coordinare lo sviluppo economico e infrastrutturale intercomunale e valorizzare le potenzialità di soggetti di pianificazione strategica per trainare l'economia dei territori circostanti. Insomma le città metropolitane, da Milano a Roma, da Torino a Napoli, da Firenze a Bari, sono state pensate per essere poli attrattori di sviluppo e di promozione dei territori metropolitani e strumenti di coordinamento delle politiche locali di tutti i comuni appartenenti: un'occasione per potenziare la competitività del sistema paese, poiché in queste quattordici città si concentra il trentacinque per cento della popolazione italiana e quasi il quaranta per cento del PIL totale.

Purtroppo, il fallimento del referendum costituzionale del 2016 ha azzerato la riforma costituzionale e, con essa, l'eliminazione delle province e il riassetto delle competenze degli enti pubblici territoriali. Le province sono così rimaste in vita, seppure fortemente indebolite, e le città metropolitane sono restate in mezzo al guado senza una specifica missione. Questi enti, tuttavia, in Europa hanno dimostrato di essere dinamici ed efficaci, di saper attrarre investimenti internazionali e sperimentare politiche urbane innovative su aree di milioni di abitanti. Per questo l'Italia non ha altra scelta che completare la riforma degli enti locali, dando alle città metropolitane strumenti specifici misurati sulle loro potenzialità e ridisegnandone i confini (che nella riforma sono stati lasciati identici a quelli delle vecchie province). Allo stesso tempo sarà indispensabile dare un assetto nuovo e generale alle province e ai comuni facendo attenzione a non creare sovrapposizioni di competenze e funzioni e incoraggiando di più l'autonomia fiscale prevista dalla Costituzione.

La riforma delle istituzioni europee, come spesso accade, è dunque anche l'occasione per aprire un serio cantiere sulla riforma delle autonomie in Italia, fuori dalle pulsioni federaliste che poco hanno portato al miglioramento della democrazia italiana, se non la creazione di un nuovo centralismo regionale che si somma a quello statale, aumentando a dismisura conflitti istituzionali e politici.

Di fronte a queste brevi riflessioni mi chiedo se oggi sia in atto una sfida che vede l'identità locale contrapposta all'identità nazionale. La risposta va trovata, invece, proprio in una nuova saldatura tra contesto europeo e contesto locale. I sindaci sono riusciti a porsi come "ponte" tra un'Europa altrimenti vista come entità politica lontana, fredda e autoreferenziale, e il territorio, ovvero la dimensione più prossima al cittadino, il luogo dove l'individuo trova una corrispondenza effettiva ai propri bisogni e alle proprie aspirazioni.

Dove porteranno queste istanze di riordino e di riformismo non lo sappiamo, Ma le potenzialità di una vera e propria rete dei sindaci, sia in Italia sia in Europa, sono sotto gli occhi di tutti e i leader politici nazionali cominciano a rendersene conto, individuando nei primi cittadini dei temibili avversari o, al contrario, dei preziosi alleati. Saranno capaci i sindaci europei di tradurre tale consapevolezza in azione? Saranno in grado di usare il proprio ruolo per dare vita a un movimento politico paneuropeo pronto a dare nuova linfa ai movimenti europeisti e ai governi riformisti? Queste sono le vere domande che dobbiamo porci.

La crisi dei partiti tradizionali in tutta Europa può trovare un'opportunità di inversione proprio in questo movimento dal basso che riesce a unire la buona amministrazione alla politica "alta". In alcuni contesti nazionali questa svolta nascerà da un processo armonico, integrato e pianificato dai gruppi dirigenti, in altri da una dialettica conflittuale tra le élite nazionali dei partiti e i leader locali, ma è un fatto che in tutta Italia e in tutta Europa i sindaci siano ormai attori fondamentali e insostituibili della vita sociale e della costruzione del futuro politico e istituzionale del nostro continente.

7. In Europa il leader è un sindaco

Negli ultimi anni è successo qualcosa di sorprendente nei paesi europei: i partiti tradizionali, a cominciare da quelli di sinistra, hanno iniziato a soffrire il calo progressivo di consenso e l'assenza di un progetto strategico di rilancio dell'Europa, mentre i partiti nazionalisti e sovranisti si sono fatti sempre più minacciosi. In Francia, come nel caso clamoroso del 2002 (la sfida tra Chirac e Le Pen), il Partito socialista non è arrivato al ballottaggio alle presidenziali del 2017. Il presidente della repubblica uscente, François Hollande, ha terminato il mandato con una scia di scandali, fallimenti politici e delusioni. Tutto ciò ha pesato inevitabilmente sul risultato del candidato socialista alle presidenziali, Benoît Hamon, che al primo turno si è fermato al sei per cento circa. I socialisti sono stati sbaragliati anche nel voto per il rinnovo del parlamento. Mai come in questo periodo la sinistra francese è piombata in una crisi al buio, senza vie d'uscita. Due anni dopo è toccato al Regno Unito, quando alle elezioni politiche del 2019 il premier uscente Boris Johnson otteneva un successo storico, portando i Tories al 43,6 per cento sull'onda della Brexit, atto "sovranista" epocale, mentre i Laburisti, guidati dal candidato Corbyn, rimanevano fermi al palo, al 32,2 per cento. Un dato sorprendentemente basso, come quello del 2015, che impallidisce rispetto ai tempi del New Labour di Tony Blair. Anche in Italia, alle elezioni politiche del 2018 il PD, principale partito del centrosinistra, non ha superato il 19 per cento alla camera dei deputati, lasciando il primato alla destra di Salvini e ai populisti del Movimento 5 Stelle. In tutta Europa, in quegli stessi anni, i partiti sovranisti e nazionalisti esplodevano, consacrando nuove leadership con Le Pen, Meloni, Orbán, Kaczyński, Morawiecki. I partiti di estrema destra avanzavano in Germania come in Austria, con preoccupanti addentellati ai movimenti nostalgici neonazisti. Tra il 2010 e il 2018 le destre sono cresciute in tutta Europa, conquistando i governi di paesi come Repubblica ceca, Austria, Ungheria, Polonia, Italia: una vera e propria slavina, impensabile fino a pochi anni prima, quando il mondo, dagli USA all'Europa al Sudamerica, era governato dalle forze progressiste e democratiche.

Gli anni che viviamo sono attraversati da uno stato d'animo di paura e di risentimento crescenti verso un'Europa lontana e matrigna, additata come minaccia delle identità nazionali, incapace di governare i flussi migratori, considerata la causa della più grande crisi economica dal dopoguerra (quella dal 2001 al 2008), impantanata nella gestione della crisi energetica, come delle guerre e delle emergenze umanitarie, dall'Ucraina all'Afghanistan. Gli unici esponenti politici che sono riusciti ad arginare il sentimento dilagante di antieuropeismo, rappresentando con incisività le istanze riformiste e democratiche, sono stati i sindaci. In Inghilterra il sindaco di Londra Sadiq Khan, in Francia i giovani sindaci che hanno vinto nel 2020, da Parigi a Marsiglia e Lione, nei paesi dell'Est Europa i sindaci delle capitali, da Praga a Varsavia e Budapest, in Italia i sindaci democratici che si sono affermati alle elezioni del 2019, da Bari a Bergamo, da Firenze a Reggio Emilia e, due anni dopo, nelle metropoli come Roma, Milano, Torino, Napoli.

Sono loro, i primi cittadini, la frontiera progressista che puntella nei territori il progetto europeista. Sono loro i più stimati dai cittadini in ogni paese e in ogni sondaggio. Ma l'Unione Europea li ignora e anche i governi nazionali non si accorgono di loro, o non se ne vogliono accorgere. I leader sovranisti li temono per la loro forza e la loro presa sull'opinione pubblica. Eppure, in questi anni, i sindaci non sono ancora consapevoli fino in fondo del loro ruolo che, da quello di semplici amministratori pubblici, comincia ad avere un valore sempre più politico.

Uno dei dati sorprendenti è che quanto sta avvenendo in Europa comincia a farsi sentire anche ai suoi confini: a Istanbul nel 2019 si stava consumando la vera sfida per il futuro di uno dei paesi più grandi e importanti al mondo, la Turchia, snodo della geopolitica tra Est e Ovest, tra Asia ed Europa. Era la sfida tra il premier autoritario Recep Tayyip Erdoğan (che il primo ministro italiano Draghi aveva definito "un dittatore") e il suo avversario, il sindaco della capitale Ekrem Imamoğlu.

Ekrem Imamoğlu nasce nel 1970 nel villaggio di Cevizli, provincia di Trebisonda, nella regione del mar Nero, la stessa da cui proviene la famiglia Erdoğan. Nella sua formazione una laurea in Business Administration all'Università di Istanbul e un'esperienza significativa nell'azienda di famiglia dove segue i progetti di urbanizzazione e sviluppo di piani regolatori. Era il 2 giugno del 2021 quando il sindaco di Istanbul sedeva di fronte a me, in un ristorante elegante con una terrazza affacciata sul Bosforo, una vista notturna mozzafiato che ricorda la grandezza storica e culturale dell'antica Bisanzio, ponte tra Occidente e Oriente, origine del più longevo impero cristiano della storia dell'umanità. Lo sguardo vivace e avvolgente, l'espressione sempre calma di Imamoğlu mi confermavano l'immagine pubblica che lui stesso aveva coltivato fin dall'inizio della sua fulminea ascesa politica. Le sue prime mosse avevano infatti chiaramente dimostrato un'innata propensione alla calma e alla ricerca del compromesso. La costante disponibilità al dialogo con le forze politiche di opposizione ha segnato una rottura degli schemi di chiusura e scontro della vecchia politica turca.

"Come fai a fronteggiare i continui attacchi che vengono dal partito del Presidente?" gli ho chiesto. "Cerco di andare d'accordo con tutti, smussando gli angoli dello scontro e cercando il bene per la mia città," ha tagliato corto il sindaco sorseggiando un vino rosso dell'Anatolia di eccellente qualità.

Riflettevo che subito dopo l'annuncio della sua candidatura, Imamoğlu aveva provato ad affermare un'immagine di politico moderato, inclusivo e desideroso di democrazia, intesa come elemento partecipativo. Così è riuscito a portare avanti il progetto, soprattutto in termini di linguaggio inclusivo e pacifico, intrapreso dal leader del CHP (Partito popolare repubblicano) Kemal Kiliçdaroğlu con la marcia della giustizia del 2017, riutilizzando in chiave elettorale lo slogan "Hak, Hukuk, Adalet" (diritti, legge, giustizia) e aggiungendo inoltre il tema della trasparenza amministrativa, allora quasi sconosciuto in Turchia. Con alle spalle un passato da sindaco di un comune della cintura metropolitana di Istanbul (distretto di Beylikdüzü), nel 2018 venne designato candidato sindaco del CHP per governare la metropoli. Al momento della candidatura Imamoğlu, che non godeva ancora di grande popolarità, si è trovato davanti a una sfida particolarmente ardua. La città veniva infatti amministrata ininterrottamente da Erdoğan o da membri del suo partito dal 1994.

La Turchia che si apprestava a votare alle elezioni municipali del marzo 2019 si è trovata immersa in una serie di criticità sia sul piano interno sia su quello internazionale. Proprio l'economia, storicamente uno dei punti di forza in grado di alimentare il consenso dell'AKP durante gli anni di governo, costituiva, a partire dall'estate del 2018, uno dei settori più fragili dell'agenda del presidente Erdoğan. Dal punto di vista regionale, l'agenda mediorientale continuava a essere dominata dall'interminabile conflitto in Siria, dove le ambizioni turche non sembravano convergere con gli interessi degli altri grandi attori esterni, Russia e Iran, anch'essi interessati a trarre vantaggio dal vuoto di potere che l'annunciato ritiro delle truppe statunitensi avrebbe prodotto nel Nord-Est del paese.

Il percorso di Imamoğlu verso la leadership di Istanbul è cominciato nel dicembre 2018: in soli centododici giorni l'imponente squadra allestita per la gestione della campagna elettorale è riuscita nell'intento di trasformare Imamoğlu da personaggio quasi sconosciuto in politico molto apprezzato dalla popolazione, grazie anche a un abilissimo uso dei social network, elemento inedito nello scenario politico turco. Le elezioni municipali, fissate per il 31 marzo 2019, si sono svolte in un clima particolarmente concitato. Se la vittoria di Mansur Yavaş ad Ankara è avvenuta in modo abbastanza lineare, non si può dire lo stesso per quanto riguarda Istanbul. Infatti, dopo la rivelazione dei primi risultati parziali, la comunicazione da parte di Anadolu, l'agenzia di stampa del governo, si è interrotta per ore.

Il risultato ufficiale, arrivato solamente il giorno dopo, ha proclamato la vittoria di Imamoğlu con un margine di poco più di diecimila voti su 8,5 milioni di votanti. L'AKP ha sin da subito criticato il risultato denunciando brogli elettorali. Per il partito di governo, aver perso sia Ankara sia Istanbul in un solo colpo risultava inaccettabile, e avrebbe potuto minare pesantemente la leadership di Erdoğan. Il partito del presidente ha deciso allora di presentare ricorso al Supremo consiglio elettorale (YSK) facendo riferimento a presunte "gravi irregolarità" verificatesi all'interno dei seggi dove, secondo la versione ufficiale, alcuni rappresentanti di seggio non sarebbero stati scelti tra la categoria dei funzionari pubblici come previsto dalla legge.

Lo YSK ha accolto il ricorso annunciando nuove elezioni per il 23 giugno, suscitando sdegno e forti proteste da parte dell'opposizione che accusava il Supremo consiglio elettorale di essere fortemente manipolato. Chiedere a gran voce la ripetizione del voto ha significato sfidare una dimensione democratica che è ancora solida in Turchia ed è stata una mossa fatale per l'AKP. Sembra quasi che il potere logori chi lo abbia, e non il contrario. Il risultato delle elezioni del 23 giugno, invero, ha confermato con forza la vittoria di Imamoğlu con un margine di oltre ottocentomila voti nei confronti del suo avversario. Con lo slogan “tutto sarà molto bello”, dal sapore obamiano, Imamoğlu si è affermato con il 54,21 per cento contro il 44,99 del suo avversario sostenuto da Erdoğan.

Abbiamo passato gran parte della serata a parlare di questo successo travolgente, che aveva suscitato negli italiani e negli europei una grande curiosità. Alla mia domanda di quale fosse stata la chiave di tutto mi ha risposto: “Ho sempre parlato rivolgendomi a tutti i cittadini di Istanbul, compresi coloro che avevano sostenuto Erdoğan, senza mai dare per scontato di averli già persi e cercando di non deluderli mai.” “Sai perché il portiere è il mio ruolo preferito nel calcio?” mi ha chiesto subito dopo, ricordando la sua passione per questo sport. “Perché è l’ultimo giocatore della squadra e non può mai voltare le spalle ai suoi compagni.”

Aveva ragione il “sindaco del Bosforo”. Questa sua “filosofia” di vita, che si traduceva anche nell’agire politico, lo ha portato a un successo clamoroso: il voto del 2019 ha rappresentato qualcosa di più della semplice elezione di un sindaco e non ha solo confermato con forza il precedente risultato elettorale, ha anche portato alla ribalta nazionale e internazionale la figura di Ekrem Imamoğlu. Quella riconferma elettorale, esaltata dalla straordinaria affluenza di elettori, ha lanciato un messaggio in chiave internazionale dimostrando come in Turchia ancora regga una sorta di resilienza democratica alla deriva autoritaria. Così, la stanchezza dell'elettorato, dopo oltre venticinque anni di governo dell'AKP e dei suoi predecessori, rientra all'interno dei fattori sociali che hanno influenzato le elezioni. L'elettorato ha riorientato il proprio voto in cerca di volti nuovi, giovani e potenzialmente in grado di rivitalizzare una politica sempre più polarizzata e monopolizzata.

In questo clima effervescente, le sorprese non erano finite. Proprio nel momento in cui stavo per salire la scaletta dell'aereo che mi avrebbe portato a Istanbul, un'agenzia inviatami dal mio portavoce al cellulare riferiva di un nuovo cruento capitolo della vicenda politica di quel paese. A due anni di distanza dall'elezione partiva una nuova offensiva contro il sindaco repubblicano: un tribunale lo aveva accusato di aver oltraggiato dei funzionari pubblici e per questo lo rinviava a processo con una richiesta di condanna a quattro anni e un mese di reclusione. In verità il sindaco, nel corso delle nostre conversazioni, ha tenuto a chiarire come il motivo fosse stato un suo comportamento irrispettoso, a giudizio dei magistrati, durante una visita al mausoleo del sultano Maometto II: si sarebbe permesso di tenere le mani dietro la schiena al cospetto del monumento.

L'entusiasmo che registravo nelle strade della megalopoli turca, parlando con tassisti e funzionari, è inversamente proporzionale alla contrapposizione alimentata da Erdoğan e i suoi, come testimonia lo scontro acceso tra i due leader su un tema, non a caso di natura ambientale. Una delle tematiche più controverse riguarda infatti la costruzione di Canal Istanbul, una delle opere di cui Imamoğlu è stato sempre fermo oppositore. Secondo il progetto, questo enorme canale artificiale, voluto dal presidente Erdoğan con un costo stimato in circa undici miliardi di dollari, doveva collegare il mar Nero con il mar di Marmara tagliando fuori il Bosforo, permettendo così al governo di far pagare il pedaggio per l'attraversamento delle navi mercantili. I rischi, oltre che di natura economica, in un momento così delicato per la stabilità finanziaria del paese e delle casse pubbliche, riguardavano i danni ambientali che l'implementazione del progetto avrebbe causato.

Ma, ancora una volta, la vera posta in gioco sembra essere la leadership turca e il futuro di questo paese, ormai sganciato dall'influenza europea e avviato a mostrarsi al mondo come potenza geopolitica autonoma. Imamoğlu si presenta come uno tra i più papabili e forti sfidanti di Recep Tayyip Erdoğan alle prossime elezioni presidenziali turche del 2023 (alcuni sondaggi lo hanno dato addirittura al 51,4 per cento di intenzioni di voto contro il 39,9 per cento del presidente). Come ha osservato Valeria Giannotta, docente universitaria a Istanbul, Gaziantep e ora ad Ankara, autrice di un recente libro sulla storia dell'AKP, "questo è sicuramente un voto di protesta, ma anche uno straordinario tentativo di superare le logiche polarizzanti che hanno sempre caratterizzato la politica turca." All'estero Imamoğlu è percepito come un personaggio quasi misterioso "perché ha volutamente seguito una politica di basso profilo. Ma è andato tra la gente comune, ha cenato nelle case durante le sere del ramadan, ha usato un 'linguaggio dell'amore' inclusivo." Il CHP è legato a una storia da una parte di laicismo oltranzista, dall'altra di nazionalismo anticurdo. "E lui ha rotto tutti i tabù del suo partito, rivolgendosi anche ai curdi e alle donne velate. Poi nei faccia a faccia in TV si è presentato disteso, sorridente, sicuro di sé. Rispetto a marzo, ha finito per sfondare anche nelle aree più legate all'AKP." Ha insomma "superato la polarizzazione laici-religiosi, sostituendola con una nuova polarizzazione antierdoganisti-erdoganisti." Imamoğlu può allora diventare un leader alternativo, un Macron o un Obama turco? "Erdoğan ha chiaramente iniziato la sua parabola discendente," dice la Giannotta, "ma non è chiaro se questa logica antipolarizzante potrà durare."

Il sindaco di "London Is Open"

La storia di Imamoğlu, ci insegna come in generale i primi cittadini comincino a porsi non solo come buoni amministratori, ma anche come leader politici, capaci di immaginare nuovi linguaggi e metodi della politica, a partire dalla concretezza della loro esperienza "sul territorio". Non è la prima volta che i sindaci delle grandi città assumono un ruolo primario nei rispettivi paesi. Se torniamo in Europa, la novità di questo tempo è che mai come ora il protagonismo dei sindaci coincide con la crisi dei partiti "tradizionali" e mai prima d'ora i sindaci avevano cominciato a comportarsi non da leader solitari, bensì come soggetti di una rete paneuropea in grado di elaborare strategie e azioni comuni. Siamo di fronte a un paradigma politico inedito, sul quale si può costruire una fase politica di grande interesse su scala internazionale. Ed è appunto dalle città e dai loro sindaci che può derivare la risposta più efficace alla spinta sovranista dei partiti nazionalisti che si sono rafforzati in tutto il continente in questi anni.

Questo è avvenuto ad esempio a Londra, in uno dei momenti più controversi della storia delle relazioni tra Regno Unito ed Europa. Dopo la disfatta dei laburisti alle ultime elezioni, il sindaco della capitale britannica, Sadiq Khan, di origini pachistane, ha preso di fatto le redini di ciò che resta della sinistra inglese, ponendosi come unico vero contraltare al premier Boris Johnson (anche lui con un passato da sindaco della capitale). Khan ha da tempo inaugurato per Londra una stagione di profondo cambiamento, attraverso la rigenerazione urbana di interi quartieri e un nuovo modello di multiculturalità e inclusione sociale, riassunto nell'ormai celebre slogan "*London Is Open*". I rapporti tra Firenze e Londra sono sempre stati all'insegna di un'amicizia profonda e fattiva, tanto che prima di conoscere Khan, da sindaco ho avuto modo di incontrare il suo predecessore Boris Johnson nel suo ufficio. Era il marzo 2016, quando il tema della Brexit cominciava a fare capolino nei dibattiti pubblici d'oltremanica. Ancora non erano definiti i termini del referendum, ma la nostra chiacchierata, al decimo piano della City Hall, il moderno palazzo di vetro firmato da Norman Foster che svetta fiero sul Tower Bridge, è stata quasi totalmente monopolizzata dalla possibile fuoriuscita del Regno Unito dall'Europa. Del resto avevo di fronte il protagonista assoluto di quella stagione politica turbolenta. Puntualissimo all'incontro, il sindaco conservatore mi ha manifestato immediatamente l'amore sconfinato per Firenze e per l'Italia, e in particolare la sua passione per l'impero romano e la cultura classica, tanto che a un certo punto ci siamo lasciati andare a uno scambio di battute in latino. Il ricordo di questa sua predilezione mi è stato di aiuto quando, nell'autunno dello stesso anno, l'ho accolto nelle vesti di segretario di stato per gli affari esteri di Sua Maestà a Palazzo Vecchio, accompagnato dall'omologo italiano Paolo Gentiloni. Gli ho regalato una stampa ottocentesca di una raccolta di poesie di Catullo che lo ha lasciato molto sorpreso. I nostri due incontri, tra Londra e Firenze, sono avvenuti proprio a cavallo del referendum, il cui esito è noto a tutti noi. Johnson non era ancora divenuto primo ministro, ma il disegno che mi aveva delineato appena sei mesi prima aveva preso forma in uno dei passaggi più laceranti della storia delle relazioni euroatlantiche. Nel suo ufficio, a marzo, l'allora sindaco di Londra aveva tratteggiato, con il suo proverbiale piglio e accento londinese, lo scenario che di lì a poco si sarebbe determinato. Mi ha colpito la sua forte persuasione della vittoria, con cui ha dimostrato di essere un politico sagace e intuitivo, che non conosceva solo la sua città, ma aveva capito i sentimenti profondi di quell'Inghilterra delle campagne e dei piccoli borghi che si è poi rivelata decisiva per la vittoria della Brexit. Johnson insisteva sulle tante differenze, non solo culturali, ma anche politiche e giuridiche, dei due sistemi, quello inglese e quello europeo, che il processo di integrazione aveva perfino accentuato ed esasperato a suo dire. Una "*cold fusion*" nella quale il sindaco inglese non aveva mai creduto e che lo ha portato a più riprese a distinguersi dai suoi colleghi di partito e perfino dal leader dei Tories, David Cameron.

La città di Londra, con la sua visibilità e la sua forza politica ed economica, ha permesso a Johnson di puntare al numero 10 di Downing Street, e la sua ascesa politica mi è stata chiara anche quando, dopo l'esito referendario, i negoziati tra UK ed Europa sembravano totalmente avvitati in una spirale irreversibile. Proprio in quel clima mi giungeva d'improvviso, nell'estate del 2017, una telefonata dalla brava e dinamica ambasciatrice di Sua Maestà, Jill Morris, con la quale mi veniva annunciata – con mio grande stupore – la decisione della primo ministro Theresa May di tenere il suo secondo discorso sulla Brexit proprio a Firenze. Durante la telefonata, ancora impressa nella mia mente, l'ambasciatrice ha risposto alla mia sorpresa motivando quella decisione con il profondo rispetto degli inglesi verso Firenze, città che Theresa May aveva eletto a simbolo della cultura e della storia europea. Non ho mai compreso fino in fondo, a essere sincero, ciò che mi era apparso da subito come un vero paradosso: il governo conservatore inglese sceglieva la città più autenticamente europea e progressista, culla del pensiero moderno umanistico del continente, come il luogo "eletto" per motivare l'uscita dall'Europa! Con questo spirito ho accolto pubblicamente l'arrivo della primo ministro, ringraziandola per aver dato così tanta attenzione alla nostra città, ma evidenziandole al contempo come Firenze fosse protagonista del sogno europeo di unire popoli e culture sotto le stesse insegne. "Non possiamo tradire quel sogno e gli ideali che lo accompagnano." Con questa frase ho trovato il coraggio di rivolgermi direttamente alla leader inglese. Le ho proposto quindi di tenere il suo discorso al mondo sulla Brexit nell'Aula Magna dell'ex Scuola nazionale dei marescialli e carabinieri di Santa Maria Novella, uno dei complessi monumentali più affascinanti e storicamente importanti d'Europa, che avevamo appena riportato nel possesso del comune con un ambizioso progetto di restauro e riqualificazione.

Nelle stesse sale dove papa Eugenio IV, sostenuto dai Medici, sancì nel 1439 la riconciliazione, poi disattesa, tra le Chiese d'Occidente e d'Oriente, e dove Leonardo da Vinci nel 1503 dipinse il cartone della celebre *Battaglia di Anghiari*, più di cinque secoli dopo si sono dati appuntamento i ministri di mezzo governo della regina, riuniti nella spasmodica ricerca del bandolo della matassa della Brexit, intenti a negoziare e limare le ultime frasi dell'intervento della primo ministro. Tra loro vi era nuovamente Boris Johnson, con il solito sguardo vivace, seppure in un atteggiamento meno baldanzoso del solito per la preoccupazione di non riuscire a traghettare definitivamente il suo paese verso quell'approdo, che lui per primo aveva indicato al popolo britannico. Eppure, tutto ciò ha portato il vulcanico primo cittadino londinese a conquistare la leadership dei conservatori e a raggiungere il gradino più alto della politica inglese partendo dalla sua posizione di sindaco.

Non possiamo sapere se Sadiq Khan ripeterà la carriera del suo predecessore. Quello che è certo è che anche l'attuale inquilino della City Hall ha il carisma del leader nazionale. La sua visione moderna e progressista di Londra taglia trasversalmente tutti gli ambiti di governo nel quale Khan è impegnato, dalla lotta al cambiamento climatico all'inclusione sociale e alla gestione dell'immigrazione. Nel nostro incontro, sempre a Londra, il 29 novembre del 2018, non abbiamo potuto resistere alla tentazione di confrontarci sui grandi temi europei e sulla necessità di mantenere un legame con l'Europa nonostante la Brexit. È stato lui a parlarmi dell'ipotesi, certo non facile, ma già allora al centro del dibattito, di un secondo referendum, sull'onda del malcontento e delle difficoltà economiche generate dal nuovo isolamento del Regno Unito. Khan ha lanciato il progetto "*London Is Open*" proprio sulla base di una visione politica che lo vedeva contrapposto al premier Johnson, dal quale aveva preso il testimone del governo della capitale, ma si è trovato a dover fronteggiare le conseguenze della Brexit sulla sua città. Non vi era niente di più difficile che attuare un programma di distacco dall'Europa nella città più progressista d'oltremanica. Eppure il sindaco di origini pachistane ha vinto quella sfida conquistando per la seconda volta lo scranno di primo cittadino alle elezioni del maggio 2021, in piena emergenza Covid.

La protezione dell'ambiente è sempre stata la sua stella polare e lo è diventata ancora di più dopo l'esplosione della pandemia. Le sue politiche drastiche sulla lotta all'inquinamento urbano a Londra mi erano già chiare nel nostro incontro, quando mi spiegava che una delle cause crescenti del traffico e dello smog nella sua città era legata alla veloce espansione del fenomeno del *delivery*. Da quell'incontro ho capito quanto fosse necessario immaginare modelli diversi di governo nel settore economico e commerciale delle nostre città. Non deve sorprenderci la sensibilità di Khan verso i temi sociali e ambientali, se pensiamo alla sua storia personale. Nato in Inghilterra nel 1970, quinto di otto figli, è cresciuto in una famiglia di immigrati, in una casa popolare con tre stanze, dove ha ricevuto la formazione religiosa musulmana, che ha fatto di lui il primo sindaco non cristiano di Londra. Come Imamoğlu, dunque, musulmano e moderato. E ancora come il collega turco, Sadiq Khan ha sempre coltivato una politica dialogante e un atteggiamento conciliante, contro ogni fondamentalismo. Grazie alle sue origini umili, ha saputo coltivare una grande attenzione verso i diritti umani e le sfide dell'inclusione sociale; nella Londra di oggi si ritrova il segno di questa visione, pragmatica e ideale al contempo. La sua lotta contro le speculazioni edilizie, in una città dominata dai forti interessi del mercato immobiliare, è la summa della sua visione di governo, sempre improntata all'attenzione verso i più deboli. Che Sadiq Khan possa diventare il leader di un partito laburista che cambi pelle per la terza volta dopo la svolta degli anni novanta di Tony Blair non è affatto improbabile. Del resto, il Regno Unito dell'epoca post Johnson avrà bisogno di un nuovo leader capace di incarnare l'uomo del dialogo e della rappacificazione in un'Inghilterra divisa e spaventata da un futuro più incerto che mai.

I temi dell'ambiente e dell'inclusione sociale sono al centro anche dell'agenda politica delle sindache donne d'Europa che, al pari dei colleghi progressisti, si sono fatte largo nel panorama politico dei loro paesi, promuovendo azioni coraggiose e visionarie. È questa la cifra dell'azione di governo della giovane sindaca di Barcellona, Ada Colau, che della lotta alle disuguaglianze sociali ha fatto una vera bandiera, ponendo al centro del suo programma, come abbiamo visto, una vera e propria rivoluzione delle periferie della città catalana, con un impressionante piano di edilizia popolare. Fin dai nostri primi incontri a Barcellona, ho preso ispirazione dal suo programma di governo per sperimentare anche a Firenze un nuovo modello di partecipazione democratica che potesse dare voce soprattutto alle comunità dei quartieri più periferici.

L'attenzione ai temi sociali e alla svolta *green*, come alla rigenerazione urbana, si ritrova ancora più marcata nell'esperienza di governo di Anne Hidalgo, confermata per la seconda volta sindaca di Parigi nell'estate del 2020, anche in questo caso in piena emergenza pandemica. Hidalgo, come Khan figlia di immigrati, ha spinto da sempre sull'acceleratore delle politiche ambientali inaugurando nella capitale francese azioni spesso drastiche sulla mobilità e i trasporti, per aggredire il problema del cambiamento climatico e dell'inquinamento urbano. Nel 1996, Hidalgo ha cominciato a muovere i primi passi in politica nello staff del ministero del lavoro, sotto la ministra Martine Aubry del Partito socialista, oggi sua collega sindaca a Lille. Il nostro primo incontro avveniva a Firenze. Entrambi eravamo vicesindaci, rispettivamente di Matteo Renzi e Bertrand Delanoë. È stato grazie a loro che l'amicizia tra Parigi e Firenze ha conosciuto una nuova stagione di rilancio, anzitutto all'insegna della cultura. Renzi, infatti, aveva tratto ispirazione dalla *Nuit Blanche* parigina per inaugurare una serie di rassegne culturali sotto il nome di "notti bianche" nelle piazze di Firenze. Ci siamo ritrovati tutti e quattro nel Salone dei Cinquecento, ai piedi della *Battaglia di Marciano*, il magnifico affresco del Vasari sulla parete est; il sindaco Renzi aveva appena mostrato al collega francese il progetto di ricerca diagnostica dell'originale affresco leonardiano della *Battaglia di Anghiari*, probabilmente ancora "nascosto" sotto il dipinto del Vasari. Quell'episodio conferma come la cultura sia spesso un anello di congiunzione tra le città e i loro governanti: da allora l'amicizia tra me e Hidalgo è cresciuta anno dopo anno, alimentando a sua volta il legame tra le nostre rispettive città.

Nel 2014 – lo stesso anno delle elezioni di Firenze – Hidalgo ha corso per la carica di sindaca di Parigi, come successore di Bertrand Delanoë, e dopo un ballottaggio contro un'altra donna, Nathalie Kosciusko-Morizet, il 30 marzo 2014 è divenuta la prima sindaca della storia della capitale francese. L'11 gennaio 2020 Hidalgo si è candidata ed è stata rieletta per un secondo mandato con la parola d'ordine "*Paris en Commun*". Nella sua azione di sindaca ha portato avanti molte riforme nella capitale francese, a partire da una politica urbanistica profondamente innovativa. Hidalgo si è prefissata di realizzare una Parigi "cento per cento ciclabile", tramite la creazione della cosiddetta "città dei quindici minuti", l'idea elaborata dal professor Carlos Moreno della Sorbona alla quale si sono ispirate tutte le grandi città europee, oltre allo sviluppo di nuovi tracciati di collegamento tra la capitale e altre città della Grande Parigi. La guerra alle auto è diventata presto un tratto distintivo del suo mandato: gli spazi dedicati alle bici si sono moltiplicati su tutti i grandi assi di circolazione interna alla città, contestualmente alla pedonalizzazione di una parte del centro storico, in particolare la *rive droite* della Senna, chiusa alle auto per quasi quattro chilometri, dal Bassin de l'Arsenal fino al Louvre. Ha destato clamore anche la sua decisione ardita di pedonalizzare alcuni grandi boulevard della capitale. Nel dicembre 2020, a cinque anni di distanza dal COP21 di Parigi, Hidalgo ha promosso la Déclaration de Paris, con il fine di lanciare un appello a tutte le città del mondo per arrivare con il massimo sforzo possibile all'azzeramento delle emissioni di CO_2 e alla riduzione significativa delle emissioni di gas serra: il "*Race to Zero*" annunciato dalle Nazioni Unite per il COP26.

Ricordo nel suo sguardo, durante uno dei nostri frequenti incontri, la gioia e l'eccitazione per i giochi olimpici che Parigi ospiterà nel 2024, quei giochi che erano destinati a essere organizzati a Roma, se non vi fosse stata l'avversione della sua collega sindaca Virginia Raggi. Un'avversione che probabilmente ha pesato non poco proprio sulla sua sconfitta alle elezioni capitoline dell'inverno del 2021. Hidalgo mi porse in quell'occasione il drappo originale dei giochi olimpici che aveva appena ricevuto dalla delegazione giapponese e, mentre lo toccavo con una certa emozione, mi disse che ero il primo sindaco a vederlo fisicamente nel suo ufficio all'Hôtel de Ville. Era il 25 agosto del 2021, Festa della liberazione di Parigi dai nazifascisti, alla quale mi trovavo a partecipare in rappresentanza di Firenze, medaglia d'oro al valor militare per la Liberazione. Fu proprio allora che Anne Hidalgo mi confidò, prima di salutarci, la sua intenzione di candidarsi all'Eliseo. Qualche settimana dopo, il 12 settembre, Anne Hidalgo annunciò la sua candidatura per le elezioni presidenziali del 2022. "Oggi sono pronta: ho deciso di candidarmi per offrire un futuro ai nostri figli, a tutti i nostri figli," ha declamato la sindaca di origini spagnole nel suo annuncio da Rouen. "Costruire una Francia più giusta" è stato lo slogan della campagna, con un programma riassunto nella sua stessa biografia: "Voglio che ogni bambino francese possa avere le mie stesse opportunità," ha detto attaccando l'inadeguatezza del sistema della solidarietà nella repubblica francese.

Mentre la Germania saluta Angela Merkel dopo sedici anni in carica come cancelliera e l'Irlanda può già vantare due donne alla presidenza, per un totale di tre mandati, ci sono paesi come l'Italia in cui una donna non è ancora mai stata a capo del consiglio dei ministri o al Quirinale. Ma anche la Francia non può vantarsi di aver fatto di meglio: sin dalla Prima Repubblica del 1792, i presidenti francesi sono sempre stati uomini e, a parte le loro consorti, è divertente pensare che l'ultima inquilina legittima dell'Eliseo sia stata Madame de Pompadour, che aveva ricevuto in dono la lussuosa residenza da re Luigi XV.

Nel 2017 la novità era Emmanuel Macron, alle presidenziali del 2022 la novità era data dalle tante donne candidate: Valérie Pécresse, Marine Le Pen e, appunto, Anne Hidalgo, una politica socialista sempre meno "rosa" e sempre più "verde". Dietro tutto questo si celava infatti una lotta inedita tra socialisti e verdi per la futura egemonia del campo progressista francese.

Ecologia, salute pubblica, trasporti, scuola, diritti delle donne, riforme istituzionali, sono stati alcuni dei temi centrali del programma presidenziale di Anne Hidalgo, che sognava così di portare la sua esperienza pragmatica e avvincente di sindaco ai vertici della repubblica francese, ma anche di riscattare le pesanti sconfitte dei socialisti dopo la presidenza Hollande.

La vittoria di Macron alle elezioni presidenziali della primavera del 2022 è indubbiamente legata alla situazione eccezionale nella quale si è trovata l'Europa, sospesa tra l'era postpandemia e l'esplosione della guerra in Ucraina. Il leader di En Marche ha saputo interpretare il ruolo di capo rassicurante ed equilibrato in un momento di grande crisi e incertezza, ha attinto alla sua esperienza e autorevolezza nelle relazioni internazionali ponendo la Francia come protagonista nello scacchiere internazionale. La vittoria al ballottaggio contro Le Pen ha sventato il rischio, per la Francia e per l'Europa intera, di una fase di pesante regressione del progetto europeo, ma non è stata da sola sufficiente a guidare un processo internazionale di forte rinnovamento delle istituzioni europee. Il presidente rieletto, una volta che la cancelliera Merkel è uscita dalla scena, si è trovato nella condizione di poter svolgere il ruolo di guida del processo di riforma dell'UE, ma ha dovuto fare subito i conti con la più difficile sfida di cambiamento per il continente e fin dall'inizio si è dovuto misurare con le emergenze sociali ed economiche dei paesi europei. Una sfida tutt'altro che facile.

Sindaci vincenti

La sinistra socialista francese, ridotta ai minimi termini dopo la vittoria di En Marche, si sta prendendo la sua rivincita proprio a partire dalle città, grazie alla vittoria storica conseguita alle ultime elezioni amministrative del 2021 con la riconquista di città fondamentali, anche in accordo con i verdi, rafforzati da un'ascesa sorprendente e inarrestabile, da Lione a Marsiglia, da Bordeaux a Strasburgo.

Benoît Payan, classe 1978, ha rappresentato forse la novità più significativa della *gauche* francese nel segno della rinascita dei territori. Payan è riuscito nell'impresa di riconquistare la seconda città di Francia, una delle capitali del Mediterraneo, dopo venticinque anni di dominio incontrastato delle destre. Ha impostato la sua campagna elettorale sul riscatto di Marsiglia e dei ceti sociali più svantaggiati, puntando su scuole, trasporti e ambiente. Quando è arrivato in visita a Firenze, a Palazzo Vecchio, appena varcata la soglia del mio ufficio, la bellissima Sala di Clemente VII, gli ho mostrato subito il famoso affresco ovale di Giorgio Vasari che ritrae Caterina de' Medici ed Enrico II di Francia al momento del loro matrimonio nel 1533, proprio a Marsiglia. Payan è un giovane pieno di energia e di voglia di fare. Mi ha raccontato lo straordinario crogiuolo di culture e religioni della sua città, la cui storia è stata segnata da una forte e radicata presenza di italiani. Come italiane sono le radici del nuovo sindaco, anche lui figlio di emigranti piemontesi. Durante il suo intervento a un dibattito in un'agorà promossa dal Partito democratico nella periferia di Firenze in quegli stessi giorni, il sindaco francese ha sferzato la platea parlando con passione della necessità di recuperare gli ideali di una sinistra moderna nella visione e radicale nei valori. Una sinistra che avrebbe dovuto ritrovare il coraggio di affrontare temi spinosi come l'immigrazione e l'inclusione sociale puntando su cultura e educazione, proprio ciò di cui aveva disperatamente bisogno la sua Marsiglia.

"Marsiglia è una città povera," scrive il quotidiano *Le Monde* senza giri di parole alla vigilia della visita del presidente italiano Mario Draghi, atteso dal presidente Macron nella città mediterranea con al seguito ben sette ministri del suo governo. L'obiettivo dichiarato del vertice è quello di dare una "risposta globale" alle molteplici crisi sociali, educative, economiche e di sicurezza accumulate in anni di governi di destra dalla seconda città più grande del paese, che è anche una delle più povere d'Europa. A sette mesi dalle elezioni presidenziali e a sette mesi dalla cocente sconfitta alle elezioni municipali francesi, Macron rilanciava infatti in grande stile il "piano Marsiglia" con una visita record di due giorni e mezzo.

Benoît Payan quel giorno era lì ad accompagnare i due leader, senza alcun disagio e consapevole di incarnare la voglia di riscatto della comunità marsigliese. "Il mio rapporto con il presidente Macron è ottimo," mi ha detto mentre eravamo a cena da Cammillo, un'antica osteria fiorentina. "Del resto ho bisogno del supporto del presidente per far rialzare la mia città," ha concluso. Lo guardavo pieno di curiosità sulla sua storia e anche su questa capacità di combinare una forte idealità con la visione pragmatica di chi deve letteralmente rifondare una delle più popolose e difficili città del Mediterraneo e non può fare a meno di un rapporto solido e fruttuoso con chi ha le redini del paese. È il destino di molti sindaci, con la variante non indifferente di chi governa una città da una sponda politica opposta a quella nazionale. "Nella mia città quasi la metà delle scuole è fatiscente, e per l'istruzione e l'educazione vengono spesi 1.350 euro a bambino all'anno, contro i 2.800 di Bordeaux. In più il traffico e l'inquinamento rappresentano una spina nel fianco, a causa della mancanza di infrastrutture e del sistema di trasporto pubblico del tutto inadeguato," ha aggiunto con lo sguardo di chi ha ben presente la sfida che gli si pone davanti. Infatti Marsiglia ha solo due linee di metro per una popolazione di ottocentosessantamila abitanti, senza alcun collegamento diretto tra i quartieri poveri a nord e quelli più ricchi a sud. Mi tempestava di domande il neoeletto sindaco francese, dal sistema di organizzazione della polizia municipale ai progetti delle tramvie di Firenze, al sistema di finanziamento europeo. "L'Europa ha abbandonato Marsiglia in questi anni," mi diceva, "anche a causa dell'incapacità dei sindaci della destra. Abbiamo ricevuto pochissime risorse, e ora devo cominciare da zero, dalla ricostruzione delle scuole della mia città." Le scuole, la sua ossessione. Payan aveva già capito che i terribili problemi di criminalità che affliggevano Marsiglia non potevano che essere aggrediti rivoluzionando il sistema educativo, riempiendolo di contenuti sociali e agganciandolo al mondo del lavoro, per affrontare di petto il disagio giovanile, che era alla base di tutto.

L'attenzione verso i temi sociali e educativi è un tratto distintivo dei giovani sindaci europei, in ogni paese. Vi è un filo rosso che attraversa le migliaia di città del continente, che tocca il punto centrale dei problemi del processo di integrazione europea, un processo che non può fermarsi all'unificazione economica e monetaria e che ha bisogno di uno slancio poderoso su temi che attengono alla coesione sociale delle comunità. Il rischio educativo coincide con il rischio europeo; la sfida ai sovranismi e agli egoismi nazionalisti è anzitutto una sfida culturale che parte dalle persone. Lo sanno bene, ad esempio, i sindaci dei paesi dell'Est Europa, alle prese con una spinta politica antieuropea senza precedenti, che trova sempre più sostegno nei politici dei paesi fondatori dell'Unione Europea.

8. Sindaci delle "città libere" *vs* governi sovranisti: la sfida di Visegrád

A Budapest, il 2 aprile 2021, i primi ministri di Ungheria e Polonia, Orbán e Morawiecki, si sono dati appuntamento con il segretario della Lega Matteo Salvini, per dare gambe a quello che appariva un nuovo progetto conservatore paneuropeo, affermando di voler creare "un nucleo storico alternativo alla sinistra, senza limiti, con obiettivo di essere i primi nell'Unione." I sovranisti del continente hanno parlato con una certa enfasi di un nuovo "Rinascimento europeo", arrivando a scomodare una parola, "Rinascimento", ahimè troppo abusata nella comunicazione politica. Il Rinascimento in verità è quella civiltà culturale e artistica i cui valori trascendevano gli stati e alimentavano un ideale paneuropeo, perfino universale, che poco ha a che vedere con i sovranisti dei nostri tempi. Il più grande pensatore politico del Rinascimento, il fiorentino Niccolò Machiavelli, può infatti essere considerato forse il primo grande europeista della storia italiana. Anzi, egli vedeva esattamente nell'Italia l'archetipo che l'Europa doveva seguire: Machiavelli vive a ridosso tra XV e XVI secolo, in un clima politico basato proprio sull'equilibrio tra le varie città. Un modello di equilibrio che il filosofo desiderava potesse estendersi a tutta l'Europa e che si rinviene nella sua opera più nota, *Il principe.*

I cosiddetti signori di Visegrád si sono tuttavia trovati di fronte proprio i sindaci delle capitali dei loro rispettivi paesi e delle altre città europee, molte delle quali erano state protagoniste di quell'equilibrio europeo rinascimentale. I sindaci di queste città, a dire il vero, non avevano alcuna intenzione di lasciare la scena politica ai propri governi nazionalisti. Ne abbiamo avuto una prova a dicembre del 2019, quando i sindaci delle quattro capitali dei "paesi di Visegrád" (Varsavia, Praga, Bratislava e Budapest) si sono ritrovati proprio a Budapest per lanciare il Pact of Free Cities, ossia il Patto delle città libere. I quattro primi cittadini, il polacco Rafał Kazimierz Trzaskowski, l'ungherese Gergely Karácsony, il ceco Zdeněk Hřib e lo slovacco Matúš Vallo, pur provenendo da posizioni politiche differenti, hanno unito le forze per costruire una risposta politica ai governi sovranisti di destra, lanciando un programma politico che proponeva le città come attori internazionali di una nuova stagione globale mirata a sostenere e rilanciare i valori democratici, ricominciando dalla prossimità ai cittadini e da un'idea di Europa nuova e vincente.

Il Patto delle città libere

Il Patto delle città libere si proponeva come un accordo per promuovere la tutela dell'ambiente, il progressismo e il multiculturalismo, presupposti per costruire uno sviluppo sostenibile e democratico. Non si tratta della prima iniziativa di realtà urbane che si coordinano a livello internazionale per promuovere politiche ecologiche e sociali, ma questa volta siamo di fronte a un documento che si propone anche come un manifesto politico, un atto di dissenso verso le politiche dei governi dell'Est Europa. Nel documento è indicato esplicitamente l'obiettivo di dare vita a una transizione progressista nel governo dei rispettivi paesi. Il testo del Patto inizia riconoscendo "l'importanza della sussidiarietà e dell'autonomia governativa garantite alle comunità locali perché raggiungano i propri obiettivi." Si evidenzia in modo incisivo la necessità di una diretta collaborazione delle città e delle amministrazioni locali con l'Unione Europea, di cui gli stati rappresentano obiettivamente un ostacolo. I sindaci chiedono con forza "che le politiche europee siano adattate alle città" e non agli stati, appunto. Insomma, anche se non vengono mai citati, i governi nazionali sono il bersaglio reale dell'accordo. Difatti, in Ungheria il premier Orbán ha proposto una legge che imporrebbe ai sindaci di utilizzare il budget a loro disposizione principalmente per spese legate al trasporto pubblico, imbrigliando così le politiche locali e riducendo gli ulteriori investimenti. In Repubblica ceca, il primo ministro Andrej Babiš, ha lanciato la costruzione di un nuovo quartiere governativo a Praga, in un'area dove al contrario il sindaco aveva annunciato di voler realizzare un ospedale e una biblioteca. Ecco che l'obiettivo principale del Patto delle città libere rilancia pragmaticamente la madre di tutte le battaglie dei sindaci europei, ovvero la richiesta alle istituzioni europee di erogare finanziamenti diretti nelle casse cittadine per sostenere le politiche urbane, senza dover affrontare la ghigliottina dei governi nazionali.

Un altro dei punti caratterizzanti del Patto riguarda lo sviluppo ambientalmente e socialmente sostenibile e anche qui la divergenza con i governi sovranisti è evidente: Ungheria, Polonia e Repubblica ceca si sono opposte al piano della Commissione Europea sull'azzeramento delle emissioni di CO_2 con l'obiettivo *zero emission* nel 2050. Al contrario, l'impronta ambientalista dei sindaci delle capitali dell'Est Europa ricalca quella delle città occidentali, come dimostrano le iniziative che si sono sviluppate già a partire da alcuni anni. Bratislava ha puntato a fine 2019 a un progetto da duecentoquarantasei milioni di euro sulla mobilità urbana, mentre Varsavia dal 2013 ha lanciato un piano urbanistico sostenibile per la rigenerazione e messa in sicurezza contro il rischio idrogeologico di gran parte della città, con le rive del fiume Vistola completamente ristrutturate.

Ma la distinzione più marcata tra i sindaci e i capi di governo di Visegrád si registra proprio sul piano politico. I sindaci delle "città libere" affermano che nel nome della "storia comune dell'oppressione comunista, dei movimenti pro-democrazia, di trenta anni di trasformazione sociale ed economica e quindici anni dall'adesione all'UE," è necessario "proteggere tutti gli individui e gruppi sociali, etnici o di qualsiasi altra minoranza dalla discriminazione, conformemente alla Carta dei diritti fondamentali dell'Unione europea." Le città europeiste dunque vogliono liberarsi dai governi democratici illiberali, da uno stato di diritto limitato. "Alla società chiusa dei premier populisti e nazionalisti oppongono città aperte che promuovono uguaglianza e combattono il 'tribalismo politico'," è stato detto.

La sfida polacca

"La socialdemocrazia nell'Europa centrale è in forte crisi," mi ha detto il sindaco di Varsavia Trzaskowski durante una delle riunioni dell'associazione Eurocities, con l'aria di uno che di politica europea ne ha masticata molta. Nei nostri numerosi colloqui ho avuto modo di apprezzare l'ottima competenza sui temi europei e l'eccellente preparazione culturale di quest'uomo. Ai miei occhi non è passata inosservata la sua cultura musicale, che deriva dal padre Andrzej, noto compositore e musicologo jazz, come la padronanza di molte lingue tra cui l'inglese e l'italiano. Del resto il curriculum del sindaco polacco è di tutto rispetto: parlamentare europeo nel 2009 (eletto con OP, la piattaforma democratica fondata dal leader liberale Donald Tusk) e ministro della pubblica amministrazione tra il 2013 e il 2014, poi di nuovo parlamentare. Nel 2018 è arrivata l'avventura da sindaco. Rafał Trzaskowski ha vinto con il cinquantasette per cento ed è stato eletto primo cittadino di Varsavia sconfiggendo al primo turno il candidato del partito di estrema destra Diritto e Giustizia (PiS).

Il suo mandato è stato subito caratterizzato da azioni di stampo riformista e liberale: la realizzazione di asili nido gratuiti; un piano di investimenti sul trasporto pubblico *green* basato sulla prima grande flotta di bus ecologici del paese; una dichiarazione sui diritti LGBT+ con un piano di lotta all'omobitransfobia nei settori del lavoro, della salute e dell'istruzione. E non è un caso che proprio da questi temi il sindaco polacco abbia deciso di lanciare la sua sfida per le elezioni presidenziali del 2020, alla guida della Coalizione Civica.

Ancora una volta un sindaco che si lancia alla *premiership* nazionale. Il programma di governo è ambizioso e moderno, con una forte attenzione ai diritti civili e individuali. Il sostegno alle unioni civili per le coppie dello stesso sesso, l'opposizione al rafforzamento delle leggi sull'aborto e il ripristino del sostegno statale alla fecondazione in vitro sono stati alcuni temi centrali della campagna elettorale di Trzaskowski. Su un altro fronte, l'esponente liberale si è caratterizzato con nettezza a favore dell'Europa e dell'impegno a costruire un vero stato di diritto in Polonia.

La campagna elettorale cadeva peraltro proprio nel mezzo di un aspro dibattito tra Polonia e Commissione Europea su una serie di riforme illiberali promosse dal governo centrale, tra cui la legge di riforma dell'indipendenza dei giudici nazionali, entrata in vigore nel febbraio 2020. L'esperienza di sindaco di una delle più importanti città europee lo ha altresì spinto a indicare le politiche ambientali tra le sue proposte, unitamente a un forte investimento sul welfare, forse unico vero punto di condivisione con l'azione del suo coetaneo Andrzej Duda, il presidente conservatore polacco. Ambientalismo, europeismo, diritti civili sono state le bandiere del sindaco di Varsavia, che aveva puntato sulla delusione di larga parte dei polacchi verso le politiche economiche e le riforme istituzionali del governo di destra e sulle minoranze politiche sempre più oppresse dai comportamenti autoritari e illiberali della maggioranza.

"I cittadini polacchi devono decidere tra una Polonia che sia aperta, o un leader che la dividerà," affermava in quei giorni Trzaskowski in uno dei suoi comizi elettorali. Tuttavia, la Polonia è un paese fortemente polarizzato e il candidato liberale non è riuscito a conquistare il consenso della maggioranza dei polacchi, soprattutto nelle campagne e nelle aree geografiche interne, confermando così un tratto ricorrente nelle sfide elettorali dei paesi europei, dove le forze progressiste e liberali sono più forti nelle grandi aree urbane, ma cedono davanti ai conservatori e ai nazionalisti nelle aree rurali. Al primo turno Trzaskowski, che peraltro partiva largamente sfavorito nei sondaggi, è arrivato secondo dietro al presidente uscente Andrzej Duda; il ballottaggio, previsto per il 12 luglio 2020, è terminato con una sconfitta per Trzaskowski e con la riconferma di Duda. Trzaskowski si è fermato al 48,79 per cento. Circa cinquecentomila voti di differenza tra i due candidati. Appena un passo in più e la Polonia avrebbe cambiato il proprio destino. Non è un caso che ci sia già chi parla di una possibile rivincita del sindaco di Varsavia.

Non sfugge nel risultato polacco il peso giocato dal clima europeo, contraddistinto in questi anni dalla crisi migratoria, alla quale i partiti populisti e nazionalisti hanno risposto con facili quanto efficaci slogan sull'identità culturale e nazionale dei popoli mitteleuropei, conquistando così l'elettorato deluso dei partiti moderati. Questi ultimi, in Polonia come in altri paesi limitrofi, hanno attaccato la retorica xenofoba dei populisti nella speranza di aumentare i consensi, senza però avanzare proposte alternative concrete e credibili, arrivando paradossalmente ad accentuare le contraddizioni al loro interno e lo scontento tra i propri elettori. I giovani e gli abitanti dei grandi centri urbani si sono indirizzati così verso partiti più radicali, sia a destra che a sinistra. Chiari esempi sono stati la crescita del Partito Pirata Ceco, di cui il sindaco di Praga Hřib è esponente, e della sinistra ecologista del sindaco Karácsony a Budapest.

Sindaci ungheresi contro Orbán

Proprio Gergely Szilveszter Karácsony è stato uno dei primi politici ungheresi a comprendere l'importanza dei temi ambientali, iscrivendosi al partito di ispirazione ecologista LMP (ossia "Un'altra politica è possibile") con il quale è stato eletto in parlamento nel 2010. Quattro anni dopo, in dissenso con il suo partito sulle strategie di alleanze politiche aperte, ha costituito il nuovo movimento politico Párbeszéd Magyarországért (PM, "Dialogo per l'Ungheria"), un nome beneaugurante per un partito che intende impegnarsi per ridurre, proprio attraverso il dialogo con le altre forze politiche, le profonde e laceranti divisioni esistenti nel paese, alimentate dallo stesso Orbán.

Nell'aprile 2017 Karácsony viene nominato candidato dal suo partito e da MSZP alla carica di primo ministro alle elezioni parlamentari del 2018, arrivando al terzo posto con l'11,91 per cento dei consensi. Ma la sfida elettorale gli è servita ad acquisire il consenso necessario per diventare sindaco di Budapest nell'ottobre 2019, sconfiggendo – anche qui come a Varsavia – il sindaco conservatore sostenuto dalla coalizione sovranista di governo Fidesz-KDNP. È stato proprio il neo sindaco della capitale ungherese a promuovere per primo il Patto delle città libere, accompagnando le sue iniziative politiche con robuste azioni amministrative improntate alle politiche sociali e ambientali. Ha fatto scalpore la sua decisione di accogliere in un'ala inutilizzata del palazzo del municipio della capitale ungherese cinquecento persone indigenti e di usare quella parte dell'edificio durante l'epidemia da Covid-19 per gestire la quarantena per i clochard, che avevano così accettato di sottoporsi al tampone, alle regole del lockdown e dell'igiene in cambio di pasti, servizi sanitari, sociali e di igiene personale, sostenuti dal comune.

Nel maggio 2021, sei partiti di opposizione hanno formato una coalizione contro Fidesz (Unione Civica Ungherese) e Viktor Orbán per le elezioni nazionali del 2022, lanciando per la prima volta lo strumento delle primarie per selezionare il candidato premier. Karácsony ha annunciato per primo la sua intenzione di diventare il candidato a primo ministro unitario ponendosi come l'anti Orbán, il sindaco pragmatico e innovatore pronto a incarnare il desiderio di cambiamento dei suoi connazionali, anche a costo di subire le contromosse del governo di ultradestra che decide di sottrarre fondi alle città. "Agli occhi di molti ungeresi," è stato osservato, "il sindaco di Budapest rappresenta un'opportunità di svolta e di onestà, incarna la tensione verso l'Europa dei valori." Tuttavia, con grande sorpresa e molta amarezza, Karácsony al primo turno è arrivato soltanto secondo dietro a Klára Dobrev, candidata di Coalizione Democratica e vicepresidente del Parlamento Europeo. Prima del ballottaggio Karácsony si è però ritirato, dando il suo sostegno a un altro sindaco, su posizioni politiche più conservatrici, il giovane Péter Márki-Zay. È stato un atto impulsivo? Un azzardo? A ben vedere Karácsony sembrava aver intuito, dimostrando abilità e capacità di visione strategica, che il suo profilo di sinistra ed ecologista poteva andare senza dubbio bene per la capitale, ma non per il resto dell'Ungheria, quella appunto delle aree interne e delle campagne che credeva a Orbán e alla sua propaganda nazionalista.

Karácsony aveva capito che la sfida a Orbán non poteva arrivare da sinistra e che occorreva parlare all'Ungheria profonda, al di là degli ideali politici. È stato decisivo quindi per scegliere un collega amministratore: Peter Márki-Zay, economista, una laurea anche in ingegneria elettronica, conservatore, ex elettore di Orbán, cattolico praticante, poliglotta (parla sette lingue), padre di sette figli, primo cittadino del comune ungherese dal nome impronunciabile Hódmezővásárhely. Siamo nella grande pianura meridionale dell'Ungheria, al confine con Romania e Serbia, tra piccoli villaggi e grandi distese agricole, dove tradizionalmente Orbán fa incetta di voti. Márki-Zay è diventato sindaco di questa cittadina di quarantacinquemila abitanti, a duecentocinquanta chilometri da Visegrád, sfidando proprio il partito conservatore reazionario del premier ungherese. "Per le elezioni comunali anticipate del 2018, ho detto di sì. Ma non pensavo di avere alcuna possibilità di vincere, visto che Hódmezővásárhely è sempre stato un bastione di Fidesz. Non pensavo di poter vincere, ma volevo almeno mostrare un esempio di cooperazione tra tutti i partiti di opposizione, in modo che cambiassero la loro strategia nelle elezioni parlamentari del 2018," ha affermato in un'intervista a un sito web. Subito dopo essersi candidato a sindaco, è stato licenziato (probabilmente su pressione dei suoi avversari, come da lui stesso denunciato), gli è stata negata la possibilità di aprire un comitato elettorale e rilasciare interviste ai giornalisti ed è stato perfino sottoposto al controllo della polizia. Non si vergogna a definirsi conservatore, ma, da fiero oppositore delle politiche migratorie di Orbán, ha denunciato le campagne di odio e menzogne sui migranti. "Orbán diceva che se l'opposizione avesse vinto le elezioni, migliaia, anche milioni di migranti sarebbero entrati in Ungheria, e avrebbero violentato tutte le donne, ci avrebbero rubato il lavoro ecc. Purtroppo ha funzionato, molte persone votano per Fidesz perché hanno paura dei migranti," ha commentato Márki-Zay, poliglotta come il sindaco di Varsavia, dopo aver sottoscritto un programma marcatamente europeista alla guida della coalizione dei sei partiti di opposizione. Entrata nell'Euro; revisione delle modifiche costituzionali introdotte da Orbán; svolta ecologista contro gli accordi russo-magiari sulla realizzazione di una centrale nucleare sul Danubio; lotta senza quartiere alla corruzione: sono questi i cavalli di battaglia con cui il sindaco ungherese si è avviato a sfidare il suo rivale ultraconservatore alle elezioni politiche del 2022. Le tecniche usate per questa campagna elettorale sono le stesse sperimentate tre anni prima con l'elezione a sindaco: il "porta a porta" e l'uso dei social media, per riuscire a raggiungere le fasce di popolazione più giovani e gli abitanti delle aree interne e periferiche lontane dalla capitale.

In una situazione normale i due sindaci ungheresi, Karácsony e Márki-Zay, si sarebbero combattuti da sponde opposte, ma quando è in gioco il destino di una delle nazioni più grandi d'Europa, le alleanze tra diverse forze politiche assumono un ruolo strategico decisivo. Questo è il punto. "L'Ungheria non è Budapest," mi aveva confessato in una cena a Praga il sindaco della capitale, dimostrando forse di aver capito a fondo il sentimento del suo paese. In un paese culturalmente conservatore, per vincere contro un conservatore antieuropeista e illiberale come Orbán occorreva scegliere un altro conservatore, ma sinceramente democratico e favorevole all'Europa. Ancora una volta, anche in Ungheria, come già avvenuto in Italia, in Francia e in Inghilterra, si faceva strada l'idea che, per vincere un politico che incarna la politica nazionale e nazionalista, occorresse un sindaco.

Solo la potenza politica e mediatica di Orbán è riuscita ad arrestare l'ascesa del fronte europeista del centrosinistra. Quella potenza, concentrata nelle mani di un solo uomo, in un sistema democratico ancora fragile, ha travolto ogni avversario, mantenendo il giovane sindaco ungherese fermo al trenta per cento dei consensi. Non è bastata la capacità di unire tutte le opposizioni, né la freschezza e l'entusiasmo di un sindaco di periferia, né ancora il coraggio di una parte significativa della società civile ungherese trainata soprattutto dalle giovani generazioni. Orbán ha vinto di nuovo le elezioni ungheresi ritornando con ancora più arroganza sulla scena politica nazionale ed europea e caratterizzandosi come la spina nel fianco dell'Unione Europea, sui temi economici come su quelli sociali e di politica estera. La sua vittoria è arrivata infatti nel cuore della guerra tra Russia e Ucraina, come un'ombra sull'azione europea di contrasto all'aggressione russa. Il presidente ungherese non ha del resto mai nascosto la sua vicinanza politica e personale a Putin e ha perfino interpretato la sua vittoria elettorale come una risposta al presidente Zelensky e alle sue posizioni antirusse, ponendo spesso veti e ostacoli alle iniziative europee, come il varo delle sanzioni commerciali alla Russia in risposta all'aggressione ai danni dell'Ucraina. Ma la vittoria degli europeisti in Ungheria è solo rinviata. Una nuova generazione di donne e uomini è già emersa nelle città di questo grande paese ed è pronta a organizzarsi e costruire un ponte sempre più solido con i sindaci degli altri paesi europei.

Sindaci europeisti contro politici sovranisti, la sfida continua

La sfida di Márki-Zay è quella di centinaia di altri sindaci dei paesi dell'Est Europa, oppressi dalle politiche illiberali e nazionaliste dei governi del Patto di Visegrád. Non si contano più le proteste e le denunce ormai fin troppo esplicite dei primi cittadini verso la propaganda nazionalista contro l'Europa, i migranti, la globalizzazione, che fa da cornice a una scientifica azione antilocalista con cui i capi dei governi ultraconservatori cercano di togliere ossigeno ai loro sfidanti alle prese con il governo di piccole e grandi città. Aleksandra Dulkiewicz, sindaca di Danzica, è una di questi. Dulkiewicz è stata eletta con un plebiscito riscuotendo l'ottantadue per cento dei voti dopo l'assassinio del suo predecessore, il sindaco Pawel Adamowicz, accoltellato da un giovane durante un evento pubblico il 14 gennaio 2019, al culmine di una campagna di odio contro l'allora primo cittadino, proveniente da Solidarność e fiero oppositore delle politiche antimigranti del governo polacco di estrema destra.

Dopo quel terribile attentato, la quarantenne vicesindaca prende le redini della città come commissario e, subito dopo, si candida a sindaco, superando minacce e campagne denigratorie, risvegliando l'orgoglio democratico di migliaia di cittadini della capitale storica del movimento fondato da Lech Wałęsa. Nel 2021, durante l'assemblea annuale di Eurocities a Lipsia ha tenuto uno dei discorsi più apprezzati: "Dobbiamo sconfiggere la propaganda nazionalista e falsa del governo contro noi sindaci e contro l'Europa," ha detto dal palco, nascondendo dietro gli occhiali uno sguardo più sereno di quanto non si potesse immaginare. "Non lasciateci soli," ha aggiunto subito dopo in una conversazione con me e il sindaco di Lipsia, Burkhard Jung, "il governo ci taglia le risorse e surriscalda il clima politico con continue campagne di paura rivolte alla popolazione, mentre noi non abbiamo la possibilità di ribattere a causa di un sistema mediatico controllato dal potere centrale, non ci restano che i social media e il contatto diretto con la gente." Dopo la denuncia di questa amministratrice così coraggiosa, nel chiudere l'assemblea annuale davanti a duecento sindaci, ho lanciato dal palco di Lipsia l'appello a non lasciare soli i colleghi primi cittadini dei paesi europei orientali. Sono loro del resto, il primo vero argine all'avanzata dell'onda dell'ultradestra e dei sovranisti che punta a infrangere definitivamente il sogno europeo.

Ma i partiti sovranisti non si sono arresi e hanno rilanciato. Il 2 luglio 2021, in piena emergenza sanitaria per il Covid-19, quindici partiti di quattordici paesi europei lanciavano la Carta dei valori, un documento con il quale si invoca la riforma dell'Unione Europea, ma di fatto si chiede uno stop al processo di integrazione europea a favore di un consolidamento delle identità nazionali e dell'autonomia degli stati. Il documento porta la firma di tutti partiti e i movimenti di destra, nazionalisti e antieuropei facenti parte dei gruppi Identità e Democrazia (ID) e Conservatori e Riformisti Europei (ECR), più Fidesz che ha lasciato il PPE e fa parte dei non iscritti. Tra gli italiani hanno aderito sia la Lega sia Fratelli d'Italia.

Sotto il titolo Dichiarazione sul futuro dell'Europa, il documento cerca di raccogliere le parole d'ordine delle destre europee che, se viste nel loro insieme, mostrano un quadro molto frastagliato, nel quale ogni forza predilige alcuni temi. Si rivendica ad esempio "l'eredità giudaico-cristiana dell'Europa", concetto da sempre caro alle destre occidentali; si pone l'accento poi sulla centralità della famiglia tradizionale, descritta come "unità fondamentale delle nazioni", tema più caro ai partiti dell'Est Europa. Si attacca in buona sostanza la "costante reinterpretazione dei trattati da parte delle istituzioni comunitarie", che indurrebbe in modo illegittimo a una maggiore integrazione degli stati nell'Unione. Seppure il documento non menzioni le posizioni estreme che pure erano state sostenute da alcuni partiti della destra sovranista negli anni passati, come l'uscita dall'Unione europea o dalla moneta unica, in più parti emerge un sentimento antieuropeo, rappresentato da una retorica che mescola questioni ideologico-culturali e aspetti istituzionali: si denuncia ad esempio il fatto che "le nazioni si sentono lentamente spogliate del diritto a esercitare i loro legittimi poteri" anche a causa di una "trasformazione culturale e religiosa" volta alla creazione di un "superstato europeo", che cancelli nazioni e tradizioni.

Due mesi dopo, in una dialettica a distanza ma serrata, i sindaci di Budapest, Praga e Varsavia decidevano di lanciare una seconda offensiva politica proponendo un ampliamento del Pact of Free Cities a molti altri colleghi, anche fuori dell'Europa. Hanno chiamato così a raccolta nella capitale ungherese una cinquantina di sindaci per aderire al Patto e trasformarlo, di fatto, in un documento trasversale e mondiale contro tutti i sovranismi. E così che sono arrivate le adesioni di sindaci di città come Londra, Parigi, Vienna, Barcellona, Amsterdam, Istanbul, Tel Aviv, Los Angeles, Taipei, Taoyuan, Berlino. Dall'Italia hanno risposto all'appello Firenze e Milano.

La gestione della pandemia, con la formidabile campagna vaccinale europea e la risposta economica del Next Generation EU, ha indebolito fortemente gli argomenti del fronte nazionalista, anche se la vicenda della guerra in Ucraina ha di nuovo messo a nudo le fragilità di una UE incapace di costruire una vera difesa unica e altresì in difficoltà nell'elaborazione di una politica estera comune. Il veto del governo ungherese alle sanzioni europee sul petrolio russo a causa del conflitto ne è stata una dimostrazione, ma anche il dibattito promosso da Macron, Draghi e dalla Commissione Europea sulla modifica della regola dell'unanimità nelle principali decisioni dell'Unione ha rinvigorito le posizioni dei paesi "frugali" e di quelli guidati da governi sovranisti. Insomma, il cammino verso gli Stati Uniti d'Europa è molto lungo e irto di ostacoli.

In questo contesto, il dato di fondo della risposta dei sindaci ai partiti sovranisti risiede nella novità di un'impostazione che non si riduce a una mera difesa dell'Europa, tutt'altro. La differenza è sostanziale: da un lato, i sindaci avanzano proposte di riforma anche profonda delle istituzioni comunitarie per rafforzare l'identità europea e ancorarla a quella plurisecolare delle città; dall'altro i partiti sovranisti chiedono una riforma con l'obiettivo esattamente opposto di mettere radicalmente in discussione il processo di integrazione europea e affermare un'Europa delle nazioni, debole e priva di reali poteri. Per la prima volta nella storia d'Europa, decine di sindaci, forti del sostegno delle loro comunità locali, talvolta anche surrogando le forze socialdemocratiche e di sinistra nazionali, in difficoltà nel trovare la bussola di una nuova proposta politica paneuropea, si sono dichiarati pronti a costruire una risposta politica internazionale e di visione. Il Patto delle città libere è diventato così un manifesto politico programmatico per l'Europa, sostenuto dai leader di tutte le principali città del continente, ormai consapevoli della necessità di fare squadra, di costruire una rete solida e trasversale, capace di unire tutti gli europeisti, liberali e socialdemocratici, riformisti ed ecologisti. Si è aperto un capitolo inedito nella storia europea, destinato a lasciare il segno e a cambiare definitivamente il volto politico e culturale dell'Europa. L'Europa delle città che si schiera contro l'Europa delle nazioni. Prende corpo una sfida profonda e destinata a durare a lungo, che affonda le radici nella contrapposizione tra il modello umanistico delle città e quello ottocentesco delle identità nazionali e che potrebbe estendersi a tutte le democrazie occidentali, Stati Uniti compresi. La sfida di Visegrád è tutt'altro che finita.

9. Dai sindaci una nuova strada per l'Italia e l'Europa

Il mondo è attraversato da sconvolgimenti che la mia generazione mai avrebbe immaginato di dover vivere. La crisi ambientale ha scatenato calamità impressionanti, come siccità, innalzamento della temperatura, tornado e inondazioni. La guerra in Ucraina ci ha riportato indietro nel tempo sgretolando ogni certezza sulla pace duratura e sul progresso continuo e inarrestabile. Così la crisi energetica e l'inflazione hanno riaperto ferite profonde, gettando famiglie e imprese europee nella paura e nella rabbia. Le grandi questioni etiche dilaniano l'opinione pubblica dei paesi occidentali, mentre negli USA una sentenza della Corte Suprema torna a vietare l'aborto, riportando indietro di decenni le battaglie per i diritti delle donne.

La società civile del tempo che viviamo è sottoposta per la prima volta a un coacervo di sconvolgimenti che ha colto tutti di sorpresa. Nessuno di noi era culturalmente e mentalmente preparato alla pandemia, alla guerra in Europa, a una crisi economica dai contorni imprevedibili. Siamo cresciuti in un'epoca di pace e prosperità e d'improvviso ci siamo accorti che tutto è diventato più incerto e fragile, che tutto può finire da un momento all'altro.

In un cambiamento di epoca come questo la politica fatica a trovare una bussola da consegnare ai popoli, non riesce a recuperare la funzione escatologica capace di dare stimoli profondi alle grandi questioni esistenziali, collettive e individuali. Fatica a dare risposte sui grandi interrogativi che riguardano il destino dell'umanità: cosa sta succedendo al nostro mondo? Quali sono gli ideali per i quali si chiede di spendere una intera vita? Quale deve essere il rapporto tra l'uomo e la natura? Che progresso ci aspettiamo per le prossime generazioni? Che rapporto vogliamo costruire tra la scienza e l'etica? Quale sarà il futuro delle nostre città e delle nostre comunità?

Il linguaggio politico delle democrazie mature è vittima del presentismo, appiattito sul "cosa" e non sul "come", sull'"ora" e non sulla memoria e sulla visione. Si parla di PIL, di percentuali di inflazione, di pensioni, di tonnellate di CO_2 da abbattere. Ma non si analizza la storia, non si guarda al futuro con passione e visione, e soprattutto non si parla di emozioni. La politica di oggi ha paura delle emozioni e quando le usa lo fa per sfruttarle, non per capirle, coltivarle, condividerle, farle convivere con le idee. I movimenti politici estremisti utilizzano sentimenti come paura e rabbia per lucrare consensi, per provocare reazioni che poi diventano ingestibili. Questi partiti vogliono cavalcare la tigre, non vogliono risolvere i problemi dei cittadini. Le destre sovraniste europee, come quella americana, si nutrono dell'odio sociale e provano a utilizzarlo a proprio vantaggio; dai *Gilets Jaunes* all'assalto a Capitol Hill, il malessere diventa odio e discriminazione, l'odio diventa violenza e sovversione. I nuovi leader che arrivano sulle scene politiche alla velocità della luce, bruciando record di consensi un mese dopo l'altro, ambiscono a incarnare il concetto del "super-io". Sono leader muscolari che utilizzano un linguaggio duro, aggressivo, prevaricante, e che anche per questo finiscono per vivere parabole discendenti altrettanto fulminanti.

Eppure la demagogia e il populismo sfornano nuovi politici ogni anno e in ogni dove. Politici che si consumano velocemente perché portano avanti un'idea di politica figlia proprio della visione consumistica della società e del presentismo. La politica per loro non è l'opportunità di un miglioramento individuale e collettivo, non è narrazione di vite e di storie, non è emozione, non è idealità, ma diventa prodotto. Prodotto da comunicare e da consumare, come un pacco di biscotti. Quando la gente si stanca di quel pacco, allora ne arriverà un altro, con una nuova etichetta, più luccicante e ingannevole, pronto a essere consumato. La ricetta è la stessa: alimentare il vittimismo e lo scontro sociale, innalzare muri e fili spinati, seminare paura e incertezza e rispondere a tutto ciò proponendo illusorie scorciatoie, aizzando le folle, dando fuoco alle polveri.

Come si può reagire a tutto questo? In un solo modo. Restituendo alla politica idealità e concretezza. Scegliendo la strada del governo dei processi difficili e selezionando nuove classi dirigenti sulla base di competenze e passione. Se non si danno risposte ai cittadini che manifestano preoccupazioni e aspettative, questi abbandoneranno la politica e sceglieranno la strada della protesta dura o dell'astensione, come sta avvenendo negli ultimi anni in Italia e negli altri paesi europei. Quando il popolo non vota più, è perché la politica si è allontanata troppo dal paese reale, dalle comunità e dai territori. Se vogliamo rassicurare chi ha paura dobbiamo dare risposte e dobbiamo farlo in un modo nuovo, coinvolgente, inclusivo, fermo e gentile al tempo stesso.

I sindaci incarnano oggi questo modello di leadership; non muscolare ma gentile; non demagogico, ma pragmatico; non urlante, ma in ascolto. La politica italiana ed europea può ritrovare nei sindaci una nuova generazione di donne e uomini capaci di riportare visione, speranza e credibilità nelle società civili. I sindaci sono i politici vincenti del nostro tempo, lo dicono i fatti e i risultati in tutto il continente. Questi primi cittadini oggi hanno la forza e la credibilità per dare vita a un nuovo movimento paneuropeo che lanci proposte coraggiose sui temi sociali, economici e ambientali.

Del resto le sinistre sono in crisi in quasi tutti i paesi europei: dopo la caduta del muro di Berlino e il giro di boa del nuovo secolo, non hanno saputo disegnare un nuovo modello di società, oscillando tra ricette neoliberiste e formule nostalgiche di welfare novecentesco. Mentre i partiti sono entrati in crisi, i leader locali hanno invece continuato a portare innovazione nella politica e a trasformare le loro città con successo. Perché? Perché gli amministratori locali sanno parlare alla gente, sanno pensare e costruire soluzioni innovative poiché vivono i problemi quotidiani delle loro città. Sono i sindaci il vero antidoto all'ondata sovranista e nichilista che sta attraversando la nostra Europa e la nostra società.

Un partito dei sindaci?

In Italia, all'inizio del 1993, subito dopo Tangentopoli, il parlamento italiano ha votato la legge sull'elezione diretta dei sindaci. Prima di quella riforma solo una giunta comunale su cento riusciva a raggiungere la scadenza fisiologica della consiliatura. Ancora oggi la maggior parte dell'opinione pubblica e degli studiosi considera quella legge una svolta politica e giuridica del sistema istituzionale italiano, che ha consentito all'elettore di scegliere direttamente i propri governanti. Tant'è che quella legge ha prodotto un effetto a cascata che ha portato negli anni successivi a introdurre l'elezione diretta anche per i presidenti delle giunte regionali e ad aprire una discussione politica nazionale, mai esaurita, sull'elezione diretta del presidente della repubblica o del presidente del consiglio.

L'elezione diretta dei sindaci in Italia ha portato molti effetti positivi sul governo delle città, a partire dalla stabilità dei governi e dalla possibilità degli stessi di pianificare progetti sul lungo periodo, dalla maturazione democratica delle comunità locali, dal rafforzamento del concetto di *accountability* dei leader locali, ovvero la loro capacità di rispondere delle proprie decisioni di fronte all'elettorato.

Ma la riforma ha avuto anche il pregio di conferire al ruolo stesso del sindaco una rilevanza politica assai più forte del passato, quando i primi cittadini venivano selezionati dal consiglio comunale: l'investitura diretta ha dato indubbiamente più popolarità e potere a queste figure, divenute così punti di riferimento per le proprie comunità e nuovi protagonisti della scena politica nazionale, più moderni e avvincenti del ceto politico dei partiti tradizionali, ancora ingessato nel modello parlamentare della Prima Repubblica e in gran parte logorato dalle vicende giudiziarie del tempo.

La portata politica di quella novità è tale da aver rappresentato uno dei fattori principali di innovazione positiva nella transizione dalla Prima alla Seconda Repubblica che ha accompagnato la nascita di una nuova classe dirigente, in un centrosinistra ancora alla ricerca di una nuova identità dopo la caduta del muro di Berlino e la svolta della Bolognina: Castellani a Torino, Rutelli a Roma, Bassolino a Napoli,

Orlando a Palermo, Bianco a Catania. In molti hanno parlato di "primavera dei sindaci" o di "stagione dei sindaci". Una stagione finita quasi ovunque con la fine dei mandati di quegli esponenti politici, molti dei quali sono passati a responsabilità di governo dove purtroppo si sono infranti contro il muro refrattario del sistema burocratico e politico della capitale. Quella stagione, in realtà, si è esaurita piuttosto velocemente dopo la nascita dell'Ulivo, che ha offerto una nuova chance alle classi politiche nazionali provenienti dalla ex DC e dall'ex PCI e che appunto non avevano nelle proprie corde quella sensibilità verso la politica locale. Il nuovo progetto del centrosinistra, che portava con sé molte novità, non è stato tuttavia capace di valorizzare fino in fondo quella stagione trasformandola in un tratto distintivo della propria identità, sebbene molti dei sindaci di quel periodo fossero stati chiamati a importanti incarichi di governo. La spinta riformista di allora si è come lentamente dispersa con la fine delle storie dei suoi stessi protagonisti.

Del resto anche il roboante avvento sulla scena nazionale della leadership di Matteo Renzi, divenuto leader del PD e presidente del consiglio a quattro anni dalla sua elezione a sindaco, non ha di fatto rappresentato una ripresa del cosiddetto modello dei sindaci. Da testimone diretto di quegli anni, allora vicesindaco nella giunta comunale guidata da Renzi e poi deputato nell'anno di legislatura che lo ha visto salire a Palazzo Chigi, posso dire che la genesi politica che ha portato alla sua bruciante scalata è assai diversa dalle ragioni che avevano animato la primavera dei sindaci vent'anni prima. Quella di Matteo Renzi è stata una corsa solitaria e dirompente, per molti aspetti "antisistema" e connotata fortemente dalla sua personalità e dalla sua indole, nel bene e nel male. Essa inoltre è stata fortemente agevolata da una crisi profonda del centrosinistra, incapace di rinnovarsi e di dare nuovo slancio alla stagione dell'Ulivo, imprigionato dalla retorica antiberlusconiana tutta difensiva. Dall'altro lato, la scalata dei sindaci degli anni novanta era legata soprattutto agli effetti di quella dirompente riforma dell'elezione diretta e aveva piuttosto i caratteri di una leadership plurale. Troppo solitario il primo tipo di leadership, troppo largo e disperso il secondo.

Il "partito dei sindaci", insomma, non è mai decollato, anche se in molti oggi si chiedono se possa risorgere. Ma, a questo punto, la vera domanda è: "Ha davvero senso parlare di partito dei sindaci?"

Mario Draghi e i primi cittadini

Il discorso forse più importante del premier Mario Draghi è stato pronunciato nel giorno della sua caduta. Il 20 luglio del 2022, nel cuore dell'estate più calda e siccitosa dell'ultimo secolo, con l'inflazione in crescita, la guerra in Ucraina in corso, la crisi energetica, il presidente del consiglio italiano tiene al senato un discorso chiaro, autorevole e coraggioso con il quale chiede al parlamento di rinnovargli la fiducia per terminare la legislatura e il programma di governo con cui un anno e mezzo prima era stato chiamato a lavorare da quella stessa aula.

I giorni che hanno preceduto quel voto sono stati convulsi e tesi, con le forze politiche pronte a rinfacciarsi a vicenda responsabilità e tradimenti in vista di una possibile caduta del governo, innescata dalla crisi interna del Movimento 5 Stelle guidato da Giuseppe Conte. Il movimento era nato come realtà politica "antisistema" e, dopo cinque anni consecutivi di governo, si è risvegliato immerso nel sistema, con mani e piedi. Consumato da questa torsione politica continua, dalle sconfitte alle elezioni amministrative del 2021 e 2022 e dalla crisi del secondo esecutivo guidato da Giuseppe Conte, il Movimento non ha saputo più motivare a se stesso e ai propri elettori il sostegno al governo Draghi e ha cercato di evitare l'implosione togliendogli la fiducia. Il centrodestra di Lega e Forza Italia non aspettava altro che un'occasione del genere per staccare la spina a un governo che fino ad allora aveva sostenuto, spesso facendo buon viso a cattivo gioco. Un delitto perfetto, quello dell'esecutivo guidato dall'ex presidente della Banca Centrale Europea, che neanche il PD è riuscito a evitare, rimasto anch'esso vittima di una strategia politica senza prospettive chiare, molto schiacciata sull'asse con il Movimento 5 Stelle.

In quei giorni è stato evidente lo scollamento tra un parlamento impazzito e un paese preoccupato. La società civile era in gran parte favorevole alla prosecuzione della presidenza di Mario Draghi: imprenditori, personale sanitario, perfino la Conferenza dei vescovi hanno promosso e firmato appelli al parlamento per confermare la fiducia a un governo che stava traghettando l'Italia fuori dall'emergenza Covid-19, che aveva dato gambe al più complesso e ambizioso piano di rilancio economico del paese con il Piano nazionale di ripresa e resilienza, che aveva ridotto di 4,5 punti il rapporto tra debito pubblico e PIL, portando quest'ultimo a crescere del 3,4 per cento, più di tutti gli altri paesi del G7.

In quei giorni tutti noi sindaci italiani eravamo increduli e preoccupati, arrabbiati con i partiti nazionali che badavano soltanto alla propria convenienza politica. Dovevamo fare qualcosa, dovevamo far sentire la voce delle nostre comunità, senza distinzione di colore politico.

Il 15 luglio, dopo una conversazione con il sindaco di Venezia Luigi Brugnaro, di centrodestra, ha preso così forma l'idea di scrivere una lettera-appello pubblica rivolta al parlamento e a Mario Draghi per scongiurare la crisi di governo e proseguire con il risanamento economico del paese e l'attuazione del PNRR. "Le nostre città, chiamate dopo la pandemia e con la guerra in corso a uno sforzo inedito per il rilancio economico, la realizzazione delle opere pubbliche indispensabili e la gestione dell'emergenza sociale, non possono permettersi oggi una crisi che significa immobilismo e divisione laddove ora servono azione, credibilità, serietà," esordiva l'appello, senza giri di parole. Al riconoscimento del lavoro svolto e dell'autorevolezza internazionale del premier, faceva seguito un richiamo forte e netto alla classe politica: "Noi Sindaci, chiamati ogni giorno alla difficile gestione e risoluzione dei problemi che affliggono i nostri cittadini, chiediamo a Mario Draghi di andare avanti, a testa alta, e spiegare al parlamento le buoni ragioni che impongono di proseguire l'azione di governo. Allo stesso modo chiediamo con forza a tutte le forze politiche presenti in parlamento di pensare al bene comune e di anteporre l'interesse del paese ai propri problemi interni. Queste forze hanno il dovere di portare in fondo il lavoro iniziato in un momento cruciale per la vita delle famiglie e delle imprese italiane. Ora più che mai abbiamo bisogno di stabilità, certezze e coerenza per continuare la trasformazione delle nostre città perché senza la rinascita di queste non rinascerà neanche l'Italia." In quelle ore partivano gli scambi telefonici. Prima il sindaco di Milano, Beppe Sala, poi quello di Torino, Stefano Lo Russo. Ci ponevamo il problema di partire con un'adesione politicamente trasversale e così, grazie all'intervento del sindaco Brugnaro, arrivava anche l'adesione di Marco Bucci, primo cittadino di Genova, anch'egli di centrodestra. L'iniziativa era stata inizialmente condivisa da otto sindaci: oltre a me e ai sindaci di Venezia, Genova, Milano e Torino, erano arrivate le firme di Antonio Decaro sindaco di Bari, Michele de Pascale sindaco di Ravenna, Giorgio Gori sindaco di Bergamo, Roberto Gualtieri sindaco di Roma, Maurizio Rasero sindaco di Asti, Matteo Ricci sindaco di Pesaro.

È bastata quella scintilla per far decollare l'appello in poche ore. Tra il 16 e il 18 luglio siamo arrivati, quasi stupiti, a mille firme, dai sindaci di tutte le grandi città ai piccoli comuni. L'appello cominciava a sfondare il muro della diffidenza e attirava l'attenzione dei media italiani ed europei. Dalla Germania alla Francia, dalla Spagna alla Grecia si susseguivano articoli e servizi televisivi, giungevano messaggi di incoraggiamento e adesione. In quei giorni i sindaci italiani hanno occupato le prime notizie dei TG e le prime pagine dei quotidiani nazionali. Lo stesso presidente Draghi, mi aveva fatto sapere il suo capo di gabinetto, Antonio Funiciello, era rimasto molto colpito da un'iniziativa così ampia e corale.

Le adesioni crescevano sotto i nostri occhi increduli, ora dopo ora. Ricevevo sul cellulare decine di messaggi da colleghi di piccoli e grandi comuni che non avevo mai sentito prima. Tutti per sostenere, per firmare, per far sentire la propria voce. Il 19 luglio, alla vigilia del voto di fiducia, siamo arrivati a oltre milleottocento firme. A quel punto la soglia delle duemila adesioni era vicina. La mattina successiva, poco prima dell'ingresso nell'aula del senato di Mario Draghi, l'appello dei sindaci italiani aveva raggiunto le 1.933 firme. Nelle ore successive eravamo arrivati a duemila. Non era mai successa una cosa del genere prima di allora. Mai si era vista una mobilitazione così larga per sostenere un governo. Eravamo abituati alle manifestazioni di piazza e alle iniziative pubbliche organizzate per far cadere gli esecutivi, non per farli continuare!

L'appello aveva fatto così tanto rumore da scatenare la reazione veemente della presidente di Fratelli d'Italia, che accusava i sindaci italiani di "usare le istituzioni senza pudore, come fossero un partito", dimenticando, forse volontariamente, che tra quelle duemila firme vi era un grandissimo numero di primi cittadini sostenuti da maggioranze politiche di centrodestra, Fratelli d'Italia compresi.

Nell'atteso discorso al senato, Mario Draghi si è rivolto con nettezza al parlamento, tralasciando per un attimo la sua proverbiale impassibilità e lasciandosi andare a un afflato di passione: "L'unica strada, se vogliamo ancora restare insieme, è ricostruire da capo questo patto, con coraggio, altruismo, credibilità. A chiederlo sono soprattutto gli italiani. La mobilitazione di questi giorni da parte di cittadini, associazioni, territori a favore della prosecuzione del governo è senza precedenti e impossibile da ignorare." E tra gli appelli che lo avevano colpito ha ricordato quello dei duemila sindaci e quello dei sanitari.

Se il parlamento quel giorno avesse ricostituito la maggioranza e votato la fiducia, in molti sarebbero stati pronti a riconoscere che i sindaci italiani avevano salvato il governo e in un certo senso il paese. Così non è stato. Draghi si è dimesso poche ore dopo e l'Italia è piombata in un incubo. Ma l'iniziativa dei sindaci italiani aveva lasciato un segno profondo. Il paese aveva definitivamente compreso la forza e la soggettività politica dei sindaci: non era nato il "partito dei sindaci", ma era nato un movimento ben più grande e trasversale destinato a condizionare pesantemente il futuro della politica italiana.

Non avrei immaginato che mi sarei trovato a condividere quelle riflessioni proprio con il presidente del consiglio, appena dieci giorni dopo l'inizio della crisi. Il primo agosto, un afoso e caldo lunedì, ero a Palazzo Chigi nella sua stanza, accompagnato dall'amico Antonio Funiciello. Avevo già visto quella stanza, non particolarmente vistosa, in varie altre occasioni, con Romano Prodi, Matteo Renzi, Paolo Gentiloni e Giuseppe Conte, ma la familiarità e la sobrietà del luogo non stemperavano un leggero stato di ansia per l'incontro. "Presidente, ciò che i sindaci hanno fatto a suo sostegno non è frutto di tatticismo politico, ma di un sincero sentimento patriottico e democratico. Lo hanno fatto anzitutto per il paese," ho esordito. Draghi ha abbozzato un sorriso di gratitudine, socchiudendo leggermente gli occhi in segno di approvazione e riconoscenza. "Tornerà nelle istituzioni?" ho tentato l'affondo subito dopo. "Non credo proprio," è stata la sua risposta, con il proverbiale linguaggio laconico e asciutto. Ho imparato che in politica è sconsigliabile dire "mai", ma Mario Draghi non veniva dalla politica pur avendo dimostrato di conoscerla bene. Avevo capito, forse definitivamente, che quell'uomo non avrebbe più messo piede da presidente a Palazzo Chigi e che la politica italiana, per l'ennesima volta – come una mantide religiosa – aveva sacrificato senza colpo ferire il suo "figlio" prediletto, che solo poco tempo prima aveva acclamato come salvatore della patria.

Perché la sinistra vince (solo) nelle città?

Il 14 marzo del 2021, nel suo intervento di insediamento di fronte all'assemblea nazionale del Partito democratico, il segretario Enrico Letta non ha mancato di sottolineare il ruolo fondamentale dei sindaci democratici, usando un'espressione molto felice e intuitiva, "la politica è fatta di anima e cacciavite", che mi ricorda un'altra espressione del sindaco Giorgio La Pira quando diceva che il sindaco deve "cambiare le lampadine in strada e promuovere la pace nel mondo." Letta ha provato così a usare un linguaggio nuovo per il partito che si apprestava a guidare, finito negli ultimi anni in una spirale di crisi di identità e di protagonismo politico, rinchiuso nei palazzi della capitale dove si consumavano lotte di potere tra le correnti. Il nuovo segretario è riuscito a rappacificare le diverse anime del partito in un momento molto delicato per la politica e per il paese e lo ha fatto anche aprendo un dialogo franco e diretto con i primi cittadini del suo partito, ai quali ha riconosciuto in più occasioni un ruolo politico.

I sindaci democratici, da nord a sud, hanno dimostrato di essere il vero blocco popolare sui territori, sostenendo il partito in momenti non facili come quelli delle ultime elezioni europee del 2019. Da allora e per tutte le tornate elettorali amministrative il Partito democratico e il centrosinistra hanno sempre vinto sugli avversari. Se sommiamo le elezioni locali dei quattro anni, dal 2019 al 2022, vediamo che su novantadue capoluoghi di provincia il centrosinistra ha vinto al voto in quarantasei di questi, mentre il centrodestra in trentadue. La forchetta si allarga ulteriormente se si considerano anche gli altri ottomila comuni che sono andati praticamente tutti al rinnovo amministrativo nell'arco di questi quattro anni.

Nel 2019, con quasi quattromila comuni al voto, i candidati sindaci del PD hanno vinto al primo turno nelle città medie e grandi di tutta Italia, da Giorgio Gori a Bergamo ad Antonio Decaro a Bari, a Matteo Ricci a Pesaro, ribaltando letteralmente il risultato deludente del partito alle europee e portando un consenso netto aggiuntivo legato alla loro personale popolarità e ai programmi di governo. Stessa sorte è toccata a Firenze in quell'anno.

Nel medesimo giorno, insomma, gli stessi elettori sceglievano i democratici nelle città e premiavano le destre in Europa con differenze impressionanti di voti. Quelle vittorie nei comuni hanno dimostrato in modo incontrovertibile come la sinistra fosse ancora capace di una proposta politica se rimaneva ancorata ai territori e ai bisogni concreti della gente, mentre a livello nazionale stentava palesemente a riprendersi dopo la crisi del governo Renzi e la scissione del PD. Le elezioni europee hanno sancito infatti la vittoria della Lega di Salvini in tutto il centro nord e del Movimento 5 Stelle in tutto il sud, mentre il PD manteneva la sua forza indiscussa solo in alcune province della Toscana e dell'Emilia-Romagna.

Il successo del 2019 si è ripetuto nel settembre 2020, con il centrosinistra vincente in più del doppio dei comuni capoluogo di provincia rispetto al centrodestra, tra cui le belle vittorie di Mattia Palazzi a Mantova e quella di Giuseppe Falcomatà a Reggio Calabria. Nell'ottobre 2021 si è votato per i sindaci e i consigli comunali di oltre mille comuni, tra cui le quattro città più popolose del paese: Roma, Milano, Napoli e Torino, oltre a Bologna, altro capoluogo di regione. Queste cinque città metropolitane rappresentano, tutte insieme, quasi quattordici milioni di abitanti, quasi un quarto del PIL del paese e tutte e cinque sono state conquistate da coalizioni di centrosinistra, con il PD come forza trainante. All'indomani del voto – che ha sancito i successi di Roberto Gualtieri, Beppe Sala, Gaetano Manfredi, Stefano Lo Russo e Matteo Lepore – sono stati in molti a dire che non si è trattato di una semplice elezione di interesse locale, ma di un test politico di livello nazionale per tutte le forze politiche. Ciò non solo per l'evidente situazione in cui l'Italia si trovava in quell'inizio di autunno, tra campagna vaccinale da accelerare e ripresa economica da avviare, bensì anche per il ruolo che le città hanno assunto in quei mesi di emergenza pandemica.

La pandemia, del resto, come abbiamo visto è stata anche una camera di risonanza del ruolo dei sindaci, chiamati a gestire le città in pieno lockdown, ad affrontare l'emergenza sociale con la distribuzione di milioni di pasti a famiglie piombate in una condizione di povertà, a confrontarsi con le scuole strette tra contagi e lezioni a distanza e i trasporti in crisi. Il ruolo dei sindaci italiani si è così rafforzato, come testimoniano i sondaggi della popolazione e l'attenzione dei media verso queste figure. È come se la pandemia avesse fatto emergere in modo più incisivo le politiche che i primi cittadini italiani avevano già avviato prima della sua esplosione: temi come la lotta al cambiamento climatico, l'attenzione ai più deboli, la gestione della sanità sul territorio sono passati da semplice opzione a priorità indifferibile. Dopo l'emergenza del Covid-19, inoltre, è riemerso fortissimo il bisogno di recuperare una dimensione sociale di prossimità. I cittadini hanno sentito la necessità di ritrovarsi, di riallacciare rapporti, di vivere in modo nuovo i luoghi pubblici, di muoversi e di viaggiare. Le città hanno saputo interpretare da protagoniste un momento cruciale di cambiamento.

Il Piano nazionale di ripresa e resilienza ha poi accentuato la visibilità e il protagonismo dei primi cittadini che tra il 2020 e il 2021 hanno dimostrato di avere visione politica e capacità di gioco di squadra. Gli amministratori locali hanno saputo cogliere il momento rilanciando battaglie come quella della riduzione delle responsabilità penali e civili nell'amministrazione locale, della semplificazione burocratica, del ruolo primario nella gestione degli investimenti europei.

All'apertura dell'assemblea nazionale dell'ANCI a Parma, nel novembre del 2021, il presidente della repubblica Sergio Mattarella si è rivolto ai duemila sindaci e amministratori locali con parole di riconoscimento e gratitudine: "Le istituzioni comunali hanno dato risposte a persone e imprese, a famiglie e ad attività economiche in affanno, e adesso le stanno accompagnando nella ripartenza, avendo presenti squilibri antichi che si sono aggravati e nuove linee di frattura che sono comparse," ha esordito il capo dello stato, "i comuni hanno contribuito a una risposta delle istituzioni del nostro paese, una risposta complessiva del paese, una risposta che è divenuta nei mesi sempre più convergente. Non era scontato.

Di questa leale collaborazione è giusto dare atto ai sindaci." Quello tra i primi cittadini e il capo dello stato Mattarella è stato sempre un rapporto speciale, improntato alla fiducia reciproca e alla sincerità. Nella mia esperienza di sindaco ho potuto incontrare il presidente molte volte, riscontrando sempre in lui una postura non formale verso i comuni e noi amministratori. Il suo discorso a Parma non faceva altro che confermare ai miei occhi e a quelli di tutti i colleghi la sua grande attenzione verso di noi.

Nella stessa assemblea il presidente del consiglio Mario Draghi aveva fatto eco alle parole del capo dello stato con toni ancora più espliciti: "Sindaci, sarete al centro della stagione che abbiamo davanti: una straordinaria occasione di riforme e investimenti, grazie al Piano nazionale di ripresa e resilienza. Il successo del Piano è nelle vostre mani, come nelle nostre." Raramente mi era capitato di assistere a un'apertura di credito così netta da parte di un presidente del consiglio ed era evidente che il premier Draghi non aveva usato quella espressione per una semplice *captatio benevolentiae*, non essendo lui un politico a tutto tondo alla ricerca di consenso elettorale. Piuttosto Draghi aveva compreso che senza il ruolo decisivo dei comuni italiani il Next Generation EU sarebbe fallito.

Il protagonismo delle città ha dato ai sindaci di centrosinistra la possibilità di riscattarsi ancora una volta nella quarta tornata elettorale consecutiva. Le elezioni amministrative del giugno 2022 si annunciavano difficili per il PD, con il centrodestra in vantaggio nei sondaggi e il partito di Giorgia Meloni, Fratelli d'Italia, in grande ascesa. Ancora una volta, però, i candidati di centrosinistra hanno vinto la sfida del voto nelle città. I sindaci progressisti e democratici hanno strappato otto capoluoghi di provincia al centrodestra che li governava in precedenza, mentre solo due capoluoghi democratici sono passati agli avversari. Le vittorie in città come Verona con Damiano Tommasi, Taranto con Rinaldo Melucci, Catanzaro con Nicola Fiorita sono state eclatanti per il modo in cui si sono realizzate. Sono stato a Verona per partecipare alla campagna elettorale di Damiano Tommasi, il calciatore dai toni gentili e dalle idee innovative che ha vinto contro tutti i pronostici in una città tradizionalmente conservatrice dove la destra si era divisa. In quella occasione ho respirato il clima di una comunità desiderosa di cambiamento. Tommasi era riuscito a coagulare attorno a sé tanti giovani e forze civiche, indispensabili a mobilitare una maggioranza di cittadini spinta anche dalla delusione verso chi aveva governato fino a quel momento.

Sebbene le elezioni locali del 2022 siano state segnate dal dato preoccupante dell'astensione – è rimasto a casa un italiano su due – le vittorie del centrosinistra hanno riportato alla luce l'importanza del civismo nelle competizioni elettorali e la necessità di spalancare le porte della politica ai giovani e alla società civile. L'incontro tra politica e civismo ha riportato alla mente il successo del progetto dell'Ulivo di quasi trenta anni fa, l'unico capace di far vincere per due volte il centrosinistra alle elezioni politiche contro un blocco di centrodestra molto forte, economicamente e mediaticamente. "L'Ulivo ha dato una lezione che resta attualissima: parlare e ascoltare la gente. E attenzione, quel modello ha dimostrato di essere vincente pochi giorni fa," ha commentato così, all'indomani di quelle elezioni locali, Romano Prodi in un'intervista a *La Stampa*. Il padre dell'Ulivo già guardava alla futura sfida delle elezioni politiche per la diciannovesima legislatura: "Il centrosinistra può farcela, ma la destra vincerà se non si costruisce un nuovo rapporto tra governanti e governati, tra eletti ed elettori."

Le elezioni italiane del 2022

Il 25 settembre 2022 cinquantuno milioni di italiani sono stati chiamati al voto per il rinnovo del parlamento italiano dopo lo scioglimento anticipato stabilito dal presidente della repubblica. A giudizio di molti, sono state le elezioni più atipiche della storia della repubblica, con una campagna elettorale brevissima, metà della quale consumata nel periodo delle vacanze estive, una coda di polemiche e accuse incrociate tra i partiti sulle responsabilità della caduta del governo Draghi.

Il risultato elettorale ha sancito la vittoria della coalizione di centrodestra con un forte sbilanciamento a favore della destra di Fratelli d'Italia, primo partito con il 26 per cento alle due camere. La Lega non è riuscita a raggiungere neanche il 9 per cento dei voti, tallonata dalla stessa Forza Italia, arrivata al risultato dell'8 per cento. Il centrosinistra ha perso, arrivando a totalizzare il 26 per cento dei voti, con il Partito democratico al 19 per cento; il Movimento 5 Stelle guidato da Conte ha oscillato tra il 15,4 per cento della camera e il 15,6 per cento del senato, mentre il cosiddetto "terzo polo" dell'accoppiata Calenda-Renzi (Azione e Italia Viva) si è fermato al 7,7 per cento. Il meccanismo maggioritario dei collegi uninominali inserito nella legge elettorale cosiddetta "Rosatellum" ha poi ulteriormente premiato lo schieramento vincitore assicurandogli una maggioranza di seggi larga in entrambi i rami del parlamento. Il risultato era insomma chiaro: l'unico vero partito uscito vincitore dalle urne, con un aumento effettivo di voti assoluti, è stato quello guidato da Giorgia Meloni, forte di un travaso di voti quasi tutto interno alla coalizione e a discapito della Lega, uscita pesantemente ridimensionata; il PD ha pagato l'assenza di una coalizione altrettanto larga e ha segnato un nuovo risultato negativo, dopo aver perso ottocentomila voti rispetto alle elezioni precedenti del 2018; il Movimento 5 Stelle pur avendo il tracollo peggiore di tutti, con poco più di sei milioni di voti persi per strada dal 2018, è uscito politicamente meglio di altri, alla luce della scissione provocata da Luigi Di Maio e dai pesanti insuccessi delle elezioni locali degli anni precedenti.

Le elezioni sono cadute in un momento difficilissimo per l'economia nazionale ed europea, destinato a durare a lungo. L'inflazione in Italia era arrivata al 10 per cento superando tutte le stime. Un dato in continua ascesa e che non si vedeva dal 1984. I tassi di interesse si stavano alzando rapidamente senza tuttavia produrre l'effetto di raffreddare l'economia. L'economia di guerra con la quale l'Italia è andata al voto ci ha proiettati in una povertà energetica che ha messo in luce tutte le debolezze e gli errori degli stati europei che non hanno provveduto a costruire nei primi decenni del secolo un sistema basato sull'autosufficienza energetica del continente. Eravamo tutti consapevoli dell'autunno pesantissimo che ci attendeva: le famiglie si sono trovate con mutui a tassi di interesse crescenti inimmaginabili fino a pochi mesi addietro, il potere d'acquisto dei cittadini è stato drasticamente ridotto per la combinazione dei salari bloccati e dell'inflazione. Le piccole imprese a rischio chiusura, soffocate dal costo delle bollette energetiche.

L'Europa, la nostra Europa, dopo un momento di grande rinascita vissuto con la reazione compatta e determinata allo shock della pandemia sia nella gestione della vaccinazione, sia nella realizzazione del Next Generation EU, con strumenti finanziari innovativi, è tornata in un cono d'ombra preoccupante dopo la guerra in Ucraina, incapace di dare una risposta unitaria ed efficace alla crisi energetica.

Nei giorni del voto le incertezze della guerra si sono aggravate con la prospettiva di un'escalation militare attivata dall'uso dell'arma atomica paventato dalla parte russa, a fronte di un atteggiamento dei paesi occidentali e della Cina incerto e attendista sulla ricerca di un accordo di pace. "Questa guerra non finirà da sola. Senza un intervento deciso e risolutivo di UE, USA e Cina l'epilogo non potrà che essere drammatico" pensavo tra me e me, ripercorrendo i momenti del colloquio avuto a Kiev con il presidente Zelensky. Era stato chiarissimo: "L'Ucraina non si fermerà mai di fronte all'aggressione russa se non per una pace che sia del tutto accettabile. Il nostro popolo è pronto a sacrificarsi totalmente fino alla fine."

In quello scenario purtroppo la politica italiana si è presentata debolissima e delegittimata. Il dato più eclatante e preoccupante delle elezioni è stato il record storico di astensione che ha riguardato il trentasette per cento degli italiani. Un fatto drammatico per la democrazia italiana, non sufficientemente indagato, che spiega peraltro come la coalizione delle destre abbia vinto senza sfondare e che riguarda a monte lo stato di salute di tutti gli attori politici nazionali.

Quell'astensione ha mostrato un paese reale sempre più distaccato dalle istituzioni. I cittadini non ripongono più alcuna fiducia nei partiti e nella classe politica, fatta salva l'unica figura di garanzia rimasta credibile, che è il capo dello stato. Quasi diciannove milioni di italiani (4,5 in più rispetto al 2018) non si sono sentiti rappresentanti da nessuna forza politica. Il mix di crisi economica e sociale, di decadimento della coscienza critica e di inarrestabile sfiducia verso la politica ritenuta incapace di dare soluzioni e risposte poteva preludere a tensioni sociali pericolose per la stessa stabilità delle istituzioni.

In quel momento l'impressione era che nessuno fosse davvero consapevole della necessità di ridare speranza e voce a un pezzo d'Italia sempre più largo e mosso dalla rabbia e dalla protesta quando non anche dal totale disinteresse. In pochi hanno vissuto quel fenomeno come un'urgenza per la quale spendere con generosità tutte le proprie energie. Dovevamo capire subito che non era in gioco la sola sopravvivenza della sinistra e del centrosinistra italiani ma di tutto il sistema politico e democratico della nazione.

I sindaci democratici: l'alternativa alla politica dell'establishment

Come negli anni novanta anche oggi, in Italia, si apre per gli amministratori locali una stagione di grandi opportunità e responsabilità. Il Covid-19 ha messo in luce la rilevanza dei primi cittadini come veri interpreti delle istanze delle comunità locali, ma soprattutto come snodi vitali di una rete articolata su tutto il territorio senza la quale la pandemia, con le sue conseguenze economiche, avrebbe prodotto sconquassi ben più pesanti. La tenuta sociale nei due anni drammatici del Covid-19 è stata prevalentemente merito di questa rete di amministratori locali, che spesso hanno svolto la funzione di parafulmini delle lacune e storture del sistema istituzionale e politico nazionale. Anche con la guerra e l'esplosione della più grande emergenza umanitaria i sindaci hanno rappresentato un fattore determinante di stabilità e tenuta sociale, in Italia come in Europa. Nel nostro paese, nei primi cinque mesi di guerra in Ucraina, le città hanno ospitato centocinquantamila rifugiati. Hanno inserito bambini nelle scuole, hanno lavorato con il terzo settore per accogliere le famiglie, si sono fatti carico di garantire assistenza economica e sociale a donne e giovani.

In questo scenario i sindaci italiani, soprattutto nel centrosinistra, hanno acquisito un ruolo via via crescente, e non limitato solo al fenomeno dell'amministrazione locale. I primi cittadini sono comparsi con sempre più evidenza, e spesso anche con le posizioni più innovative e coraggiose, nel dibattito politico pubblico. I sindaci sono ora più che mai un fattore di stabilizzazione democratica e di costruzione della cultura civica italiana. Un riconoscimento arrivato anche dalla più alta carica dello stato. Il presidente

Mattarella ha sottolineato come "amministrare una istituzione locale richiede oggi, accanto alla cura quotidiana della gestione dei servizi, un'accresciuta capacità di previsione e di lungimiranza. L'amministrazione locale, in maggioranza o in opposizione, è un grande esercizio di vita democratica: nei suoi confronti va espresso rispetto e considerazione da parte delle altre istituzioni e dei cittadini. Il riconoscimento del valore del ruolo di chi amministra è parte della dignità delle istituzioni democratiche del nostro paese."

Mi è capitato di notare come sempre più nell'opinione pubblica la politica dei sindaci venga percepita come alternativa alla politica dei partiti nazionali, spesso racchiusa nei confini autoreferenziali dei palazzi della capitale. La politica del "paese reale", quella delle città e dei comuni, è diventata la vera alternativa alla politica dell'establishment. È su questa contrapposizione che sta maturando la nascita di una nuova classe dirigente.

Il punto è comprendere se e quando i sindaci saranno davvero capaci di uscire dalla dimensione "sindacale" di chi si limita a difendere le prerogative della propria categoria per assumere un ruolo politico collettivo in chiave nazionale. Non si tratta di realizzare quel "partito dei sindaci" di cui si parla a più riprese – di partiti ce ne sono anche troppi – ma di diventare parte integrante della leadership della sinistra italiana ed europea, portatori di un nuovo linguaggio, di una nuova modalità di fare politica.

La costruzione di un nuovo campo democratico del centrosinistra che vada oltre i confini del PD non può che passare da un nuovo protagonismo dei primi cittadini.

Certo è che la classe politica nazionale attuale, da sola, non ha le energie e le risorse ideali per dare il la a un nuovo progetto politico. Ne è una dimostrazione lo sforzo del segretario del PD, Enrico Letta, per aprire sempre di più il partito ai territori e alla società civile attraverso le cosiddette "agorà", luoghi di confronto ed elaborazione di idee che si sviluppano nelle città e coinvolgono mondi esterni alla politica.

Nonostante questa evidente evoluzione della politica, in generale i gruppi dirigenti dei partiti mantengono una distanza di fondo dalle leadership locali, se non addirittura diffidenza e paura. Ne ho avuto conferma in molte occasioni, tra cui una particolare quando, in una calda giornata del luglio 2021, mille primi cittadini si sono ritrovati in piazza a Roma indossando la fascia tricolore per protestare vigorosamente contro le molte ingiustizie subite.

L'episodio scatenante era stato l'annuncio di un'indagine penale a carico della sindaca di Crema, Stefania Bonaldi, ritenuta responsabile per un incidente accaduto in un asilo comunale della sua città dove un bambino si era chiuso la mano in una porta, per fortuna senza conseguenze permanenti. In quei mesi si erano ripetuti casi di indagini e arresti a carico di amministratori locali per fatti legati all'esercizio delle loro funzioni. I sindaci italiani sono infatti costantemente esposti a responsabilità penali, civili e amministrative che mortificano la loro attività quotidiana, svolta peraltro con trattamenti economici che sono i più bassi tra tutti gli incarichi politici del paese. Indagini e processi per abuso d'ufficio, ad esempio, spesso finiti nel nulla, ma sufficienti a sospendere i sindaci dalla propria carica con una sola condanna in primo grado. "Non cerchiamo impunità," si sente spesso dire tra i colleghi amministratori locali, "ma non accettiamo più di operare con un sistema di leggi che ti punisce sempre perché se fai troppo rischi l'abuso di ufficio, se fai troppo poco rischi l'omissione di atti d'ufficio."

Quel giorno, in una piazza assolata di Roma, ho contato a occhio e croce cinque parlamentari. Avevo compreso che l'attenzione delle istituzioni nazionali verso i problemi dei sindaci non si sarebbe mai concretizzata in qualcosa di importante. L'unico segno apprezzabile, peraltro non richiesto dai primi cittadini, è stato l'aumento progressivo dell'indennità agli amministratori locali. Per il resto la politica nazionale, al di là di alcuni impegni verbali, è sempre rimasta distratta.

Anche nella sinistra il rapporto tra leadership nazionali e leadership locali è sempre stato difficile, quando non inesistente, sia per motivi culturali che politici. I sindaci sono considerati per lo più "amministratori locali", appunto, figure istituzionali chiamate a gestire il comune, non a esprimere istanze e idee politiche nazionali. Mancano infatti nell'organizzazione di tutti i partiti italiani luoghi permanenti dove i sindaci partecipano ai processi decisionali. Se guardiamo il Partito democratico, la quota di primi cittadini negli organi di direzione nazionale è assai minoritaria e anche la presenza di organi di rappresentanza degli amministratori locali è figlia di una visione tradizionale di organizzazione del confronto politico per categorie che non rispecchia, ad esempio, il fatto che più di cinquemila sindaci su ottomila sono di area democratica o progressista: un "esercito" straordinario a cui si aggiungono assessori e consiglieri comunali che conoscono i territori, parlano con le persone, esercitano responsabilità nella gestione della cosa pubblica. Chi le interpella queste migliaia di persone elette direttamente dai cittadini? Chi le coinvolge nella vita politica del paese? Chi chiede loro di agire e investire tempo e risorse per cambiare l'Italia? Chi li interroga quando si tratta di varare una riforma normativa?

La sinistra italiana ha relegato per troppo tempo la politica locale a una dimensione circoscritta a questioni territoriali, distinguendo tra una politica di "serie A" e una politica di "serie B". Eppure i successi nelle città grandi e piccole hanno mostrato che si vince quando parliamo alle persone, quando manteniamo il contatto con la realtà, quando siamo presenti nei mercati e nei luoghi di lavoro, nei bar e nelle piazze. È chiaro a tutti che le elezioni locali non possono mai essere trasposte automaticamente su una dimensione nazionale, ma è altrettanto vero che la politica nazionale può imparare molto dal modo di agire della politica dei territori. I sindaci democratici hanno dimostrato che è possibile coniugare il metodo della gentilezza e dell'ascolto con un linguaggio concreto e sobrio. La vicinanza alle persone, ai più deboli, agli anziani, agli studenti è un valore centrale dell'azione di questi primi cittadini; la sperimentazione di forme sempre nuove di partecipazione attiva è un esempio di come la politica nazionale possa tornare tra la gente. Talvolta mi accorgo di quanto sia grande la distanza tra i talk show politici televisivi e un'assemblea con i cittadini per la costruzione di una scuola o di una strada. È questa dimensione di semplicità e concretezza che la politica nazionale ha smarrito, tutta concentrata su tatticismi e personalismi lontani dal paese reale, e che deve recuperare al più presto. Per riuscirci è necessario ad esempio agire sui sistemi elettorali.

La classe dirigente politica molto spesso si lascia trascinare da un esasperato tatticismo piuttosto che da strategie di lungo periodo. Le discussioni interne al centrosinistra da anni sono condizionate dall'ossessione dei posizionamenti personali, per cui le alleanze finiscono per assomigliare più a operazioni di ceto politico che di progettualità: generali senza esercito che cercano consenso dentro i soliti bacini elettorali, dimenticando l'esistenza di un mondo del non voto che attende di essere ascoltato e rappresentato dal basso con serietà e dedizione. Il confronto sulle idee troppo spesso lascia spazio allo scontro tra le persone: si parla continuamente dei politici e dei loro destini e non delle politiche e dei cittadini.

Costruire coalizioni politiche forti e solide non significa completare un album di figurine, ma aprire con coraggio un cantiere di idee al quale tutti possono sentirsi legittimati a partecipare, compreso chi non appartiene ai ranghi dei partiti. I programmi elettorali devono partire da questo cantiere e da questo confronto. Sono le idee e i valori la base per generare nuove alleanze politiche che altrimenti finirebbero per trasformarsi in cartelli elettorali "usa e getta". Non di rado i sondaggi vengono usati come fossero oracoli con i quali comporre le alleanze, sommando algebricamente le percentuali dei singoli partiti, piuttosto che strumenti che fotografano tendenze dell'opinione pubblica in un dato momento. Pensare di realizzare un progetto politico o costruire una coalizione di governo guardando ogni mattina i sondaggi è pura illusione. Un grande progetto politico nasce dal rapporto profondo con il paese e dalla conoscenza reale delle istanze che emergono dalla società civile. Ho imparato da sindaco che inseguire il consenso del giorno dopo giorno porta al fallimento; coltivare una strategia chiara e innovatrice anche a costo di affrontare il dissenso porta al successo sul lungo periodo. Un progetto coraggioso inizialmente può anche non portare consenso, alcune decisioni difficili possono anche generare da principio più critiche che apprezzamenti, ma se la strada è chiara ed è frutto di una visione politica allora qualcosa di buono si costruisce sempre. Le alleanze vere, inoltre, hanno bisogno di partiti e movimenti veri, espressione di istanze collettive larghe e ben identificate, non apparati di ceto politico che non hanno contatto profondo con il paese reale.

La verità è che il rapporto tra eletto ed elettore si è sfarinato e indebolito nel tempo, complice una serie di leggi elettorali che, oltre alla cancellazione delle preferenze, ha spostato il baricentro della selezione dei candidati dai territori alle stanze dei partiti. È arrivato un momento nella politica italiana in cui i parlamentari di ogni partito hanno cominciato a preoccuparsi più di rispondere ai capi delle proprie correnti politiche che ai cittadini dei collegi dove sono stati eletti. Sono, questi, prima di tutto gli effetti della legge Calderoli, ribattezzata non a caso Porcellum, introdotta nel 2005. Quel sistema fortemente proporzionale, ma con premi di maggioranza finalizzati a garantire governabilità, ha portato a un parlamento molto lontano dalla fotografia del voto stesso. Ma il danno maggiore alla qualità della democrazia è stata l'introduzione di lunghissime liste bloccate di candidati già decise dai partiti in un ordine prestabilito, senza che gli elettori possano fare alcunché per scegliere un rappresentante diretto o un ordine differente. I sistemi elettorali successivi a quella legge non hanno migliorato in modo significativo la situazione. Il cittadino – a differenza di quanto avviene con le elezioni comunali e regionali – non sceglie il proprio parlamentare. I partiti sono rimasti sempre più prigionieri della logica dell'establishment e dell'autoreferenzialità e i cittadini si sono sempre più disaffezionati alla politica, come dimostrano i dati sull'astensione degli ultimi anni che ha finito per "contagiare" anche le elezioni amministrative.

La verità è che il sistema politico italiano si è rivelato un laboratorio senza precedenti nella storia delle democrazie europee, sottoposto a una serie continua di riforme del voto, con cinque diverse leggi elettorali approvate dalla nascita della repubblica. Tutto ciò non ha prodotto quella stabilità politica che da sempre si cerca nel nostro paese, ma ha aggravato sempre più la crisi della rappresentanza. Ogni legislatura si chiude puntualmente con un dibattito sulla legge elettorale, cosicché la coalizione di maggioranza uscente pensa bene di costruire una formula elettorale che le possa consentire di rimanere al potere con il voto successivo. Ma se fossimo meno distratti ci accorgeremmo che spesso proprio chi ha voluto cambiare la legge elettorale a proprio vantaggio ha finito per rimanerne vittima. Non ho mai visto nella mia vita politica partiti di qualunque schieramento voler cambiare la legge elettorale sapendo di esserne penalizzati. Fino a quando i partiti continueranno a modificare i sistemi elettorali pensando al proprio tornaconto, piuttosto che al miglior sistema possibile per il tipo di paese che abbiamo, non approderemo mai a un modello permanente e stabile. La mia idea per garantire un sistema più equilibrato e stabile è quella di modificare la Costituzione per introdurre un principio chiaro e semplice: le leggi elettorali si adottano a maggioranze qualificate di due terzi in modo che non siano mai il frutto di prevaricazione di uno schieramento sull'altro o di calcoli opportunistici, bensì la sintesi alta di uno schieramento largo. Inoltre diminuirebbero drasticamente le tentazioni di cambiare alla fine di ogni legislatura, aumentando l'entropia e l'incertezza del sistema politico.

In ogni caso, qualora il parlamento dovesse approdare a una nuova legge elettorale, questa dovrebbe partire proprio dall'esigenza di fondo di cui si è parlato: recuperare in pieno il valore democratico della rappresentanza e restituire all'elettore la possibilità di scegliere il partito e il candidato sulla base di programmi e opzioni chiare. Esigenza cui si risponde solo con l'introduzione delle preferenze nei sistemi proporzionali o dei collegi uninominali nei sistemi maggioritari. Solo così sarà possibile recuperare una parte significativa dell'astensionismo che dilaga ormai da tempo. Il Partito democratico, da parte sua, anche in assenza di un nuovo sistema elettorale, non deve rinunciare a utilizzare strumenti di selezione dei candidati dal basso, come quello delle primarie, perché solo così può rinsaldare il rapporto con elettori e cittadini in un momento di grande distacco dalla politica.

Per una politica umana

La costruzione di una politica moderna e riformista, attenta ai più deboli, capace di una visione, passa attraverso la capacità di definire un nuovo rapporto tra ecologia e umanità e di disegnare soluzioni durature al grande problema migratorio. Del resto l'intreccio tra crisi climatica e immigrazione si scarica violentemente sull'Europa e sulle nostre città senza che vi sia una strategia chiara su come affrontare alla radice questi fenomeni.

Durante un intervento a un incontro dei sindaci europei e africani a Roma, nel 2015, mi sono soffermato su come le città possano agire positivamente sulle relazioni umane e sulle debolezze delle società contemporanee. In quell'occasione ho citato la descrizione che il filosofo Zygmunt Bauman ha fatto della reazione che molte persone hanno nei confronti dell'"altro": tutto nasce dall'insicurezza che vive la società contemporanea, segnata dall'indebolimento dei legami interpersonali, dallo sgretolamento delle comunità, dalla sostituzione della solidarietà umana con la competizione senza limiti. E questa insicurezza genera la paura che viene riversata nei confronti di profughi e migranti. Ma la risposta non può essere quella di innalzare muri: "Una volta che a chi chiede asilo da guerre e distruzioni questa misura sarà rifiutata, e che più migranti verranno rimpatriati, diventerà evidente come tutto questo sia irrilevante per risolvere le cause reali dell'incertezza. I demoni che ci perseguitano – la paura di perdere il nostro posto nella società, la fragilità dei traguardi che abbiamo raggiunto – non evaporeranno, né scompariranno," aveva affermato Bauman in un'intervista al *Corriere della Sera* del 25 luglio 2016.

È la stessa risposta che viene da papa Francesco, come ha espresso così bene nel suo discorso alla cerimonia di conferimento del premio Carlo Magno 2016, parlando della crisi dell'Europa: "Siamo chiamati tutti a riscoprire nuovamente l'Unione Europea come terra di unità [...] umanistica, paladina dei diritti dell'uomo, della democrazia e della libertà. [...] Sogno un nuovo Umanesimo europeo, un costante cammino di umanizzazione, cui servono memoria, coraggio, sana e umana utopia. Sogno un'Europa giovane, capace di essere ancora madre: una madre che abbia vita, perché rispetta la vita e offre speranza di vita."

La paura non porta a guardare la realtà, bensì distrugge la speranza. Stiamo perdendo la capacità di vedere la realtà e, attraverso di essa, la bellezza che vive intorno a noi. La paura porta all'egoismo e l'egoismo porta a chiuderci in noi stessi fino ad autodistruggerci. Ne abbiamo un esempio nel terribile calo demografico che non si è arrestato neppure durante la pandemia: ogni anno in Italia nascono seimila bambini in meno rispetto all'anno precedente. Quasi un paradosso: da un lato non accogliamo perché siamo spaventati da una popolazione sempre più grande che consuma sempre meno ricchezze, dall'altro ci priviamo di così tanta speranza che smettiamo di avere figli condannandoci all'estinzione.

Tutti noi dobbiamo riflettere anche su quanta responsabilità vi sia nel comportamento dei media, sempre più spinti a raccontare cinicamente una realtà distorta, che genera quella paura e quell'odio. Questi sentimenti sono sfruttati da movimenti e partiti politici che vogliono disgregare l'Europa e inaugurare un nuovo dominio delle nazioni, costruito sulla distinzione di razze, culture e lingue.

Le città possono tornare a guardare la realtà, ripartendo dalla grandezza e dalla bellezza dell'uomo. Le città di oggi non hanno eserciti, hanno comunità di uomini, le città di oggi non muovono guerre, sono operatrici di pace, le città di oggi non parlano una sola lingua e non praticano una sola religione, ospitano società complesse, ricche di tradizioni e culture diverse.

In questo senso le città possono proporre all'Europa un programma comune, nel quale prevalga un senso di responsabilità forte e quel principio di leale cooperazione che oggi gli stati membri non sembrano essere in grado di rispettare. Gli attuali trattati internazionali che regolano l'accoglienza dei richiedenti asilo non sono adeguati ad affrontare le ultime emergenze, a partire dal limite di un sistema che scarica prevalentemente sui paesi frontalieri il compito della gestione dei flussi migratori e delle procedure connesse di riconoscimento dello status di rifugiati. L'UE non riesce a reagire alla combinazione impressionante delle guerre che si consumano ai suoi confini, degli esodi migratori, delle differenze sociali ed economiche sempre più rilevanti, del terrorismo che attecchisce nella povertà e nell'odio.

Queste istituzioni europee appaiono sempre più impotenti, lente, immobilizzate dagli interessi degli stati e soprattutto indifferenti alla voce delle città, alle loro proposte. Ma le città dimostrano ancora una volta di essere capaci di alimentare e gestire una rete di accoglienza e solidarietà senza pari. Dopo cinque mesi dall'inizio della guerra in Ucraina i sindaci europei hanno gestito l'accoglienza di quasi sei milioni di rifugiati senza che sia scoppiata alcuna protesta significativa. Nei paesi dell'Est Europa la quota di rifugiati ucraini sul totale della popolazione è arrivata al trenta per cento. I sindaci polacchi e rumeni hanno svolto un ruolo di assistenza e gestione dell'emergenza inserendo migliaia di bambini nelle scuole e di famiglie nei centri di accoglienza con uno sforzo immane. Senza questa rete delle città pronta a fronteggiare l'emergenza umanitaria legata alla guerra, l'Europa si sarebbe trasformata in una polveriera.

Con questa credibilità e sulla scorta di questa incredibile esperienza i sindaci europei devono lanciare insieme alle forze democratiche e progressiste un nuovo piano europeo basato su un modello diverso di accoglienza, che smetta di inseguire l'emergenza e scommetta su politiche strutturate e di lungo periodo, come ad esempio la cooperazione allo sviluppo. Si tratta di prevedere massicci investimenti sull'area del Mediterraneo e dell'Africa centrale che possono essere veicolati in modo concreto dalle città europee attraverso precisi programmi di cooperazione. Infrastrutture, scuole, strutture sanitarie: la cooperazione tra le città può arrivare ovunque e soprattutto laddove non riescono gli stati nazionali, irrigiditi dalla ragione di stato e dagli interessi economici e politici.

Un patto dei sindaci con i giovani su lavoro ed ecologia

In questa epoca di profondi cambiamenti, di prove inedite, di incertezza e preoccupazione diffusa per il futuro soprattutto da parte delle giovani generazioni, se le città e i sindaci sapranno incidere sulle scelte future con grande coraggio e concretezza, ciò rappresenterà un fatto positivo e decisivo per determinare la politica italiana e il futuro della sinistra nei prossimi anni. Una nuova classe dirigente fatta di donne e uomini che matura nei territori può essere la svolta per un "rinascimento", quello sì, del sistema politico, e la chiave di una vittoria che oggi appare ancora lontana del centrosinistra e delle forze democratiche ed europeiste agli appuntamenti elettorali dei prossimi anni in Italia e in Europa.

Le nuove generazioni non possono aspettare e non vogliono aspettare. Negli ultimi anni si sono susseguite manifestazioni di movimenti internazionali di giovani che scuotono le coscienze collettive e i politici sull'emergenza ambientale. "Siamo qui per rivendicare il nostro diritto a vivere, il nostro diritto a respirare e il nostro diritto a esistere, cosa che ci viene negata da un sistema politico inefficiente che dà più deferenza agli obiettivi industriali e finanziari piuttosto che agli standard ambientali," ha detto la giovane manifestante Aman Sharma, che protestava a Delhi.

Alexandria Villaseñor, la giovane attivista americana, si è messa alla guida di un nuovo movimento che è cresciuto in tutte le grandi città degli Stati Uniti. Alexandria ha vinto la sfida che ha lanciato nel dicembre 2018 quando, a tredici anni, ha iniziato a manifestare ogni venerdì davanti alla sede dell'ONU. L'obiettivo di questi giovani era quello di raggiungere il traguardo delle zero emissioni entro il 2050. Grazie a loro, nell'estate del 2019 lo Stato di New York ha approvato il Green New Deal finalizzato a raggiungere proprio il traguardo indicato dalle nuove generazioni. Nello stesso periodo la municipalità di New York, con l'allora sindaco Bill de Blasio, ha approvato il Climate Mobilization Act, una legge che rende obbligatori, a partire dal 2024, i tetti verdi per tutti gli edifici nuovi e da ristrutturare.

Ma è in Europa che esplode il più grande movimento ecologista giovanile, con i giovani del Fridays for Future. Questo movimento, nato nell'estate del 2018 per l'iniziativa isolata della studentessa quindicenne svedese Greta Thunberg, è cresciuto alla velocità della luce in tutto il continente fino a trasformarsi in un movimento globale a favore dell'ambiente. Nella manifestazione del 15 marzo 2019, oltre un milione di giovani hanno marciato per protestare contro l'indifferenza dei governi riguardo alla crisi climatica, nelle strade e nelle piazze di tutte le città europee, da Bruxelles a Barcellona, da Berlino a Parigi e a Mosca, e in più di cento città italiane. "Siamo in trincea nella battaglia per garantire un futuro alla nostra generazione," dicevano i ragazzi che sfilavano per le strade di Roma.

"L'Europa deve mostrare la via. Avete l'obbligo morale di farlo e avete un'opportunità economica e politica unica per diventare leader mondiali nel clima," ha detto la giovane Greta davanti al Parlamento Europeo il 4 marzo 2020, quando ancora la crisi energetica legata alla guerra in Ucraina era inimmaginabile. "Voi stessi avete dichiarato che ci troviamo in un'emergenza climatica. Avete detto che si tratta di una minaccia esistenziale. Adesso dovete dimostrare che fate sul serio."

Mentre crescono i movimenti giovanili per il clima, cresce anche la disoccupazione giovanile in Italia e in Europa. Subito dopo la pandemia si contano infatti oltre tre milioni di giovani disoccupati nei paesi europei, un dato drammatico che produce effetti a lungo termine. I giovani senza lavoro rischiano infatti di cadere più facilmente in depressione e di soffrire di veri problemi di salute mentale, e tendono a guadagnare sempre di meno. Sono costretti a rendersi indipendenti e a formare una famiglia molto più tardi. Nel 2022, l'anno europeo dei giovani, il tasso di disoccupazione giovanile si attesta al quattordici per cento, il doppio della disoccupazione media totale. E l'Italia fa molto peggio: nel nostro paese il tasso di disoccupazione tra i giovani sfiora il trenta per cento ed è cresciuto negli anni della pandemia: il terzo peggiore dell'UE dopo Spagna e Grecia.

Ma l'aspetto più allarmante riguarda i cosiddetti NEET: in Italia i giovani tra i quindici e i trentaquattro anni che non studiano, non lavorano e non fanno formazione hanno raggiunto quota 3.047.000 nel 2022. Stiamo parlando di un giovane su quattro. Inoltre, 1,7 milioni di questi sono donne. È il dato peggiore di tutta Europa. Le politiche a favore dei giovani di questi venti anni, in Italia non hanno portato alcun beneficio significativo e soprattutto non hanno invertito una tendenza che continua a peggiorare.

Non dobbiamo meravigliarci affatto, dunque, se i nostri giovani guardano al futuro con sfiducia e perfino con rabbia. Ma non si arrendono. Hanno imparato a rivolgersi sia alle istituzioni internazionali sia a quelle nazionali e locali. Considerano la lotta al cambiamento climatico non come un'opzione, ma come *l'opzione*, l'unica possibile. Non lesinano critiche alle azioni dei governi sull'economia e il lavoro.

Il lavoro e l'ambiente sono le prime due questioni che riguardano il futuro del nostro continente e che stanno a cuore anzitutto ai nostri giovani, i quali non cercano altro che interlocutori coraggiosi e affidabili. I sindaci del centrosinistra possono essere gli interlocutori giusti e costruire un patto politico fortissimo con i giovani sui due pilastri del clima e del lavoro.

È l'ultima occasione che la politica ha per recuperare la fiducia di milioni di giovani in Europa: superare il "bla bla bla" denunciato da Greta a Milano durante il summit del movimento Youth4Climate e agire subito. Agire con decisioni forti e chiare, come la riduzione drastica delle emissioni inquinanti agendo su traffico e riscaldamento domestico o una forestazione urbana spinta e veloce.

"La grande sfida del XXI secolo sarà cambiare il sistema di valori sotteso all'economia globale così da renderlo compatibile con l'istanza di dignità umana e sostenibilità ecologica," ha scritto Fritjof Capra, saggista di fama internazionale, celebre fisico e teorico dei sistemi, sostenitore di un pensiero olistico. La sfida ambientale non è più rinviabile, lo sanno i governi di tutti i paesi occidentali.

Anche sul lavoro l'Italia non ha altra strada se non ribaltare la spesa pubblica dalle politiche passive alle politiche attive, per ottenere un maggiore equilibrio. È bene superare l'epoca dei bonus *una tantum* e introdurre misure strutturali e durature a favore della formazione professionale, dell'accesso al lavoro, oltre che incentivi ad assumere. Italia, Francia e Spagna sono, tra i grandi paesi europei, quelli con i livelli più alti di disoccupazione giovanile anche perché in passato hanno investito poco sulle politiche attive. Per tutti questi paesi il Next Generation EU è un'occasione storica per invertire la rotta guardando a esperienze di maggiore successo come l'esempio della Germania, che vent'anni fa ha avviato una serie di riforme profonde e coraggiose. Nel 2003 il cancelliere socialdemocratico Gerhard Schröder aveva varato l'Agenda 2010, un piano doloroso ma profondamente innovativo basato sul superamento del vecchio modello di welfare europeo, sulla riduzione generale dei sussidi sociali e su una riforma strutturale del mercato del lavoro con forti sostegni alle imprese che puntavano sulla formazione attraverso un mix di incentivi e imposte. Il piano prevedeva processi di integrazione tra lavoro e istruzione a ogni livello e un aumento del tre per cento dei contributi a tutto il settore della ricerca. Al momento del varo del piano le imprese tedesche che non facevano formazione erano il settanta per cento; oggi il rapporto è completamente ribaltato. Il governo socialdemocratico aveva subito pesanti critiche dalla sinistra estrema e da parte dei sindacati, ma nonostante questo ha proseguito con tenacia lungo la strada delle riforme, portando l'economia più forte d'Europa a un totale cambio di mentalità. La Germania oggi ha il tasso di disoccupazione giovanile più basso d'Europa, sotto il sette per cento, cinque volte meno dell'Italia.

Nell'estate del 2022 l'ex premier Romano Prodi si domandava "come mai nessuno tra sindacati, imprenditori e governo non si impegni per stimolare la qualificazione del lavoratore e di chi si appresta a diventarlo. Una missione collettiva che ci consenta di restare concorrenti con gli altri paesi, anche quando dovremo alzare il costo del lavoro: da anni stiamo spendendo miliardi per dare manodopera specializzata ai nostri concorrenti." Il nostro paese, anche grazie al PNRR, aveva l'occasione di colmare questa distanza abissale mettendo i giovani al centro delle proprie politiche sul lavoro. Aumento sensibile dei livelli salariali; riduzione drastica del cuneo fiscale che indica il peso totale della tassazione sui rapporti di lavoro; investimenti massicci sulle politiche attive con incentivi alle imprese e forte aumento della spesa a favore del settore della ricerca, della scuola e della formazione; definizione di un'agenda per le politiche industriali che abbia un traguardo a dieci anni per potenziare il sistema produttivo del paese. Sono queste alcune delle misure che si possono ancora attivare con una riforma generale e trasversale. Le risorse si possono ricavare – tra l'altro – da un organico riequilibrio della tassazione sulle transazioni finanziarie e sulle imprese del web che hanno vantaggi decisamente sproporzionati rispetto al settore industriale.

Negli ultimi anni a Bruxelles la voce dei sindaci ha cominciato ad arrivare con più forza che in passato. La crisi delle grandi famiglie politiche provenienti dal secolo scorso ha polverizzato i sistemi politici delle democrazie europee e aumentato la disaffezione degli elettori verso la politica, lasciando sul campo soprattutto i più faziosi. In questo scenario i sindaci hanno rafforzato la propria leadership incarnando una figura politica nuova, più affidabile e concreta. Sono molto spesso diventati protagonisti nei propri paesi e in varie occasioni sono arrivati ai vertici, come ho cercato di raccontare e come è accaduto, da ultimo, al cancelliere tedesco Olaf Scholz, che è stato sindaco di Amburgo.

Ma è venuto il momento per i sindaci europei di fare un passo avanti decisivo che guarda al futuro dell'Europa. Un passo che oggi, con l'avanzare dei partiti sovranisti e antieuropei in tutti gli stati membri, è diventato indispensabile. Gli eventi recenti, come la guerra in Ucraina e le calamità naturali scatenate sulle città, hanno però spinto i sindaci a muoversi in modo coordinato e a presentarsi con una loro soggettività politica. "Non siamo solo sindaci, siamo leader politici che parlano a milioni di persone," mi sono trovato a dire al presidente Zelensky in quell'incontro indimenticabile a Kiev, ripetendo un'espressione sempre più ricorrente tra noi primi cittadini e che avevo per la prima volta sentito pronunciare dal sindaco di Istanbul. Questa nuova leadership politica deve essere giocata con convinzione e audacia in tutta Europa sui grandi temi che interessano le città: l'ambiente, i cambiamenti sociali, l'innovazione, l'educazione e la formazione delle nuove generazioni.

Oggi ha sempre meno senso combattere queste battaglie in una cornice nazionale e non solo perché la gran parte delle decisioni più rilevanti si assumono ormai nelle sedi istituzionali europee. Ma soprattutto perché l'orizzonte principale della politica di questo secolo non è più quello statuale, perché l'unico modo per affrontare i problemi della globalizzazione è quello di costruire soluzioni sovranazionali che siano durature e non elitarie, perché le nuovi generazioni si riconoscono sempre di più nella dimensione locale e in quella internazionale. Se riflettiamo con attenzione, dopotutto, l'unico modo per sentirsi fieramente italiani, francesi, tedeschi, ungheresi è proprio quello di non erigere muri e fili spinati ai confini nazionali, ma costruire sempre più connessioni per essere popoli aperti e moderni. E le città in questa sfida non potranno che giocare un ruolo decisivo. Coloro che le guidano hanno l'opportunità di dare vita a un movimento paneuropeo che lanci sfide inedite ai vecchi problemi che assillano l'Europa con linguaggi nuovi e più comprensibili. I sindaci possono costituire l'ossatura di un'Europa più forte e più indipendente politicamente ed economicamente dalle superpotenze mondiali. Possono ricucire quel rapporto tra cittadini e politica che si è lacerato negli anni, a causa dell'incapacità delle élite di guidare le grandi masse e del fallimento delle ricette politiche dei partiti del Novecento.

I sovranisti attaccano i modelli sovranazionali facendo leva sulla paura delle masse di perdere la propria identità e le proprie radici. La retorica dello "straniero" da respingere, in un contesto economico e sociale sempre più fragile, si nutre di questa idea esclusivista di un'identità nazionale che va protetta da tutto ciò che la minaccia, che si tratti di cultura o di economia. Ma più forte dell'identità nazionale è l'identità locale. Più forte del sovranismo è il racconto delle comunità locali e delle loro tradizioni. Oggi il discorso più rivoluzionario in Europa non è quello nazionalista, bensì quello territoriale. L'individuo riscopre nella dimensione locale le sue radici e le sviluppa attraverso relazioni sociali reali, come quelle che vivono nella realtà di una città. Quando l'identità locale si combina con uno sguardo aperto sul mondo ecco che la politica trova la chiave per battere la cultura nazionalista. La centralità dei territori e la capacità di guardare agli scenari internazionali da protagonisti possono diventare, insieme, la cifra valoriale su cui costruire questo movimento politico, con obiettivi chiari.

Dare vita a un ambientalismo pragmatico e non di maniera o ideologico, in tutte le città, da Dublino ad Atene, può fare dell'Europa il vero attore globale della lotta al cambiamento climatico. Recuperare la funzione centrale della formazione culturale e professionale delle comunità può fare di questo continente il vero motore del progresso mondiale, dove la tecnologia non si impadronisce dell'uomo, ma rimane al servizio di un'umanità consapevole, colta, con solidi principi etici e morali. Restituire alla politica quella fattualità che si è persa nella retorica autoreferenziale e rissosa dei partiti politici di ogni nazione è la missione di fondo di una nuova rete di migliaia di donne e uomini che hanno alle loro spalle l'esperienza preziosa di aver guidato piccole e grandi comunità.

I sindaci europei dovranno essere sempre più protagonisti nelle elezioni nazionali ed europee e assumere le leadership dei partiti politici e dei movimenti europeisti. Per fare questo è necessario che prendano definitivamente consapevolezza di questa opportunità e che si sappiano organizzare.

Non è facile, tuttavia, costruire un movimento paneuropeo dal basso in una politica ancora fortemente tarata sui livelli nazionali e condizionata anche da barriere culturali e linguistiche. Ma ci sono mondi pronti a recepire una iniziativa di questa portata. Penso alle nuove generazioni, sempre più sensibili alla cultura "glocal", che vogliono contare nella politica e si muovono con linguaggi e strumenti sempre più innovativi. Penso al mondo dell'economia, preoccupato per un'Europa indebolita e incapace di competere con le superpotenze mondiali con un proprio modello di sviluppo che abbia nell'uomo e nell'ambiente i due pilastri fondamentali. Un'economia incarnata dagli imprenditori, grandi e piccoli, che producono ricchezza dando valore ai territori e alla cultura dei mestieri, di ieri e di domani. Penso a quel mondo della cultura che ha dismesso i panni dell'élite autoreferenziale ed è capace di vivere a stretto contatto con la società civile alimentando l'idea di un nuovo Umanesimo.

Più i leader locali europei saranno capaci di stringere alleanze con i mondi sani e produttivi del continente, più l'idea di dare vita a un movimento sovranazionale sarà solida e strategica. Il mondo che viviamo ha bisogno di visione e di sogno e l'Europa ha bisogno di tornare a credere nella propria forza per scrollarsi di dosso quella sensazione di vecchia potenza mondiale avviata a un lento e inesorabile declino. Il nostro scopo non può essere quello di rallentare il più possibile questo declino per godere ancora un po' di quei buoni livelli di vita che le ultime generazioni hanno conseguito e ci hanno lasciato. Se ci accontentiamo, falliremo. Alla concezione tutta difensiva e di contenimento propria di un continente trasformato in un fortino da difendere, dovremo contrapporre la visione coraggiosa e aperta di una grande nazione europea che guarda al terzo millennio da vera leader, orgogliosa e forte delle proprie radici culturali, dal volto giovane e fiero, libera e aperta all'innovazione e al progresso. Questa è l'Europa che vedo nel nostro futuro. L'Europa dei sindaci. L'Europa delle città.

Ringraziamenti

Questo libro non sarebbe nato senza le tante conversazioni avute con amici e collaboratori. I loro consigli e suggerimenti sono stati indispensabili. Per questo desidero ringraziare Sergio Risaliti, Carlotta Trombin, Giovanni Carta, Cristina Giachi e Lucia Mannini per avermi con pazienza e bravura accompagnato con i loro suggerimenti nella scrittura. Desidero inoltre ringraziare Stefano Mancuso, Mario Primicerio, Andrea Simoncini, Agnese Pini, Alessandra Barbieri, Doriana Fuksas, Marco Casamonti, Stefano Boeri, Giovanni Diamanti e Giovanna Carnevali per il confronto proficuo avuto con loro su tanti diversi campi del sapere che interessano le città, nella storia e nell'attualità.

Un ringraziamento a tutti i miei più stretti collaboratori che mi hanno aiutato con suggerimenti e proposte.

Grazie a Marcello Simoni per avermi incoraggiato a partire con questa impresa e a Roberta Oliva ed Elisabetta Sgarbi per averci creduto fino in fondo.

Il mio grazie più grande va a mia moglie Chiara, che ha vissuto con me ogni attimo della gestazione e della realizzazione di questo progetto.

Sindaci incontrati

Un ringraziamento a tutti i sindaci incontrati durante questi anni di lavoro comune:

Abdi	Mustafa	Kobanê (SYR)
Aboutaleb	Ahmed	Rotterdam (NL)
Accorinti	Renato	Messina
Adduce	Salvatore	Matera
Ademi	Voltana	Scutari (ALB)
Ahmeti	Shpend	Prishtina (RKS)
Al-Aqbalan al-Shawarbeh	Youssef Abdullah	Amman (JOR)
Alfieri	Francesco	Capaccio Paestum
Ammatuna	Luigi	Pozzallo
Appendino	Chiara	Torino
Araüjo	Filipe	Porto (PRT)
Arifi	Teuta	Tetovo (MKD)
Arve	Minna	Turku (FIN)
Ascione	Vincenzo	Torre Annunziata
Baboun	Vera	Betlemme (PSE)
Bagnasco	Carlo	Rapallo
Bagni	Angela	Lastra a Signa
Bakoyannis	Kostas	Atene (GRC)
Bakracheski	Nikola	Ohrid (MKD)
Ballarè	Andrea	Novara

Barnini	Brenda	Empoli
Baroncelli	David	Barberino Tavarnelle
Bejta	Nevzat	Gostivar (MKD)
Bellandi	Giuseppe	Montecatini Terme
Bellelli	Alberto	Carpi
Ben Mami	Mohamed Béji	Tunisi (TUN)
Benedetti	Daniele	Spoleto
Bennardi	Domenico	Matera
Benucci	Cristiano	Reggello
Berzina	Inga	Kuldiga (LVA)
Bešlić	Ljubo	Mostar
Bessi	Marida	Capraia
Betti	Michelangelo	Cascina
Bettolini	Juri	Chiusi
Biagi	Michele	San Vincenzo
Bianco	Enzo	Catania
Biffoni	Matteo	Prato
Bitossi	Florestano	Signa
Boc	Emil	Cluj-Napoca (ROU)
Boccali	Wladimiro	Perugia
Boccia	Pasquale	Rocca di Papa
Bodker	Mike	Johns Creek (US-GA)
Bologna	Stefano	Isola delle Femmine
Bonaldi	Stefania	Crema
Bonet	Lara	Barcellona (ESP)
Bonfanti	Corrado	Noto
Borchi	Leonardo	Vaglia
Borgna	Federico	Cuneo
Boxall	John	Birgu (MLT)
Braccesi	Tommaso	Cutigliano
Brugnaro	Luigi	Venezia
Bruls	Hubert	Nijmegen (NLD)
Bucci	Marco	Genova

Burtone	Giovanni	Militello
Bussagli	David	Poggibonsi
Buti	Giampaolo	Firenzuola
Caci	Sergio	Montalto di Castro
Calamandrei	Alessio	Impruneta
Callipo	Gianluca	Pizzo Calabro
Campana	Piera	Breganze
Campinoti	Paolo	Gambassi Terme
Capasso	Luca	Ottaviano
Cappelli	Luciana	Empoli
Caprioglio	Ilaria	Savona
Carancini	Romano	Macerata
Carbone	Vincenzo	Tricarico
Carlà Campa	Filippo	Vicchio
Carpentieri	Venanzio	Melito
Caruso	Francesco Alessandro	Cosenza
Casadio	Claudio	Facnza
Casini	Francesco	Bagno a Ripoli
Cavarra	Alessio	Sarzana
Cegalin	Claudio	Monteviale
Centoz	Fulvio	Aosta
Certosi	Giacomo	Rignano sull'Arno
Chiassai Martini	Silvia	Montevarchi
Chienni	Sergio	Terranuova Bracciolini
Chionetti	Nicola	Dogliani
Chwierut	Janusz	Oswiecim (POL)
Ciappi	Roberto	San Casciano in Val di Pesa
Colau	Ada	Barcellona (ESP)
Coletta	Damiano	Latina
Colia	Massimo	Stornarella
Conti	Michele	Pisa
Crisetti	Michele	San Giovanni Rotondo
Cucini	Giacomo	Certaldo

Cuenca	Francisco	Granada (ESP)
Cuofano	Giovanni Maria	Nocera Superiore
Cuomo	Giuseppe	Sorrento
Cuomo	Vincenzo	Portici
Cuoretti	Tommaso	Londa
Cuppi	Valentina	Marzabotto
Dako	Vangjush	Durres (ALB)
Dardelet	Jean-Claude	Tolosa (FRA)
Dawoud	Othman	Qalqilya (PSE)
De Clercq	Mathias	Gand (BEL)
De Lorenzo	Luigi	Aliano
De Luca	Cateno	Messina
De Magistris	Luigi	Napoli
De Mossi	Luigi	Siena
De Pascale	Michele	Ravenna
De Pasquale	Francesco	Carrara
Decaro	Antonio	Bari
Degl'Innocenti o Sanni	Leonardo	Cavriglia
Deiana	Emilio	Bortigiadas
Del Bono	Emilio	Brescia
Del Dotto	Alessandro	Camaiore
Del Ghingaro	Giorgio	Viareggio
Del Mastro	Gianluca	Pomigliano d'Arco
Della Godenza	Luca	Castel Bolognese
Di Giuseppantonio	Enrico	Fossacesia
Di Maio	Sergio	San Giuliano Terme
Dingli	Alexiei	La Valletta (MLT)
Dipiazza	Roberto	Trieste
Domenici	Leonardo	Firenze
Donati	Daniele	Rosignano Marittimo
Doucet	Grégory	Lione (FRA)
Dukić	Branko	Zara (HRV)
Dulkiewicz	Aleksandra	Gdansk (POL)

Dulsat i Rodríguez	Jaume	Lloret de Mar (ESP)
El Azami El Idrissi	Driss	Fès (MAR)
El Bekkali	Abdeslam	Fès (MAR)
Estrosi	Christian	Nizza (FRA)
Fajfar	Janez	Bled (SVN)
Falca	Gheorghe	Arad (ROU)
Falchi	Lorenzo	Sesto Fiorentino
Falcomatà	Giuseppe	Reggio Calabria
Falcomer	Gianluca	Cinto Caomaggiore
Fallani	Sandro	Scandicci
Falorni	Alessio	Castelfiorentino
Fanelli	Micaela	Riccia
Farag Akub	Abdulrahman Abdulhamid	Kufra (LBY)
Niayesh	Farhad	Herat (AFG)
Favilla	Mauro	Lucca
Fè	Fabrizio	Pienza
Fedorov	Ivan Sergijovič	Melitopol (UKR)
Ferguson	George	Bristol (GBR)
Ferrandino	Giuseppe	Ischia
Ferrari	Francesco	Piombino
Festa	Gianluca	Avellino
Figliolia	Vincenzo	Pozzuoli
Filipović	Marko	Rijeka (HRV)
Finn	Mick	Cork (IRL)
Fiorillo	Paolo	Carpignano Salentino
Firetto	Lillo	Agrigento
Fodor	Astrid Cora	Sibiu (ROU)
Fontanini	Pietro	Udine
Fossi	Emiliano	Campi Bisenzio
Fossi	Giampiero	Signa
Franceschelli	Silvio	Montalcino
Franci	Claudio	Castel del Piano

Franconi	Matteo	Pontedera
Franković	Mato	Dubrovnik (HRV)
Franzè	Luca	Bressanvido
Frullani	Daniela	Sansepolcro
Galimberti	Gianluca	Cremona
Genoiu	Mihail	Craiova (ROU)
Gentili	Andrea	Monte San Giusto
Geselle	Christian	Kassel (DEU)
Ghinelli	Alessandro	Arezzo
Giglioli	Simone	San Miniato
Giordani	Sergio	Padova
Giovannini	Marta	Verduno
Giunti	Alessandro	Capraia e Limite
Giunti	Piero	Reggello
Gnassi	Andrea	Rimini
Goia	Eneko	Donostia/San Sebastián (ESP)
Gori	Giorgio	Bergamo
Grillo	Massimo	Marsala
Grimani	Leonardo	San Gemini
Gualtieri	Roberto	Roma
Guarente	Mario	Potenza
Guerra	Michele	Parma
Gugliotti	Giuseppe	Sovicille
Halsema	Femke	Amsterdam (NLD)
Harmanci	Mehmet	Nicosia (CPY)
Hidalgo	Anne	Parigi (FRA)
Hilbert	Dirk	Dresda (DEU)
Hilmy	Mohammed	Matale (LKA)
Horta	Basílio	Sintra (PRT)
Huldai	Ron	Tel Aviv-Yafo (ISR)
Hussein	Hassan Mohmed	Mogadishu (SOM)
Ignesti	Federico	Scarperia e San Piero

Imamoğlu	Ekrem	Istanbul (TUR)
Innocenti	Fabrizio	Sansepolcro
Italia	Francesco	Siracusa
Itani	Jamal	Beirut (LBN)
Izzo	Roberto	Vicchio
Jelušić	Zdravko	Novi Sad (SCG)
Jervolino Russo	Rosa	Napoli
Johansen	Raymond	Oslo (NOR)
Jokić	Vladimir	Kotor (SCG)
Jung	Burkhard	Lipsia (DEU)
Kadokawa	Daisaku	Kyoto (JPN)
Kaileh	Hassib	Bir Zeit (PSE)
Kaminīs	Geōrgios	Atene (GRC)
Karalar	Zeydan	Adana (TUR)
Karić	Benjamina	Sarajevo (BIH)
Khan	Sadiq Aman	Londra (GBR)
Khieleh	Haseeb Salim	Bir Zeit (PSE)
Kisanak	Gultan	Diyarbakir (TUR)
Klepsch	Annekatrin	Dresda (DEU)
Klitschko	Vitali	Kiev (UKR)
Kölvart	Mihhail	Tallinn (EST)
König Jerlmyr	Anna	Stoccolma (SWE)
Kostner	Alberto	Moena
Krstulović	Andro	Spalato (HRV)
Kuri Tuga	Yahya Hasan	Ribyana (LBY)
Lagalla	Roberto	Palermo
Lain	Stefano	Grisignano di Zocco
Lanzini	Tiziano	Londa
Lasram	Mohamed Saifallah	Tunisi (TUN)
Leli	Dritan	Valona (ALB)
Lenarduzzi	Franco	Ruda
Lepore	Matteo	Bologna
Limardo	Maria	Vibo Valentia

Lion	Moshe	Gerusalemme (ISR)
Lippi	Samuele	Cecina
Lo Giudice	Francesco	Bisignano
Lo Russo	Stefano	Torino
Lombardi	Michelangelo	San Marco in Lamis
Lorenzetti	Gianni	Montignoso
Lorenzini	Daniele	Rignano sull'Arno
Ludwig	Michael	Vienna (AUT)
Maida	Vito	Rufina
Mairaghi	Marco	Pontassieve
Majchrowski	Jacek	Cracovia (POL)
Malavasi	Luca	Quistello
Malpezzi	Giovanni	Faenza
Manca	Daniele	Imola
Mancinelli	Valeria	Ancona
Manfredi	Gaetano	Napoli
Manildo	Giovanni	Treviso
Manti	Dina	Corigliano
Marchetti	Maurizio	Altopascio
Marchi	Annalisa	Vaiano
Marini	Monica	Pontassieve
Marino	Carlo	Caserta
Marrucci	Andrea	San Gimignano
Martello	Totò	Lampedusa
Martini	Marco	Terres
Mascaro	Paolo	Lamezia
Mascherini	Renzo	Firenzuola
Masetti	Paolo	Montelupo Fiorentino
Massaro	Jacopo	Belluno
Mayeur	Yvan	Bruxelles (BEL)
Mazzaroppi	Libero	Aquino
Melucci	Rinaldo	Taranto
Menesini	Luca	Capannori

Menghetti	Cristian	Palazzuolo sul Senio
Merla	Michele	San Marco in Lamis
Merola	Virginio	Bologna
Micheli	Paolo	Segrate
Miglio	Francesco	San Severo
Milesi	Vittorio	San Pellegrino Terme
Millozzi	Simone	Pontedera
Minerva	Stefano	Gallipoli
Miroddi	Filippo	Piazza Armerina
Mischo	Georges	Esch-sur-Alzette (LUX)
Moedas	Carlos	Lisbona (PRT)
Mongatti	Giampiero	Barberino di Mugello
Montà	Roberto	Grugliasco
Morais Soares	António Pedro	Estoril-Cascais (PRT)
Moreira	Rui	Porto (PRT)
Mori	Rossana	Montelupo Fiorentino
Moschetti	Gian Piero	Palazzuolo sul Senio
Moussa	Fadhel	L'Ariana Tunis (TUN)
Mpakogiannī	Kōstas	Atene (GRC)
Mugnai	Giulia	Figline e Incisa Valdarno
Mugnaini	Alessio	Montespertoli
Müller	Michael	Berlino (DEU)
Mungai	Franco	Massarosa
Mura	Roberto	San Genesio ed Uniti
Murzi	Bruno	Forte dei Marmi
Muzzarelli	Gian Carlo	Modena
Nannetti	Carlo	Lastra a Signa
Nelli	Francesco	Cittareale
Neri	Simona	Pergine Valdarno
Nicolini	Giusi	Lampedusa
Nikbeen	Ghulam Ghous	Herat (AFG)
Nizzi	Alessio	Fiumalbo
Nocentini	Riccardo	Figline Valdarno

Nogarin	Filippo	Livorno
Novoa	Claudio	Mulazzo
Obersnel	Vojko	Rijeka (HRV)
Omoboni	Paolo	Borgo San Lorenzo
Orlando	Leoluca	Palermo
Orsoni	Giorgio	Venezia
Osogo	John	Nairobi (KEN)
Pajić	Nemanja	Šabac (SCG)
Palazzi	Mattia	Mantova
Palazzo	Ferdinando	San Giovanni a Piro
Palomba	Giovanni	Torre del Greco
Panieri	Marco	Imola
Parcaroli	Sandro	Macerata
Pascucci	Alessio	Cerveteri
Passiatore	Stefano	Dicomano
Páva	Zsolt	Pécs (HUN)
Pavanello	Maria Rosa	Mirano
Payan	Benoît	Marsiglia (FRA)
Pérez Cuellar	Domingo Emilio	San Vicente De Caguán (COL)
Perrone	Paolo	Lecce
Persiani	Francesco	Massa
Pertichini	Roberto	Montemignaio
Perugini	Salvatore	Cosenza
Pescini	Massimiliano	San Casciano in Val di Pesa
Petrucci	Diego	Abetone-Cutigliano
Pezzetto	Beppe	Cuorgnè
Piani	Emanuele	San Godenzo
Piccitto	Federico	Ragusa
Pieri	Fabio	Vaglia
Pilotto	Paolo	Monza
Pinzani	Mauro	Rufina
Pirozzi	Sergio	Amatrice

Pisani	Stefano	Pollica
Pogliese	Salvo	Catania
Polfer	Lydie	Lussemburgo (LUX)
Polti	Bruno	Oliveto Lario
Pomponi	Paolo	Montaione
Povoleri	Nicola	Pelago
Prestini	Riccardo	Calenzano
Proietti	Stefania	Assisi
Psinakis	Ilias	Maratona (GRC)
Puggelli	Francesco	Poggio a Caiano
Puljak	Ivica	Split (HRV)
Qamar El-Din	Ahmed	Tripoli (LBY)
Quinci	Salvatore	Mazara del Vallo
Radojičič	Zoran	Belgrado (SCG)
Raggi	Virginia	Roma
Rainer	Klaus	San Candido
Randell	Aleksi	Turku (FIN)
Ravoni	Anna	Fiesole
Rees	Marvin	Bristol (GBR)
Refrigeri	Fabio	Poggio Mirteto
Renzetti	Paolo	Castel San Niccolò
Renzi	Matteo	Firenze
Ricci	Claudio	Fabrica di Roma
Ricci	Matteo	Pesaro
Rigoni Stern	Roberto	Asiago
Rio	Ricardo	Braga (PRT)
Rizzo	Antonio	Viggianello
Robinet	Arnaud	Reims (FRA)
Robu	Nicolae	Timisoara (ROU)
Rolland	Johanna	Nantes (FRA)
Romagnoli	Marco	Prato
Romizi	Andrea	Perugia
Ross	Frank	Edimburgo (GBR)

Rossetti	Simona	Cerreto Guidi
Ruilin	Miao	Nanchino (CHN)
Russomando	Paolo	Giffoni Valle Piana
Şahin	Fatma	Gaziantep (TUR)
Sadegholvaad	Jamil	Rimini
Sadovyi	Andriy Ivanovych	Leopoli (UKR)
Sala	Beppe	Milano
Salam	Ali	Nazareth (ISR)
Salvemini	Carlo	Lecce
Salvetti	Luca	Livorno
Samorì	Claudio	Modigliana
Sanna	Nicola	Sassari
Santi	Giacomo	Volterra
Sateriale	Gaetano	Ferrara
Savelli	Pierre	Bastia (FRA)
Sboarina	Federico	Verona
Scajola	Claudio	Imperia
Scanagatti	Roberto	Monza
Scarpelli	Claudio	Firenzuola
Scarpellini	Margherita	Monte San Savino
Scarpellini	Sandra	Castagneto Carducci
Servalli	Vincenzo	Cava de' Tirreni
Settimelli	Massimo	Rignano sull'Arno
Sever	Bojan	Idrija (SVN)
Sisti	Roberta	Torbole Casaglia
Soffritti	Rossana	Campiglia Marittima
Sol	Michelle	Nuevo Cuscatlán (SLV)
Sorci	Roberto	Fabriano
Sottani	Paolo	Greve in Chianti
Spinelli	Alessio	Fucecchio
Spinelli	Costabile	Castellabate
Staķis	Mārtiņš	Riga (LVA)
Stjepčević	Aleksandar	Kotor (SCG)

Subashi	Armando	Fier (ALB)
Sugiarto	Bima Arya	Bogor (IDN)
Tambellini	Alessandro	Lucca
Taqatqa	Akram	Beit Fajjar (PSE)
Tedaldi	Cristina	Leno
Tinti	Fabio	Castagneto Carducci
Tomašević	Tomislav	Zagabria (HRV)
Tomasi	Alessandro	Pistoia
Tommasi	Damiano	Verona
Toporkova	Elena	Ulyanovsk (RUS)
Torchia	Giuseppe	Vinci
Trentanovi	Giacomo	Barberino Val d'Elsa
Triberti	Tommaso	Marradi
Truzzu	Paolo	Cagliari
Trzaskowski	Rafał	Varsavia (POL)
Tumwine	Wilson	Mbarara-Kampala (UGA)
Tunç Soyer	Mustafa	Izmir (TUR)
Turcheria	Luca	Lisciano Niccone
Ulivieri	Marcello	Pelago
Valente	Valeria	Napoli
Valluzzi	Nicola	Castelmezzano
Valvo	Corrado	Noto
Variati	Achille	Vicenza
Vartiainen	Juhana	Helsinki (FIN)
Vasilescu	Lia Olguta	Craiova (ROU)
Veliaj	Erion	Tirana (ALB)
Velo	Silvia	Campiglia Marittima
Viligiardi	Maurizio	San Giovanni Valdarno
Vincenzi	Marta	Genova
Vivarelli Colonna	Antonfrancesco	Grosseto
Wilson	Donald	Edimburgo (GBR)
Zammit	Alfred	La Valletta (MLT)
Zanieri	Carlo	Barberino di Mugello

Zedda	Massimo	Cagliari
Ziyue	Lu	Ningbo (CHN)
Zoričić	Filip	Pola (HRV)
Zubbani	Angelo Andrea	Carrara
Zucchini	Renzo	Pelago

Indice dei nomi

Finito di stampare
nel mese di novembre 2022
presso
PUNTOWEB s.r.l.
Via Variante di Cancelliera - Ariccia (RM)

Printed in Italy